Michel de Montaigne

Schutzschrift für Raimond von Sebonde

Übersetzt von Johann Daniel Tietz

Michel de Montaigne: Schutzschrift für Raimond von Sebonde

Übersetzt von Johann Daniel Tietz.

»Apologie de Raymond Sebon)«. Erstdruck in: Essais, Bordeaux 1580. Der Text folgt der ersten deutschen Übersetzung von Johann Daniel Tietz (Friedrich Lankischens Erben), Leipzig 1753. – Die Fußnoten stammen vom Übersetzer. Da sich die hilfreiche Übertragung der fremdsprachigen Zitate und der aufschlußreiche Nachweis von Montaignes Quellen in vielen Fällen nicht von den Kommentaren des Übersetzers trennen ließen, wurden die Noten vollständig übernommen. Die Position der Fußnotenzeichen wurde dem üblichen Gebrauch angepaßt.

Neuausgabe mit einer Biographie des Autors
Herausgegeben von Karl-Maria Guth
Berlin 2017

Der Text dieser Ausgabe folgt:
Michel de Montaigne: Essais [Versuche] nebst des Verfassers Leben nach der Ausgabe von Pierre Coste ins Deutsche übersetzt von Johann Daniel Tietz. Band 1-3, Zürich: Diogenes, 1992.

Dieses Buch folgt in Rechtschreibung und Zeichensetzung obiger Textgrundlage.

Die Paginierung obiger Ausgabe wird hier als Marginalie zeilengenau mitgeführt.

Umschlaggestaltung von Thomas Schultz-Overhage

Gesetzt aus der Minion Pro, 11 pt

Verlag: Henricus - Edition Deutsche Klassik GmbH
Mörchinger Str. 33, 14169 Berlin, info@henricus-verlag.de
Druck: Libri Plureos GmbH, Friedensallee 273, 22763 Hamburg

Die Ausgaben der Sammlung Hofenberg basieren auf zuverlässigen Textgrundlagen. Die Seitenkonkordanz zu anerkannten Studienausgaben machen Hofenbergtexte auch in wissenschaftlichem Zusammenhang zitierfähig.

ISBN 978-3-7437-0811-2

Bibliografische Information der Deutschen Nationalbibliothek

Die Deutsche Nationalbibliothek verzeichnet diese Publikation in der Deutschen Nationalbibliografie; detaillierte bibliografische Daten sind im Internet über www.dnb.de abrufbar.

Schutzschrift für

Raimond von Sebonde[1]

(Apologie de Raymond Sebon)

Die Wissenschaft ist in der That ein sehr nützliches und wichtiges Stück. Diejenigen, welche sie verachten, geben ihre Dummheit genugsam zu erkennen. Dennoch aber schätze ich sie nicht so übermäßig hoch, als einige thun, unter welche der Philosoph *Herill*[2] gehört, der das höchste Gut in ihr suchte, und behauptete, sie könnte uns weise und vergnügt machen. Ich glaube dieses eben so wenig, als das, was andere gesaget haben, daß die Wissenschaft die Mutter aller Tugenden sey, und daß alle Laster von der Unwissenheit herkämen. Wenn dieses wahr ist: so braucht es einer weitläuftigen Erklärung. Mein Haus ist seit langer Zeit gelehrten Leuten offen, und deswegen im Rufe gewesen. Denn mein Vater, der dasselbe fünfzig Jahre und drüber regieret hat, und durch den neuen Eyfer angefeuret wurde, mit welchem sich der König *Franciscus I.* der Wissenschaften annahm, und sie in Ansehen brachte, suchte gelehrter Leute Umgang sehr emsig und mit großen Kosten. Er nahm sie als heilige Leute, die eine besondere Eingebung von der göttlichen Weisheit hätten, zu sich, sammlete ihre Urtheile und Reden, wie Götter-

---

1   In der ersten zu Bourdeaux im Jahre 1580 gedruckten Ausgabe *der Versuche*, wie auch in der welche bey Abel L'Angelier in 4to im Jahre 1589 herausgekommen ist, stehet hier Raimond Sebond. Allein, in der Französischen Uebersetzung dieses *Raimonds*, die Montagne verfertiget, und zu Paris im Jahre 1611 heraus gegeben hat, heißt der Verfasser Raymond Sebon. Endlich stehet in der Ausgabe der Versuche in Folio vom Jahre 1595 bey Abel L'Angelier, und die ich bey der gegenwärtigen zum Muster nehme, beständig Raimond de Sebonde. Ungeacht alle diese Verschiedenheiten von keiner Wichtigkeit zu seyn scheinen; so möchte es doch nicht ganz unnütze seyn, daß ich sie angemerkt habe.

2   *Diog. Laert.* L. VII. Segm. 165.

sprüche, und dieses desto ehrerbietiger und eyfriger, je weniger er davon urtheilen konnte: Denn er hatte, so wenig als seine Vorfahren einige Kenntniß von den Wissenschaften. Ich meines Theils liebe sie zwar, ich bethe sie aber nicht an. Unter andern beschenkte ihn einmal Peter Bunel, ein Mann, der zu seiner Zeit wegen seiner Gelehrsamkeit in großem Rufe stand, als er sich nebst andern seines gleichen, einige Tage bey meinem Vater zu Montagne aufgehalten hatte, bey seinem Abschiede mit einem Buche, welches den Titel hat: *Theologia naturalis; sive, Liber creaturarum Magistri Raimondi de Sebonde*. Weil die Italienische und Spanische Sprache meinem Vater geläufig waren, und dieses Buch in einem gebrochenen Spanischen mit Lateinischen Endungen geschrieben ist: so hofte er, daß sich mein Vater dasselbe mit ganz geringer Beyhülfe zu Nutzen machen könnte, und empfahl es ihm als ein bey den damaligen Zeitläuften, sehr nützliches und nöthiges Buch. Damals fiengen eben Luthers Neuerungen in Ansehen zu kommen, und an vielen Orten unsern alten Glauben wankend zu machen, an. Er hatte also dabey eine sehr gute Absicht, weil er aus vernünftigen Gründen wohl voraus sahe, daß dieses Uebel mit der Zeit leichtlich in eine abscheuliche Gottesläugnung ausschlagen könnte. Denn der Pöbel ist nicht fähig, die Sachen nach ihrer wahren Beschaffenheit zu beurtheilen; sondern läßt sich durch das Glück und den äußerlichen Schein dahinreissen. Wenn man ihm also nur einmal die Freyheit verstattet, diejenigen Meynungen, vor welche er sonst die größte Ehrfurcht gehabt hat, dergleichen diejenigen sind, auf welchen seine Seligkeit beruhet, zu verachten und zu tadeln; und wenn man nur einmal einige von seinen Glaubensartikeln zweifelhaft und streitig gemachet hat: so siehet er gar bald alle übrige Stücke seines Glaubens für eben so ungewiß an; weil sie eben so wenig Gewicht, und eben so wenig Grund, bey ihm haben, als diejenigen, die man wankend gemachet hat. Er wirft alle Eindrücke, welche das Ansehen der Gesetze, oder die Ehrerbietung für die alten Gebräuche bey ihm gemacht hatten, als ein tyrannisches Joch von sich:

Nam cupide conculcatur nimis ante metutum.[3]

---

3   Denn, man tritt dasjenige mit Lust unter die Füsse, was man vorher am meisten gefürchtet hat. *Lucret.* L. V. v. 1139.

Er geht alsdenn gleich weiter, und will gar nichts mehr annehmen, wenn er nicht seinen Bescheid und seine Stimme dazu gegeben hat. Mein Vater fand gedachtes Buch etliche Tage vor seinem Tode ungefähr unter einem Haufen anderer bey Seite gelegten Papiere, und befahl mir ihm dasselbe ins Französische zu übersetzen. Schriftsteller wie dieser, bey denen man, nichts als den Innhalt auszudrucken hat, sind sehr gut zu übersetzen: hingegen ist es ein sehr gefährliches Unternehmen, wenn sie sich der Annehmlichkeit und Zierlichkeit der Sprache sehr befleißiget haben, besonders, wenn man sie in eine schwächere Sprache bringen soll. Diese Beschäftigung war mir etwas ungewohntes und neues: allein, zu gutem Glücke hatte ich damals nichts zu thun, und machte es, weil ich dem besten Vater, der jemals gewesen ist, nichts abschlagen konnte; so gut es mir möglich war. Er schöpfte hierüber ein besonderes Vergnügen, und befahl, daß man es drucken lassen sollte; welches auch nach seinem Tode vollzogen wurde.[4] Ich fand die Gedanken dieses Schriftstellers schön, in dem Werke selbst einen guten Zusammenhang, und das Unternehmen voll Gottesfurcht. Da sich viele Leute, und besonders das Frauenzimmer, dem wir am meisten zu dienen verbunden sind, mit dem Lesen dieses Buches beschäftigen: so habe ich öfters Gelegenheit gehabt, ihnen zu Hülfe zu kommen, und ihr Buch wider zween Haupteinwürfe, die man dagegen macht, zu vertheydigen. Der Endzweck desselben ist kühn und herzhaft. Der Verfasser untersteht sich alle

---

4   In der ersten Ausgabe *der Versuche*, die zu Bourdeaux im Jahre 1580 erschienen, und in der von 1588 in 4to sagt Montagne, wenn er auf diese erste Auflage zu reden kömmt, *sie ist sehr nachlässig gemacht, wie man aus einer unendlichen Menge Druckfehler sehen kann, welche der Buchdrucker, der ganz allein die Aufsicht dabey gehabt, darinnen gelassen hat.* Diese Uebersetzung ist hernach, unstreitig richtiger, wieder abgedruckt worden, weil Montagne gedachte Klagen hernach weggelassen hat. Sie führt in der zu Paris im Jahre 1611 herausgekommenen Auflage folgenden Titel: *La Theologie Naturelle de Raymond Sebon:* Traduite en François par Messire Michel, Seigneur de Montaigne, Chevalier de l'Ordre du Roy & Gentilhomme ordinaire de sa Chambre. Derniere Edition reveüe & corrigée. Sie ist in der That sehr richtig. Es herrschet in der Uebersetzung so viel Kernigkeit, Stärke, und natürliche Lebhaftigkeit, daß sie vollkommen einem Originale gleicht. Montagne hat nichts von dem seinigen hinzu gethan, ausser einer kleinen Zuschrift an seinen Vater, worinnen er meldet, daß er dieses Werk auf seinen Befehl unternommen habe. Man wird sie zu Ende des fünften Buches dieser Uebersetzung finden.

Artikel der christlichen Religion durch menschliche und natürliche Gründe wider die Atheisten zu bestättigen und fest zu setzen. Er thut dieses auch die Wahrheit zu sagen, so stattlich und so glücklich, daß es, meines Erachtens in diesem Stücke nicht besser gemachet werden kann: ja, ich glaube, daß es ihm niemand gleich gethan hat.[5] Dieses Werk kam mir für einen Verfasser, dessen Name so wenig bekannt ist, und von dem wir bloß so viel wissen, daß er ein Spanier gewesen, und ungefähr vor zwey hundert Jahren zu Thoulouse die Arzneykunst getrieben hat, allzu schön und gelehrt für. Ich erkundigte mich daher einmal bey dem *Adrian Turnebus*, der alles wußte, was es mit diesem Buche für eine Beschaffenheit hätte. Er antwortete mir, seiner Meynung nach wäre es eine Quintessenz aus dem *H. Thomas von Aquino*. Denn, in der That dieser mit einer so unendlichen Gelehrsamkeit, und wundernswürdigen Tiefsinnigkeit begabte Geist war allein zu dergleichen Gedanken fähig. So viel ist gewiß, daß der Verfasser und Erfinder, er sey wer er wolle, (indessen kann man dem *Sebonde* dieses Werk ohne eine wichtigere Ursache nicht mit Grunde absprechen), ein überaus geschickter Mann gewesen ist, und viele trefliche Eigenschaften besessen hat.

Der erste Vorwurf, den man seinem Werke macht, ist dieser, die Christen thäten sich selbst Schaden, wenn sie ihre Religion durch menschliche Gründe unterstützen wollten, weil diese allein durch den Glauben und durch einen besondern Beystand der göttlichen Gnade begriffen würde. Dieser Einwurf scheinet von einem heiligen Eyfer her zu kommen. Aus dieser Ursache müssen wir denenjenigen, welche ihn vortragen, mit desto mehr Sanftmuth und Achtung Genüge zu thun suchen. Dieses Unternehmen würde sich freylich besser für einen in der Gottesgelahrheit bewanderten Mann, als für mich schicken, weil ich davon nichts verstehe. Ich, meines Theils, bin allerdings der Meynung bey einer so göttlichen, so hohen, und den menschlichen Verstand so weit übersteigenden Sache, wie diejenige Wahrheit ist, von welcher uns die Güte Gottes einiges Licht hat geben wollen, sey es sehr nöthig, daß er uns noch ferner durch eine ausserordentliche und besondere Gnade Beystand verleihet, damit wir dieselbe begreifen, und ihr in uns Raum

---

[5] Man hatte damals des *Grotius* Buch, *von der Wahrheit der christlichen Religion*, noch nicht gesehen, wo dieser große Mann ausdrücklich saget, daß diese Materie von dem *Raymond Sebonde* sehr scharfsinnig philosophica subtilitate abgehandelt worden sey.

geben können. Ich glaube auch nicht, daß die bloß menschlichen Mittel, hiezu im geringsten zureichend sind: denn, wenn sie dieses wären, so würden so viel seltene und vortrefliche, und mit allen natürlichen Gaben reichlich versehene Seelen in den alten Zeiten gewiß durch ihre Vernunft zu dieser Erkenntniß gelanget seyn. Der Glaube allein fasset die hohen Geheimnisse unserer Religion freudig und zuversichtlich. Allein, dieß ist nicht so zu verstehen, als ob es nicht eine sehr schöne und sehr lobenswürdige Unternehmung wäre, wenn man auch die natürlichen und menschlichen Werkzeuge, die uns Gott gegeben hat, zum Dienste unsers Glaubens anwendet. Ohne Zweifel können wir sie nicht herrlicher anwenden. Ja, keine Beschäftigung und kein Vornehmen kann einem Christen anständiger seyn, als wenn alles sein Studiren und Denken auf die Verschönerung, Erweiterung, und Bestärkung der Wahrheit seines Glaubens abzielet. Wir begnügen uns nicht Gott im Geiste und mit der Seele zu dienen. Wir sind ihm überdiß noch eine leibliche Verehrung schuldig, und erzeigen ihm auch dieselbe. Wir wenden sogar unsere Glieder, unsere Bewegungen, und die äusserlichen Dinge zu seiner Ehre an. Eben so müssen wir es hier auch machen, und unsern Glauben mit aller in uns befindlichen Vernunft vergesellschaften: aber beständig mit dieser Einschränkung, daß wir nicht glauben, unsere Kräfte und Beweisgründe könnten eine so übernatürliche und göttliche Wissenschaft erreichen. Wenn sie uns nicht durch eine ausserordentliche Eingebung zu Theile wird; wenn wir sie nicht allein durch die Vernunft, sondern noch überdieß durch menschliche Mittel erlangen: so besitzen wir sie nicht in ihrer wahren Hoheit und in ihrem völligen Glanze. Und gewiß, ich befürchte immer, wir möchten sie bloß durch diesen leztern Weg erhalten haben. Wenn wir Gott vermittelst eines lebendigen Glaubens anhiengen; wenn wir Gott durch seinen Trieb, und nicht aus eigenem Triebe anhiengen; wenn wir durch göttlichen Beystand festen Fuß und Grund hätten: so würden uns die menschlichen Zufälle nicht so, wie sie es wirklich thun, wankend machen. Wir würden uns nicht auf einen so schwachen Angriff ergeben. Die Liebe zur Neuerung, die Gewaltthätigkeit der Fürsten, das gute Glück einer Parthey, die vermessene und ungefähre Veränderung unserer Meinungen, würden unsern Glauben nicht erschüttern und ändern können. Wir würden uns durch einen neuen Beweisgrund, und durch das Zureden aller Redekunst, die jemals gewesen ist, darinnen nicht stören lassen. Wir würden diese Wellen mit einer festen und unbeweglichen Standhaftigkeit aushalten.

Illisos fluctus rupes vt vasta refundit,
Et varias circum latrantes dissipat vndas Mole sua.[6]

Wenn dieser Strahl der Gottheit uns einigermassen rührete, so würde sich dieses bey uns allen zeigen. Nicht allein unsere Worte, sondern auch unsere Handlungen, würden dadurch Schimmer und Glanz bekommen. Man würde alles, was von uns herkäme, von diesem edlen Lichte erleuchtet sehen. Wir sollten uns schämen, wenn wir bedenken, daß niemals ein Anhänger einer menschlichen Sekte gewesen, der, wenn gleich seine Lehre noch so schwere und widersinnische Sachen in sich gehalten, seine Aufführung und sein Leben nicht einigermassen darnach eingerichtet hat; und daß eine so göttliche und himmlische Unterweisung die Christen durch nichts, als durch ihre Sprache, kenntlich machet. Will man dieses sehen? Man vergleiche nur einmal unsere Sitten mit den Sitten eines Mahometaners, oder eines Heiden. Wir werden immer den Kürzern ziehen: an statt daß wir uns wegen des Vorzugs unserer Religion ganz ausnehmend und unvergleichlich vor ihnen hervorthun sollten, damit es hieße: Sie sind so gerecht, sie sind so liebreich, sie sind so gütig? Sie sind also gewiß Christen. Alles übrige scheinbare haben alle Religionen mit einander gemeinschaftlich: Hofnung, Vertrauen, Begebenheiten, Ceremonien. Busübungen, Märtyrer. Das besondere Kennzeichen unserer Wahrheit sollte unsere Tugend seyn: gleichwie sie auch das himmlische und schwereste Kennzeichen, und die herrlichste Frucht der Wahrheit ist. Demnach that weiland unser König *Ludwig der Heilige* Recht, daß er einen Tartarischen König, der ein Christe geworden, und Willens war nach Lyon zu gehen, um dem Pabst die Füsse

---

6 Wie ein ungeheurer Fels durch seine Größe die an ihn schlagenden Fluthen zurückschmeißt, und die vielerley um ihn herumtobenden Wellen zertheilet. Diese lateinischen Verse sind aus einem neuern Poeten, der die Gedanken und meisten Worte aus diesen schönen Versen des *Virgils* genommen hat:
   Ille velut pelagi rupes immota resistit:
   Ut pelagi rupes, magno veniente fragore,
   Quae sese, multis circum latrantibus vndis,
   Mole tenet. *Aeneid.* L. VII. v. 587. u. f.
   In einigen Ausgaben des Montagne verweiset man uns auf diese Stelle des Virgils, als wenn sie Montagne unmittelbar angeführt hätte. Allein es sind Verse eines Ungenannten zu *Ronsards* Lobe. Tom. X. Paris, 1609. in 12.

zu küssen, und daselbst diejenige Heiligkeit zu sehen, die er in unsern Sitten zu finden hofte, innständigst davon abmahnete,[7] aus Furcht unsere ausgelassene Lebensart möchte ihm vielmehr einen so heiligen Glauben zuwider machen. Indessen ereignete sich doch nachgehends einmal gerade das Gegentheil bey einem andern, der in eben dieser Absicht nach Rom gegangen war, und als er daselbst das liederliche Leben der Prälaten, und des damaligen Volks sahe,[8] desto mehr in unserer Religion bestärket wurde, weil er überlegte, wie viel Stärke und Göttlichkeit sie besitzen müßte, da sie ihre Hoheit und ihren Glanz unter einem so großen Verderbnisse, und unter so gottlosen Händen, erhielte. Wenn wir nur einen einzigen Tropfen Glauben hätten, so würden wir, saget das Wort Gottes, Berge von ihrer Stelle bewegen können. Unsere von der Gottheit geleitete und begleitete Handlungen, würden alsdenn nicht bloß menschliche Handlungen seyn; sondern, eben so wie unser Glaube, etwas wunderbares an sich haben, Breuis est institutio vitae honestae beataeque, si credas.[9] Einige bereden die Welt, daß sie etwas glauben, was sie wircklich nicht glauben. Andere aber, und zwar die meisten, überreden sich dieses selbst, weil sie nicht ergründen können was Glauben heißt.

Es befremdet uns, wenn wir in den Kriegen, welche jetzt unser Reich beunruhigen, sehen, daß das Glück, wie gemeiniglich und ordentlich, unbeständig und abwechselnd ist. Dis kömmt daher, daß wir nichts als das unsrige dabey thun. Die Gerechtigkeit, welche bey einer Parthey ist, dient nur zur Zierde und zum Deckmantel. Diese führet sie zwar an, nimt sie aber nicht auf, beherberget sie nicht, und verbindet sich nicht mit ihr. Die Gerechtigkeit ist daselbst, wie in dem Munde eines Sachwalters, nicht wie in dem Herzen der Parthey. Gott ist seinen ausserordentlichen Beistand dem Glauben und der Religion, nicht aber unsern Leidenschaften, schuldig.

Die Menschen sind in diesen Kriegen Anführer, und bedienen sich dabey der Religion: gleichwohl sollte es gerade umgekehrt seyn. Gebe

---

7   *Joinville.* C. XIX. p. 88. 89.

8   Montagne mag wohl diese schöne Erzählung aus des *Boccaz* Dekameron genommen haben, wo man versichert, daß sich ein Jude aus gedachter Ursache zum christlichen Glauben bekehrt habe. *Jornata prima. Novella II.*

9   Wenn du glaubest: so wirst du gar bald die Pflichten eines rechtschaffenen und glückseligen Lebens kennen. *Quint.* Instit. L. XII. C. II.

einer einmal Acht, ob wir nicht aus ihr machen, was wir wollen. Wenn hat man so viele einander zuwider laufende Figuren, nicht anders als wenn sie wächsern wären, nach einer so geraden und so festen Richtschnur ziehen sehen, als jetziger Zeit in Frankreich? Sowohl diejenigen, welche sie links, als diejenigen, welche sie rechts angreifen, sowohl die, welche sie schwarz machen, als die, welche sie weiß brennen, bedienen sich ihrer zu ihren gewaltthätigen und ehrgeizigen Unternehmungen auf eine so ähnliche Weise, und sind einander an Ausschweifungen und Ungerechtigkeit so gleich, daß es zweifelhaft und schwer zu glauben wird, daß sie ihrem Vorgeben nach von derjenigen Sache, auf welcher die Einrichtung und Verfassung unseres Lebens beruht, verschiedene Meynungen hegen sollen. Kann man wohl von einerley Schule und von einerley Unterrichte ähnlichere und gleichförmigere Sitten erwarten? Man sehe nur, mit was für einer erschrecklichen Unverschämtheit wir auf die göttlichen Wahrheiten hinein stürmen: und wie frech wir sie bald verworfen, bald wieder angenommen haben, nachdem uns das Glück bey diesen allgemeinen Stürmen bald hie bald dahin geschmissen hat! Man erinnere sich nur, was für Leute den berüchtichten Satz: *Ob sich ein Unterthan zur Vertheidigung der Religion wider seinen Landesherrn empören und bewaffnen dürfe*, noch das abgewichene Jahr bejahet, und denselben als die Stütze einer Parthey im Munde geführet: und was für eine Parthey die Verneinung desselben zur Stütze gebraucht hat. Nun höre man aber gegenwärtig,[10] was beyde Partheyen jetzt für eine Sprache führen, und ob die Waffen auf einer Seite weniger Geräusch machen, als auf der andern. Wir verbrennen diejenigen, welche sagen, die Wahrheit müsse sich unter das Joch unserer Nothdurft schicken: und macht es nicht Frankreich viel ärger, als wenn es dieses sagte? Laßt uns die Wahrheit gestehen, wer in dem Kriegsheere sogar der gerechten Parthey diejenigen aussuchen wollte, die bloß aus gottseligem Eifer zu Felde ziehen, und ferner diejenigen, die bloß auf die Vertheidigung ihrer Landesgesetze, oder auf den Dienst ihres Landesherren sehen, würde kaum eine vollständige Compagnie Soldaten heraus bringen. Woher kömmt es, daß man so wenig Leute findet, die bey unsern öffentlichen Unruhen einerley Neigung und einerley Bezeigen beobachtet haben; und daß wir sie bald nur ihren ordentlichen Schritt gehen, bald aber in

---

10 Montagne spottet hier ein wenig über die Catholiken, wie Herr Bayie in seinem Wörterbuche unter dem Artikel *Hottomann* Anmerkung I. saget.

vollem Rennen laufen sehen? Ja, woher kömmt es, daß einerley Leute, unsere Sachen bald durch ihre Gewaltthätigkeit und Strengigkeit, bald aber durch ihre Kaltsinnigkeit, Gelindigkeit und Trägheit verderben? Woher kömmt dieses, sage ich, als daher, daß sie durch besondere und zufällige Absichten darzu angetrieben werden, nach deren Verschiedenheit sie sich auch verschiedentlich bewegen.

Ich sehe es augenscheinlich, daß sich meistentheils unsere Andacht nur durch solche Pflichten äussert, die unsern Leidenschaften schmeicheln. Keine Feindseligkeit ist ausnehmender, als die christliche. Unser Eyfer thut Wunder, wenn er unsere Neigung zum Hasse, zur Grausamkeit, zur Ehrbegierde, zum Geize, zur Lästerung und zum Aufruhre, befördert. Gegentheils aber will es gar nicht fort, wenn er sich durch Gutthätigkeit und Mäßigung zeigen soll: und ihn nicht eine seltene Gemüthsbeschaffenheit, als wie durch ein Wunderwerk, dazu antreibet. Unsere Religion ist die Laster auszurotten gestiftet: allein sie bahnet ihnen den Weg, unterhält, und reizet sie. Man darf Gott keinen ströhernen Bart machen, wie man im Sprüchworte saget. Wenn wir ihn glaubeten, ich sage nicht mit einem wahrhaftigen, sondern nur mit einem gemeinen Glauben; ja, und ich sage es zu unserer großen Schande, wenn wir ihn so glaubeten und erkenneten, wie eine andere Sache, oder wie einen von unsern guten Freunden: so würden wir ihn wegen der unendlichen Gütigkeit und Schönheit, die an ihm hervor leuchtet, über alle Dinge lieben. Zum wenigsten würde er unsere Zuneigung mit den Reichthümern, den Ergötzlichkeiten, der Ehre, und unsern guten Freunden theilen. Allein, der beste unter uns scheuet sich nicht so sehr ihn zu beleidigen, als er sich seinen Nachbarn, seinen Anverwandten, seinen Herrn zu beleidigen scheuet. Ist einer wohl so einfältig, daß er, wenn er auf einer Seite eine von unsern lasterhaften Belustigungen vor Augen hätte, und auf der andern eben so gut von dem Zustande einer ewigen Herrlichkeit überzeugt wäre, eines gegen das andere vertauschen sollte? Und dennoch begeben wir uns desselben aus bloßer Verachtung. Denn, was für eine Lust reizet uns zur Gotteslästerung an, wenn es nicht etwa selbst die Lust ist, die wir an der Beleidigung finden? Als man den Philosophen Antisthenes zu den Geheimnissen des Orpheus einweihete, und der Priester zu ihm sagte, daß diejenigen, die sich diesem Dienste wiedmeten, nach ihrem Tode ewige und vollkommene Güter zu hoffen hätten, fragte er denselben:[11] *Warum stirbst du denn also nicht selbst, wenn du dieses glaubest?* Diogenes antwortete seiner Art nach ungestümmer, und nicht so geschickt zu unserer gegenwärtigen Materie, dem Priester, der ihm ebenfalls vorpredigte, daß er zu seinem Orden übertreten sollte, damit er dadurch die Güter der zukünftigen Welt erlangte:[12] *Willst du mich bereden, daß Agesilaus und Epaminondas, die so große Männer, werden dereinst elend, und du armer Schöps hingegen, ungeachtet du nichts taugliches thust, wirst glücklich seyn, weil du ein Priester bist?* Wenn die großen Verheissungen von der ewigen Seligkeit nur eben so viel bey uns gälten, als eine philosophische Betrachtung: so würden wir uns nicht so sehr vor dem Tode entsetzen, als wir wirklich thun.

>Non iam se moriens dissolui conquereretur
>Sed magis ire foras, vestemque relinquere vt anguis
>Gauderet, praelonga senex aut cornua ceruus.[13]

Wir würden sagen:[14] *Ich habe Lust abzuscheiden, und bey Jesu Christo zu seyn.* Die Stärke des Platonischen Gespräches von der Unsterblichkeit der Seelentrieb einige seiner Zuhörer zum Tode an, damit sie desto geschwinder der Hoffnung, die er ihnen machete, theilhaftig werden möchten. Alles dieses ist ein sehr deutliches Zeichen, daß wir unsere Religion bloß nach unserer Art und mit unsern Händen, und nicht anders annehmen, als die andern Religionen ergriffen werden. Wir befinden uns in einem Lande, wo sie eingeführt ist; oder sehen auf ihr Alterthum, oder auf das Ansehen der Menschen die sie unterstützet haben; oder fürchten uns für denen den Ungläubigen gedrohten Strafen; oder gehen ihren Verheissungen nach. Diese Betrachtungen müssen zwar bey unserem Glauben, aber doch nur als Nebengründe zu Hülfe gezogen werden: dieses sind bloß menschliche Verbindungen. Ein anderes Land, andere

---

11 *Diogen. Laërt.* in Vita Antisthenis L. VI. Segm. 4. *ti oun, ephê, ouk apothnêskeis*

12 *Id.* in Vita Diogenis Cynici. L. VI. Segm. 39.

13 Wir würden uns bey dem Tode nicht über unsere Auflösung beschweren, sondern uns freuen, daß wir in Freyheit gesetzet werden, und wie eine Schlange die Haut, oder wie ein alter Hirsch die hohen Geweihe, ablegen. *Lucret.* L. III. v. 62.

14 Philipp. Cap. I, v. 23.

Zeugen, ähnliche Verheissungen und Drohungen, könnten uns durch eben den Weg einen ganz widrigen Glauben beybringen. Wir sind mit eben dem Rechte Christen, mit welchem wir Gasconier oder Deutsche sind. Das, was *Plato* sagte, daß wenig Leute in der Gottesläugnung so hartnäckicht wären, daß sie nicht eine augenscheinliche Gefahr wieder zur Erkenntniß der göttlichen Macht brächte, findet bey einem wahren Christen gar nicht statt. Nur sterbliche und menschliche Religionen werden durch eine menschliche Anführung angenommen. Was für einen Glauben können die Feigheit und Schwäche des Herzens in uns pflanzen und gründen? Ein artiger Glaube, der das, was er glaubt, nur deswegen glaubet, weil er das Herz nicht hat dasselbe nicht zu glauben. Kann denn eine fehlerhafte Leidenschaft, dergleichen die Unbeständigkeit und das Erschrecken sind, eine ordentliche Wirkung in unserer Seele hervor bringen? Sie behaupten, sagt *Plato*,[15] aus Vernunftgründen, daß dasjenige, was man von der Hölle und den zukünftigen Strafen erzählet, erdichtet sey: allein, wenn sich die Gelegenheit dasselbe zu erfahren zeigt, und wenn sie das Alter, oder die Krankheiten näher zu ihrem Tode führen, erfüllet sie die Furcht vor dem Tode durch das Schrecken über ihren künftigen Zustand mit einem neuen Glauben. Und weil dergleichen Vorstellungen die Gemüther furchtsam machen:[16] so verbietet er in seinen *Gesetzen* dergleichen Drohungen zu brauchen, oder jemand zu bereden, daß dem Menschen von den Göttern ein Leid widerfahren könne, es geschähe dann zu seinem größten Nutzen, und so, daß es ihm gleichsam zu einer Arzney dienet. Man erzählet vom Bion, daß er Theodors atheistische Meynungen eingesogen, und lange Zeit gottesfürchtige Leute verlachet habe; daß er aber, als ihn der Tod überfallen,

---

15 *Hoti epeidan tis engys ê tou oiesthai teleutêsein, - - - eiserchetai autô deos kai phrontis peri hôn emprosthen ouk eisêei. Oute gar legomenoi mythoi peri tôn en hadou, hôs tôn enthade adikêsanta dei ekdidonai dikên, katagelomenoi teôs, tote dê strephousin autou tên psychên mê alêtheis ôsi kai autos, êtoi hypo tês tou gêrôs astheneias, ê kai hôsper êdê engyterô ôn tôn ekei, mallon ti kathora auta. De Republ. L. I.* gegen das Ende p. 330. D. Herr *Barbeyrac* hat mir diese Stelle gezeigt.

16 Herr *Barbeyrac* hat mir ferner angezeigt, daß dieses die Folge aus demjenigen ist, was *Plato* gegen das Ende des andern und zu Anfange des dritten Buches *De Republica* saget.

höchst abergläubisch[17] geworden sey: gerade, als wenn sich die Götter,[18] nachdem sie Bion brauchte, abschaffen, und wieder annehmen ließen. *Plato* und diese Beyspiele zeigen, daß wir entweder durch die Vernunft, oder mit Gewalt, einen Gott zu glauben gezwungen werden. Da die Gottesläugnung in einem Satze bestehet, der nicht nur widernatürlich und ungeheuer, sondern auch schwer und dem menschlichen Gemüthe, so frech und unordentlich es auch immer seyn mag, nicht leicht beyzubringen ist: so haben sich Leute genug gefunden, die aus Eitelkeit und Uebermuthe Gottesläugner haben vorstellen wollen, damit es das Ansehen hätte, als ob sie ungemeine Meynungen begreifen könnten, und die ganze Welt zu bessern geschickt wären. Indessen, wenn sie gleich närrisch genug sind, daß sie dieselbe ihrem Gewissen eingepräget haben, so sind sie doch nicht stark genug. Sie werden dennoch ihre Hände gefalten gen Himmel heben, wenn sie einen guten Stoß mit dem Degen in die Brust bekommen. Sie werden ganz gewiß sich anders besinnen, und ganz bescheiden dem gemeinen Glauben und den gemeinen Beyspielen folgen, wenn die Furcht oder die Krankheit die ausschweifende Hitze eines flatterhaften Gemüths niedergeschlagen und gedämpfet haben wird. Anders verhält es sich mit einem ernstlich überlegten Lehrsatze: anders mit diesen leichtsinnigen Einfällen, die ihren Ursprung von der Unordnung eines ausgelassenen Gemüths haben, und in der Einbildungskraft unordentlich herum schwimmen. Elende und rasende Menschen, die sich ärger zu seyn bemühen, als sie seyn können!

Der heidnische Irrthum, und die Unwissenheit unserer heiligen Wahrheit hat verursacht, daß diese große Seele,[19] die aber doch nur eine menschliche Größe besessen hat, noch in einen andern mit dem ersten nahe verwandten Irrthum gefallen ist, daß sich nämlich die Kinder und die Alten am besten zur Religion schickten, gerade, als ob sie ihren Ursprung und ihr Ansehen von unserer Schwachheit hätte. Das Band, welches unsern Verstand und Willen binden, welches unsere Seele mit unserm Schöpfer verknüpfen und vereinigen sollte, sollte billig seine Festigkeit und Stärke nicht von unsern Vorstellungen, von unsern

17 *Diogenes Laertius* in Vita Bionis. L. IV. Segm. 4.
18 Diese so richtige und so natürliche Betrachtung ist vom *Diogenes Laerz* selbst. Eb. das. Segm. 55. Da er sonst nicht viel eigenes hat: so würde es grausam seyn, wenn man ihm das wenige, das er hat, rauben wollte.
19 Der göttliche *Plato*.

Gründen und Leidenschaften, sondern von einer göttlichen und übernatürlichen Verknüpfung haben; es sollte nur einerley Gestalt, einerley Ansehen und einerley Glanz haben, welches die Macht Gottes und seine Gnade ist. Wenn nun der Glaube unser Herz und unsere Seele einmal regieret und lenket; so ist es natürlich, daß er alle unsere übrige Kräfte, jede nach ihrer Beschaffenheit, zur Erhaltung seines Endzweckes anwendet.

Es ist auch nicht glaublich, daß dieser ganzen Maschine nicht hie und da einige Kennzeichen von der Hand des großen Baumeisters sollten eingepräget worden seyn; und daß sich in den Dingen der Welt nicht ein dem Werkmeister, der dieselben gebauet und gebildet hat, einigermassen ähnliches Bild finden sollte. Er hat allerdings den Charakter seiner Gottheit in diesen großen Werken hinterlassen: und es liegt bloß an unserer Schwachheit, daß wir denselben nicht wahrnehmen. Er selbst sagt es uns, daß er uns seine unsichtbaren Wirkungen durch die sichtbaren offenbaret. Sebonde hat sich diese edle Untersuchung angelegen seyn lassen, und zeiget uns, daß kein einziges Stück in der Welt seinen Werkmeister verläugnet. Die göttliche Güte würde dadurch verletzet werden, wenn nicht das Weltgebäude mit unserm Glauben übereinstimmete. Der Himmel, die Erde, die Elemente, unser Leib und unsere Seele, alle Dinge kommen darinnen überein. Wir müssen nur ein Mittel finden, uns derselben zu bedienen. Sie lehren uns, wenn wir nur im Stande sind sie zu verstehen. Diese Welt ist ein sehr heiliger Tempel, in welchen der Mensch hinein geführt wird, daß er die darinnen befindlichen Bildsäulen betrachten soll, die von keiner sterblichen Hand verfertiget, sondern von dem göttlichen Verstande unsern Sinnen dargestellet worden sind, damit sie uns die unsichtbaren vorstellen sollen: die Sonne, die Sterne, die Wasser und die Erde. *Gottes unsichtbares Wesen*, sagt der heil. Paulus,[20] *wird an der Schöpfung der Welt ersehen, wenn man seine ewige Weisheit und Gottheit an den Werken wahrnimmt.*

Atque adeo faciem coeli non inuidet orbi
Ipse Deus, vultusque suos corpusque recludit
Semper voluendo: seque ipsum inculcat et offert,

---

20 Röm. I, v. 20.

> Vt bene cognosci possit, doceatque videndo
> Qualis eat, doceatque suas attendere leges.[21]

Unsere Vernunft und unsere menschliche Schlüsse gleichen der trägen und unfruchtbaren Materie; die Gnade Gottes aber ist die Form dazu: diese giebt derselben die Gestalt und den Werth. Die tugendhaften Handlungen des Sokrates und des Cato bleiben eitel und unnütze, weil sie nicht die gehörige Absicht gehabt, weil sie nicht auf die Liebe und den Gehorsam gegen den wahren Schöpfer aller Dinge abgezielet, und weil sie Gott nicht erkannt haben. Eben so gehet es auch mit unsern Einfällen und Schlüssen. Sie haben einen Körper, der aber ein ungestalter Klump ohne Bildung und ohne Licht ist, wenn nicht die Gnade Gottes und der Glaube dazu kommen. Also bestärkt und befestiget der Glaube die Beweise des *Sebonde*, wenn er sie färbet und erleuchtet. Sie können einem Anfänger nützlich seyn, und zum ersten Führer dienen, damit er den Weg zu dieser Erkenntniß trifft. Sie bereiten ihn einigermassen vor; und machen ihn der göttlichen Gnade fähig, vermittelst welcher hernach unser Glaube zu seiner Vollkommenheit gelangt. Ich kenne einen angesehenen und gelehrten Mann, welcher mir gestanden hat, daß er vermittelst der Beweise des *Sebonde* von den Irrthümern des Unglaubens abgebracht worden sey. Und, wenn man sie auch dieser Zierde, der Hülfe und des Beyfalles des Glaubens, beraubet; wenn man sie auch als bloß menschliche Einfälle betrachtet, um diejenigen damit zu bestreiten, die in die abscheuliche und schreckliche Finsterniß des Unglaubens gefallen sind: so wird man dem ungeacht noch finden, daß sie so gründlich und so stark sind, als keine andere von eben dieser Gattung, die man ihnen entgegen setzen kann. Auf diese Art können wir also zu unsern Gegnern sagen,

> Si melius quid habes, accerse, vel imperium fer.[22]

---

21 Gott mißgönnet der Erde den Anblick des Himmels nicht. Er dreht sich unaufhörlich herum und stellet unsern Augen seine Gestalt und seinen Körper dar. Er zeiget sich uns beständig, damit wir ihn recht kennen lernen sollen, damit wir seinen Lauf sehen und seine Gesetze aufmerksam betrachten sollen. *Manil.* L. IV gegen das Ende.

22 Wenn ihr etwas bessers habt, so zeigt es, oder folgt. *Horat.* L. I. Ep. V. v. 6.

Sie müssen entweder die Stärke unserer Beweisgründe gelten lassen, oder uns anderswo, und bey einem andern Beweise, die besser zusammenhängen, und von besserm Stoffe sind, zeigen. Ich habe mich unvermerkt schon halb auf dem andern Einwurf eingelassen, welchen ich mir wegen des Sebonde zu beantworten vorgesetzet hatte.

Einige sagen, seine Beweisgründe wären schwach, und nicht im Stande dasjenige zu beweisen, was sie beweisen sollen, und rühmen sich, daß sie dieselben leicht über den Haufen werfen wollten. Diesen muß man ein wenig besser zu Leibe gehen: denn, sie sind gefährlicher und boshafter als die ersten. Man bedienet sich gerne anderer Leute Worte zur Bestärkung seiner eigenen vorgefaßten Meynungen. Einem Gottesläugner scheinen alle Schriften auf die Gottesläugnung abzuzielen. Er stecket die unschuldigste Materie mit seinem eigenen Gifte an. Diese Leute können wegen ihrer Vorurtheile an des Sebonde Gründen keinen Geschmack finden. Uebrigens glauben sie, man gäbe ihnen gewonnen Spiel, wenn man ihnen die Freyheit verstattet, unsere Religion mit bloß menschlichen Waffen anzugreifen, welche sie sich in ihrer vollkommen ansehnlichen und gebieterischen Majestät nicht anzutasten getrauen. Das Mittel, welches ich diese Raserey zu dämpfen ergreife, und welches ich für das bequemste halte, ist dieses, daß ich den Hochmuth und die menschliche Verwegenheit zerschmettere und unter die Füsse trete; daß ich ihnen die Nichtigkeit, die Eitelkeit, und Geringschätzigkeit des Menschen zeige; daß ich ihnen die elenden Waffen ihrer Vernunft aus den Händen reisse, daß ich sie zwinge, sich vor der göttlichen Majestät gehorsam und ehrerbietig zu bücken, und zu Boden zu werfen. Dieser ist ganz allein alle Wissenschaft und Weisheit eigen: diese ganz allein kann sich selbst hochschätzen; und wir entziehen ihr, was wir uns beymessen, und uns herausnehmen,[23] *Ou gar ea phroneein ho Theos mega allon ê heauton.* Lasset uns diese Einbildung, welche der erste Grund der Tyranney des bösen Geistes ist, niederschlagen.[24] *Gott widerstehet den Hoffärtigen, aber den Demüthigen giebt er Gnade.* Die Götter, sagt

---

23   Denn Gott will nicht, daß ein anderer, als er, wahrhaftig weise seyn soll. Diese Stelle ist aus dem *Herodot,* und aus *Artabans* Rede an den Xerxes genommen. L. VII. C. 10. n. 5. nach *Gronovs* Ausgabe. Diese Stelle ist in allen Ausgaben des Montagne, als ein Vers gedruckt worden.

24   *I Petr.* V, v. 5.

Plato,[25] besitzen völligen Verstand, die Menschen aber gar keinen, oder sehr wenig. Inzwischen ist es doch ein großer Trost für einen Christen, wenn er siehet, daß sich unsere sterbliche und vergängliche Werkzeuge so schön zum Dienste unseres heiligen und göttlichen Glaubens schicken, daß sie nicht einmal mit mehr vereinter und größerer Kraft wirken, wenn man sie bey Dingen gebraucht, die ihrer Natur nach sterblich und vergänglich sind. Laßt uns also sehen, ob der Mensch stärkere Gründe in seiner Gewalt hat, als des Sebonde Gründe sind; ja, ob er durch Gründe und Vernunftschlüsse zu einiger Gewißheit gelangen kann. Der heilige *Augustin*[26] nimmt, wenn er wider diese Leute schreibet, Gelegenheit ihnen ihre Unbilligkeit zu verweisen, daß sie diejenigen Stücke unsers Glaubens, welche unsere Vernunft nicht erweisen kann, für falsch halten. Er zeigt ihnen, daß viele Dinge seyn können, und gewesen sind, deren Natur und Ursachen unsere Vernunft nicht ergründen kann; und stellet ihnen gewisse bekannte und ungezweifelte Erfahrungen vor, welche die Menschen ihrem eigenen Geständnisse nach nicht einsehen. Er hat dabey, so wie bey allen andern Gelegenheiten, eine sorgfältige und sinnreiche Wahl beobachtet. Allein man muß noch mehr thun, und ihnen zeigen, daß man sich, um ihre Vernunft der Schwäche zu überführen, nicht erst lange nach seltenen Beispielen umsehen darf. Man muß ihnen zeigen, daß sie so mangelhaft und so blind ist, daß ihr auch das klarste nicht klar genug ist; daß das leichte und das schwere für sie eines wie das andere ist; daß alle Gegenstände ohne Unterschied, so wie die Natur überhaupt, ihre Herrschaft und Vermittelung nicht erkennen. Was befiehlt uns die Wahrheit, wenn sie uns die weltliche Philosophie zu fliehen befiehlt;[27] wenn sie uns so oft einschärfet,[28] daß unsere Weisheit für Gott nichts als Thorheit ist; daß der Mensch unter allen eiteln Dingen das allereitelste ist; daß der Mensch, der sich etwas auf sein Wissen einbildet, noch nicht einmal weiß, was Wissen ist; und daß der Mensch, der nichts ist, sich selbst betrüget und sich selbst verführet,

25 In *Timaeo* p. 51. E. Tom. III. Hier sind seine eigene Worte: *kai tou men panta andra metechein phateon, Nou de, Theous, Anthrôpôn de genos, brachy ti.* Diese Stelle, hat mir Herr *Barbeyrac,* eben so wie die vorhergehende, angezeiget.
26 *De Ciuitate Dei* L. XXI. C. 5.
27 *Coloss.* II, 8.
28 I *Corinth.* III, 19.

wenn er sich etwas zu seyn einbildet? Diese Aussprüche des heiligen Geistes drücken das, was ich behaupte, so klar und lebhaft aus, daß ich gar keines andern Beweises benöthiget wäre, wenn ich mit Leuten zu thun hätte, die sich ihm mit aller Demuth und allem Gehorsam unterwerfen wollten.

Allein, diese Leute wollen mit ihrer eignen Ruthe gepeitschet seyn, und wollen ihre Vernunft nicht anders als durch sie selbst bestritten lassen. Laßt uns demnach gegenwärtig den Menschen ganz allein und für sich, ohne fremde Hülfe, bloß mit seinen eigenen Waffen gerüstet, und ohne die Gnade und Erkenntniß Gottes, die alle seine Ehre, alle seine Stärke, ja den Grund seines Wesens ausmachet, betrachten. Laßt uns sehen, wie er sich in dieser schönen Rüstung halten wird. Er zeige mir also durch die Stärke seiner Vernunft, auf was für Grund er diese große Vorzüge, die er vor den andern Geschöpfen zu haben denket, gebauet hat. Wer hat ihn beredet, daß das bewundernswürdige Herumdrehen des Himmelsgewölbes, das ewige Licht der so kühn über seinem Haupte hinlaufenden Fackeln, die furchtbaren Bewegungen des unermeßlichen Meeres bloß zu seiner Bequemlichkeit, und zu seinem Dienste gemacht sind, und so viele hundert Jahre fortgedauert haben. Kann man sich etwas so lächerliches einbilden, als dieses, daß sich ein so elendes und armseliges Geschöpf, welches nicht einmal über sich selbst Herr ist, und von allen Dingen verletzet werden kann, einen Beherrscher und Regenten der ganzen Welt nennet, von welcher es nicht einmal den geringsten Theil erkennet, geschweige denn regieren kann? Und wer hat denn dem Menschen das Vorrecht gegeben, welches er sich selbst anmasset, daß er in diesem großen Gebäude ganz allein geschickt sey, desselben Schönheit und Theile zu erkennen, ganz allein geschickt, dem Baumeister dafür Dank zu sagen, und von dem Nutzen und Gebrauche der Welt Rechenschaft zu geben? Er muß uns die Bestallung zu diesem wichtigen und großen Amte zeigen. Ist sie nur den Weisen zum besten ausgefertiget worden? Alsdann gehet sie wenig Leute an. Sind die Thoren und Ruchlosen einer so ausserordentlichen Gnade würdig; und verdienen sie, da sie der schlimmste Theil der Welt sind, allen übrigen Theilen vorgezogen zu werden? Wollen wir einem Weltweisen hierinnen glauben?[29] Quorum igitur causa quis dixerit effec-

29 Dem Stoiker *Balbus,* der sich beym *Cicero* de natura Deorum L. II. C. 53. so erkläret. Für wen mag also die Welt wohl gemachet worden seyn? Ohne Zweifel für die lebendigen Wesen, welche Vernunft haben. Dieses

tum esse mundum? Eorum scilicet animantium, quae ratione vtuntur. Hi sunt dii et homines, quibus profecto nihil est melius. Diese unverschämte Verbindung kann niemals genug belachet werden. Allein, was hat dann der arme Mensch an sich, das eines solchen Vorzuges würdig ist? Man betrachte nur die unverwesliche Dauer der himmlischen Körper, ihre Schönheit, ihre Größe, ihre beständige und so regelmäßige Bewegung

> Quum suspicimus magni coetestia mundi
> Templa super, stellisque micantibus aethera fixum,
> Et venit in mentem Lunae Solisque viarum.[30]

Man betrachte nur die Herrschaft und Gewalt, welche diese Körper nicht allein über unser Leben und die Glücksgüter,

> Facta etenim et vitas hominum suspendit ab astris:[31]

sondern auch so gar über unsere Neigungen, unsere Schlüsse, und unsern Willen haben; welchen sie durch ihre Einflüsse regieren, antreiben, und bewegen, wie uns unsere Vernunft lehret, und erkennet:

> – – Speculataque longe
> Deprendit tacitis dominantia legibus astra,
> Et totum alterna mundum ratione moueri,
> Fatorumque vices certis discernere signis.[32]

sind die Götter und Menschen, welche gewiß das vortreflichste darinnen sind.

30 Wenn wir die Augen zu dem großen Himmelsgewölbe und den mit schimmernden Sternen gezierten Aether aufheben, den ordentlichen Lauf der Sonne und des Mondes überlegen. *Lucret.* L. V. v. 1203. u. f.

31 Denn, das Leben und die Handlungen der Menschen hangen von dem Laufe der Gestirne ab. *Manil.* L. III. v. 58.

32 Man findet, daß die so weit entfernten Sterne, nach verborgenen Gesetzen regieren, daß die ganze Welt sich wechselsweise mit denselben beweget, und daß sich die bevorstehenden Schicksale durch gewisse Zeichen erkennen lassen. *Eb. das.* L. I. v. 62. u. f.

Man gebe nur Acht, wie nicht allein ein Mensch, nicht allein ein König, sondern ganze Monarchien, ganze Reiche, durch die geringsten himmlischen Bewegungen in Bewegung gesetzt werden,

> Quantaque quam parui faciant discrimina motus;[33]
> Tantum est hoc regnum quod Regibus imperat ipsis.[34]

Wenn unsere Tugend, unsere Laster, unsere Geschicklichkeit und Wissenschaft, und selbst diese Betrachtung, die wir über die Macht der Sterne anstellen, und die Vergleichung, zwischen ihnen und uns, wenn alles dieses, wie unsere Vernunft urtheilet, durch ihre Wirkung und Gunst geschiehet,

> – – – Furit alter amore,
> Et pontum tranare potest et vertere Troiam:
> Alterius sors est scribendis legibus apta:
> Ecce patrem nati perimunt, natosque parentes,
> Mutuaque armati coeunt in vulnera fratres:
> Non nostrum hoc bellum est: coguntur tanta mouere,
> Inque suas ferri poenas, lacerandaque membra
> – – –
> – – –
> Hoc quoque fatale est, sie ipsum expendere fatum.[35]

Wenn uns der Theil der Vernunft, den wir besitzen, von dem Himmel zugetheilet ist: wie kann er uns demselben gleich machen? Wie können

---

33 Und was für große Veränderungen so kleine Bewegungen verursachen. *Manil.* L. I. v. 57.

34 So groß ist die Macht, welche so gar Könige beherrscht. *Manil.* L. IV v. 93.

35 Einer, den die Liebe rasend machet, fähret über das Meer, und verstöret Troja. Einen andern bestimmt sein Schicksal, Gesetze zu schreiben. Auf der andern Seite sieht man Kinder, die ihre Väter, und Aeltern die ihre Kinder umbringen; und Brüder die einander mörderisch anfallen. Aller dieser Krieg rühret nicht von uns her. Eine höhere Gewalt bringt die Menschen so sehr auf, und zwingt sie ihrer Strafe entgegen zu gehen, und sich zu zerfleischen. Selbst diese Art das Schicksal zu betrachten, ist eine Wirkung des Schicksals. *Manil.* L. IV. v. 79. 85. 118.

wir zu einer Wissenschaft von seinem Wesen und seinen verschiedenen Eigenschaften gelangen? Alles, was wir an jenen Körpern sehen, setzet uns in Erstaunen: quae molitio, quae ferramenta, qui vectes, quae machinae, qui ministri tanti operis fuerunt?[36] Warum wollen wir ihnen Seele, Leben und Vernunft absprechen? Haben wir irgend eine unbewegliche und unempfindliche Blödsinnigkeit an ihnen bemerket, da wir weiter nichts mit ihnen zu schaffen haben, als daß wir ihnen gehorchen müssen? Wollen wir sagen, daß wir bey keinem andern Geschöpfe als bey dem Menschen, den Gebrauch einer vernünftigen Seele gesehen haben? Was? Haben wir irgend etwas gesehen, das der Sonne ähnlich ist? Ist sie deswegen nicht, weil wir nichts ähnliches gesehen haben? hat sie nicht wirkliche Bewegungen, wenn es gleich keine andere gleichförmige giebt? Wenn dasjenige nicht ist, was wir nicht gesehen haben, so hat unsere Wissenschaft sehr enge Gränzen. Quae sunt tantae animi angustiae![37] Sind es nicht Träume der menschlichen Eitelkeit, wenn man aus dem Monde eine himmlische Erde macht? Wenn man wie Anaxagoras, Berge und Thäler darinnen vermuthet? wenn man daselbst, wie Plato und Plutarch, Wohnungen für Menschen, anleget und Pflanzstädte zu unserer Bequemlichkeit errichtet? Wenn man aus unserer Erde ein leuchtendes und helles Gestirn machet?

>Inter caetera mortalitatis incommoda, et hoc est, caligo mentium: nec tantum necessitas errandi, sed errorum amor - - - -
>- - - -
>Corruptibile corpus aggrauat animam, et deprimit terrena inhabitatio sensum multa cogitantem.[38]

36 Was für Anstalten sind zu einem so wichtigen Werke gemacht worden? Was für Eisenzeug, was für Hebel, was für Maschinen, was für Arbeiter sind dabey gebraucht worden? *Cic.* de Nat. Deorum. L. I. c. 8.

37 O! wie enge sind die Gränzen des Verstandes! *Cic.* de natur. Deor. L. I. C. 31.

38 Unter andern hat die sterbliche Natur auch diesen Fehler, daß die Gemüther blind sind; daß die Menschen nicht allein nothwendig irren müssen, sondern auch noch an ihren Irrthümern Gefallen finden, *Senec.* de Ira L. II. C. 9. In einigen Ausgaben des Montagne wird auch die folgende Stelle dem *Seneca* Epist. 65. beygeleget. Allein, sie stehet nicht in diesem Briefe, und wo ich nicht irre, so zeigt gleich die Schreibart, daß man sie vergeblich in irgend einem andern Werk des *Seneca* suchen würde. Indes-

Der Hochmuth ist ein uns natürlicher und angebohrner Fehler. Der Mensch ist das elendeste und gebrechlichste unter allen Geschöpfen: und dennoch ist er das hoffärtigste. Er merkt und siehet, daß er hier in dem Schlamme und Unflathe der Welt wohnet, daß er an das schlechteste, lebloseste, und trägeste Theil dieses Ganzen, an das unterste und von dem Himmelsgewölbe am weitesten entlegene Stockwerk nebst denen Thieren, welche von der schlechtesten Art unter den dreyen sind,[39] gebunden und angenagelt ist. Nichts desto weniger will er sich durch seine Einbildung über den Kräis des Monds schwingen, und den Himmel unter seine Füsse bringen.

Durch eben diese eitle Einbildung macht er sich Gott gleich, leget sich göttliche Eigenschaften bey, sondert sich selbst von dem Haufen der andern Geschöpfe ab, schneidet den Thieren, seinen Mitbrüdern und Gesellen ihren Theil zu, und giebt ihnen so viel Vermögen und Kräfte, als ihm gutdünckt. Wie, erkennet er denn durch die Stärke seines Verstandes die innerlichen und verborgenen Regungen der Thiere? Aus was für einer Vergleichung zwischen uns und ihnen folgert er dann die Dummheit, die er ihnen beyleget? Wer weiß, wenn ich mit meiner Katze spiele, ob sie sich die Zeit nicht mehr mit mir vertreibt, als ich mir dieselbe mit ihr vertreibe? Wir treiben wechselsweise mit einander Possen. Gleichwie ich nach Gefallen anfangen oder aufhören kann: so kann sie es auch. Plato[40] zählet in seiner Abbildung der güldenen Zeit unter dem Saturn, den Umgang der Menschen, mit den Thieren, bey welchen sie sich erkundigten, belehren ließen, und jeder Art ihre wahre Eigenschaften und Charakter erfuhren, mit unter die hauptsächlichsten Vorzüge der damaligen Menschen: weil sie auf diese Art eine sehr vollkommene Erkenntnis und Klugheit erlangeten, und daher ein ungemein glücklicher Leben führten, als wir zu führen im Stande sind. Brauchen

    sen, kann sie etwa so übersetzet werden: der verwesliche Körper beschweret die Seele des Menschen, und die irdische Wohnung drücket das zerstreuete Gemüth nieder. Endlich habe ich diese Stelle in dem *H. Augustin.* De Ciuitate Dei L. XII. C. 15. gefunden, der sie aus dem Buche der Weisheit C. IX. v. 15 genommen hat.

39 d.i. nebst den bloß irdischen und allezeit auf der Erde kriechenden Thieren, welche eben deswegen schlimmer daran sind, als die andern, welche in der Luft fliegen, oder im Wasser schwimmen.

40 In dem Gespräche, welches die Ueberschrift hat *Politicus.* T. II. p. 272.

wir einen besseren Beweis von der menschlichen Unverschämtheit in Ansehung der Thiere? Dieser große Schriftsteller hat dafür gehalten, daß die Natur meistentheils bey der ihnen ertheilten Leibesbildung bloß auf die gewöhnlichen Vorbedeutungen gesehen habe, die man zu seiner Zeit darinnen suchte. Warum liegt der Fehler, welcher den Umgang zwischen uns und ihnen hindert, nicht eben so wohl an uns, als an ihnen? Es ist noch nicht ausgemacht, an wem der Fehler lieget, daß wir einander nicht verstehen: denn wir verstehen sie eben so wenig, als sie uns verstehen. Sie können uns aus eben dem Grunde für unvernünftig halten, aus welchem wir sie dafür halten. Es ist kein großes Wunder, wenn wir sie nicht verstehen. Wir verstehen ja auch die Biscayer und die Troglodyten[41] nicht. Indessen haben sich doch einige sie zu verstehen gerühmt, als Apollonius von Thyana,[42] Melampus,[43] Tiresias,[44] Thales, und andere. Und wenn, wie die Erdbeschreiber berichten,[45] gewisse Völker einen Hund zu ihrem Könige machen: so müssen sie doch wohl seine Stimme und seine Bewegungen zu verstehen glauben.

Wir müssen nur auf die Gleichheit, die zwischen uns und ihnen ist, Achtung geben. Wir verstehen mittelmäßig, was die Thiere haben wollen; und fast eben so gut verstehen auch uns die Thiere. Sie schmeicheln, sie drohen, sie ersuchen uns: und dieses thun wir auch gegen sie. Uebrigens sehen wir sehr deutlich, daß unter ihnen ein vollkommenes Verständniß ist; und daß nicht nur diejenigen, die von einerley Art sind, sondern auch Thiere von verschiedenen Arten, einander verstehen.

---

41 Alte Völker an der westlichen Küste des arabischen Meerbusens, welche so genennet wurden, weil sie in Höhlen wohneten.
42 Welcher es, wie *Philostrat* saget, von den Arabern gelernet hatte. *Tês te sophias hê ton Arabion tropon es xynesin tês tôn zôôn phônês êlthen, Emathe de touto dia toutôni tôn Arabiôn poreuomenos.* u.s.w. *De vita Apollon. Tyan.* L. I. C. 20. p. 25. Ed. Olear.
43 *Apollodor.* L. I. C. 9. §. II.
44 *Eb. Das.* L. III. C. 6. §. 7.
45 *Plin.* Hist. Nat. L. VI. C. 30. Ex Africae parte Ptoembari, Ptoemphanae, qui canem pro Rege habent, motu eius imperia augurantes.

> Et mutae pecudes et denique secla ferarum.
> Dissimiles fuerunt voces variasque cluere,
> Quum metus aut dolor est, aut quum iam gaudia gliscunt.[46]

Aus einem gewissen Bellen des Hundes erkennet das Pferd, daß er zornig ist; vor einer andern Stimme von ihm entsetzet es sich nicht. Selbst bey denenjenigen Thieren, die keine Stimme haben, können wir aus den gegenseitigen Dienstbezeigungen leichtlich schließen, daß sie durch irgend ein anderes Mittel ein Verständniß mit einander unterhalten müssen. Ihre Bewegungen reden.

> Non alia longe ratione atque ipsa videtur
> Protrahere ad gestum pueros infantia linguae.[47]

Warum gehet dieses alles nicht eben sowohl an, als daß unsere Stummen mit einander disputiren, Schlüsse machen, und Geschichte durch Zeichen erzählen? Ich habe unterschiedliche gesehen, die hierinnen so geschickt und fertig waren, daß sie sich in der That vollkommen verständlich erklären konnten. Die Verliebten zürnen, versöhnen sich wieder, bitten, danken einander, bestellen einander, und sagen einander alles mit den Augen.

> E'l silentio ancor suole
> Hauer prieghie parole.[48]

Was thun wir nicht alles mit den Händen? Wir ersuchen, versprechen, rufen, beurlauben, drohen, bitten, flehen, verneinen, versagen, fragen, bewundern, zählen, bekennen, bereuen, fürchten, schämen, zweifeln, unterweisen, befehlen, reitzen, ermuntern, schwören, bezeugen, beschuldigen, verdammen, sprechen los, schimpfen, verachten, trotzen, zürnen,

---

46   Die unterschiedlichen Thiere, sowohl die zahmen als die wilden, bringen unterschiedene Töne hervor, nachdem entweder Furcht, oder Schmerz, oder Freude in ihnen wirken. *Lucret.* L. V. v. 1059 u. f.

47   Nicht viel anders, als wie das Unvermögen der Zunge die Kinder ihre Zuflucht zu den Geberden zu nehmen zwinget. *Eb. Das.* v. 1019. u. f.

48   Das Stillschweigen selbst hat seine Sprache. Es kann bitten, und sich verständlich machen. *Aminta del Tasso.* Atto II nel Choro. v. 34. 35.

schmäucheln, loben, segnen, demüthigen, spotten, versöhnen, empfehlen, erhöhen, empfangen, erfreuen, beklagen, betrüben, verzweifeln, erstaunen, rufen aus, schweigen stille. Wir verändern und vervielfältigen die Bewegungen derselben so gut, als die Bewegungen der Zunge. Mit dem Kopfe rufen wir, und fertigen auch wieder ab. Mit dem Kopfe bekennen, läugnen, widersprechen, bewillkommen, ehren, verehren, verachten, fordern, verweigern, erfreuen, trauren, liebkosen, schelten, trotzen, ermahnen, drohen, versichern, fragen wir? Was thun wir nicht mit den Augenbrauen? Was nicht mit den Schultern? Alle Bewegungen reden, und zwar eine ohne allen Unterricht verständliche Sprache, eine ganz gemeine Sprache. Hieraus ist zu schliessen, wenn man die Verschiedenheit und den mannichfaltigen Gebrauch der andern Sprachen betrachtet, daß diese hier der menschlichen Natur gemäßer seyn muß. Ich übergehe dasjenige, was besonders die Noth denenjenigen geschwind davon lehrt, die es brauchen: sowohl als die Fingeralphabete, und Sprachlehren in Geberden, nebst den Wissenschaften, welche bloß durch dieselbigen ausgeübet und ausgedrücket werden. Ich will auch dererjenigen Völker nicht gedenken, von denen Plinius sagt,[49] daß sie gar keine andere Sprache hätten. Als ein Abgesandter der Stadt Abdera lange vor dem Könige zu Sparta, Agis, geredet hatte, und ihn endlich fragte: Nun Herr, was soll ich unsern Bürgern für eine Antwort bringen? so antwortete dieser:[50] *Daß ich dich alles, was du gewollt hast, und so lange du gewollt hast, habe sagen lassen, ohne ein einziges Wort zu reden.* War dieses nicht ein redendes und sehr verständliches Schweigen?

Ferner, welche Art von unserer Geschicklichkeit nehmen wir nicht in den Verrichtungen der Thiere wahr? Kann eine Policey ordentlicher eingerichtet seyn, mehr verschiedene Aemter und Bedienungen haben, und beständiger unterhalten werden, als diejenige, die unter den Bienen ist? Können wir uns einbilden, daß diese so ordentliche Eintheilung der Arbeiten und Verrichtungen, ohne Vernunft und ohne Klugheit gemachet werden, könne?

---

49 *Hist. Nat.* L. VI. C. 30. Quibus pro sermone nutus motusque membrorum est.
50 *Plutarch.* Apophthegm. Lacon. unter dem Worte *Agis Sohn* des Archidamus.

> His quidam signis atque haec exempla sequuti.
> Esse apibus partem diuinae mentis, et haustus
> Aethereos dixere.[51]

Suchen wohl die Schwalben, die wir bey wiederkommenden Frühling alle Winkel unserer Häuser ausspähen sehen, ohne Beurtheilung; und wählen sie ohne Einsicht unter tausend Plätzen denjenigen, der zu ihrer Wohnung der bequemste ist? Können sich die Vögel bey ihrem schönen und wunderbaren Nestbaue vielmehr einer viereckichten, als runden Figur, vielmehr eines stumpfen, als eines rechten Winkels, bedienen, ohne derselben Beschaffenheit und Wirkungen zu verstehen? Nehmen sie bald Wasser, und bald darauf Thon, ohne zu urtheilen, daß das Harte in der Nässe weich wird? Belegen sie den Boden ihrer Palläste mit Moos oder Pflaumenfedern, ohne vorher zu sehen, daß die zarten Glieder ihrer Jungen weicher und bequemer darauf liegen werden? Verwahren sie sich vor dem Regenwinde, und bauen ihre Wohnungen gegen Morgen, ohne die verschiedene Beschaffenheit dieser Winde zu erkennen, und zu überlegen, daß ihnen einer heilsamer ist als der andere? Warum macht die Spinne ihr Gewebe an einem Orte dick, und an dem andern dünne? Warum bedienet sie sich bald dieser, bald jener Art von Knoten, wenn sie weder überlegen, noch denken, noch schliessen kann?

Wir erkennen aus ihren meisten Werken hinlänglich, wie viel vorzügliches die Thiere vor uns besitzen, und wie wenig wir ihnen durch unsere Kunst nachzuahmen im Stande sind. Wir wissen indessen, was für Kräfte wir zu unsern plumpem Werken anwenden, und daß sich unsere Seele aller ihrer Stärke dabey bedienet. Warum glauben wir nicht, daß es bey ihnen eben so ist? Warum legen wir ihre Werke, die alles übertreffen, was wir durch die Natur und Kunst hervor bringen können, ich weiß nicht was für einer natürlichen und gezwungenen Neigung bey? Hiedurch räumen wir ihnen unwissend einen sehr großen Vorzug vor uns ein. Wir nehmen an, daß sie die Natur zu allen Handlungen und Bequemlichkeiten ihres Lebens mit einer mütterlichen Zärtlichkeit begleitet, und gleichsam bey der Hand führet, und uns hingegen dem Zufalle und dem Glücke überläßt, und die zu unserer Erhaltung nöthigen

---

51 Diesen Kennzeichen und Beyspielen zu Folge haben einige gesagt, die Bienen besässen einen Theil des göttlichen Verstandes, und hätten etwas himmlisches in sich, *Virg.* Georg. L. IV. v. 219. u. f.

Dinge durch die Kunst suchen heißt: ja, daß sie uns zugleich die Mittel versaget, durch einige Unterweisung, und einiges Nachdenken zu der natürlichen Geschicklichkeit der Thiere zu gelangen; dergestalt, daß ihre viehische Dummheit in allen vortheilhaften Stücken dasjenige übertrift, wozu unser göttlicher Verstand gelangen kann. Wahrhaftig, nach dieser Rechnung hätten wir wohl Ursache, sie eine sehr ungerechte Stiefmutter zu nennen. Allein, die Sache verhält sich nicht so. Unsere Umstände sind nicht so schlimm und ungleich.

Die Natur hat allen ihren Geschöpfen gleiche Liebe bezeiget; und es ist kein einziges darunter, welches sie nicht mit allen zur Erhaltung seines Wesens nöthigen Mitteln vollkommen versehen hätte. Die Menschen führen gemeiniglich allerhand Klagen, die von ihrer frechen Art zu denken herrühren, welche sie bald über die Wolken erhebet, bald wieder bis zu den Gegenfüssern erniedriget. Der Mensch, sprechen sie, ist das einzige verlassene Thier, das auf der bloßen Erde bloß, gebunden, und gefesselt lieget, und sich mit nichts bewaffnen und bedecken kann, als mit dem was es andern Thieren ausziehet. Hingegen hat die Natur alle andere Geschöpfe mit Schalen, Hülsen, Rinde, Haaren, Wolle, Stacheln, Leder, Pelze, Federn, Schuppen, Fellen und Borsten, nach Nothdurft versehen, und sie zum Angriffe und zur Vertheidigung mit Klauen, Zähnen, und Hörnern bewaffnet. Ja, sie hat ihnen so gar, das, was ihnen anständig ist, schwimmen, laufen, fliegen, singen gelernet: da hingegen der Mensch ohne fremden Unterricht weder gehen, noch reden, noch essen, und nichts als weinen kann.

> Tum porro puer, vt saeuis proiectus ab vndis
> Nauita, nudus humi iacet infans, indigus omni
> Vitali auxilio, quum primum in luminis oras
> Nixibus ex aluo matris natura profudit,
> Vagituque locum lugubri complet, vt aequum est
> Cui tantum in vita restet transire malorum.
> At variae crescunt pecudes, armenta feraeque,
> Nec crepitacula eis opus est, nec cuiquam, adhibenda est
> Almae nutricis blanda atque infracta loquela,
> Nec varias quaerunt vestes pro tempore coeli:
> Denique non armis opus est, non moenibus altis

Queis sua tutentur, quando omnibus omnia large
Tellus ipsa parit, naturaque daedala rerum.[52]

Diese Klagen sind unbegründet. In der Einrichtung der Welt ist mehr Gleichheit, und eine bessere Verhältniß beobachtet. Unsere Haut schützt eben so gut, als die Haut der Thiere, vor der rauhen Witterung; wie viele Völker bezeugen, die noch bis jetzt keine Kleider tragen. Unsere alten Gallier waren schlecht bekleidet; und unsere Nachbarn, die Irrländer, sind es nicht besser, ungeacht sie in einer so kalten Gegend wohnen. Allein, wir können dieses am besten an uns selbst wahrnehmen. Alle Theile unsers Leibes, die wir dem Winde und der Luft aussetzen wollen, finden sich geschickt dieses auszustehen. Wenn einer von unsern Theilen schwach ist, und sich dem Ansehen nach vor der Kälte fürchten muß; so ist es der Magen, in welchem die Verdauung geschieht. Allein, unsere Vorfahren trugen denselben entblößet, und unser Frauenzimmer, so weich und zärtlich es auch sonst ist, gehet manchmal bis auf den Nabel halb entblößt. Das Binden und Wickeln der Kinder ist eben so wenig nothwendig: und die lacedämonischen Mütter erzogen die ihrigen so, daß sie ihnen eine völlig freye Bewegung ihrer Glieder ließen, und sie weder banden noch wickelten.[53] Unser Weinen haben die meisten Thiere mit uns gemein, und es sind wenige darunter, die sich nicht lange nach ihrer Geburt noch beklagten, und noch seufzeten, weil sich dieses Bezeigen sehr wohl zu der Schwachheit schickt, in welcher sie sich befinden. Das Essen ist bey uns, sowohl als bey ihnen, natürlich, und giebt sich, ohne Unterricht.

---

52   Das Kind lieget, wie ein von den wilden Wellen an das Ufer geworfener Schiffer, nacket und aller Lebensmittel beraubet, auf der Erde, sobald es die Natur dem Leibe seiner Mutter entrissen, und an das Licht gebracht hat. Daher erfüllet es auch den Ort seiner Geburt mit einem kläglichen Geschreye, wie billig, da ihm in seinem Leben noch so viel Unglück bevorstehet. Alle Arten der Thiere hingegen, so wohl zahme als wilde, brauchen weder Klappern, noch eine Säugamme, die sie liebkoset und mit ihnen lallet. Sie haben nicht nöthig, sich nach Verschiedenheit der Jahreszeiten verschiedentlich zu kleiden. Sie brauchen auch weder Waffen noch hohe Mauren, das ihrige zu vertheidigen, da die Erde alles, was sie bedürfen, aus ihrem Schooße hervor bringt. *Lucret.* L. V. v. 223-235.

53   *Plutarch* in Lykurgs Leben.

Sentit enim vim quisque suam quam possit abuti.⁵⁴

Wer zweifelt daran, daß ein Kind, wenn es die Kräfte sich zu ernähren erlanget hat, nicht auch seine Nahrung zu suchen wissen sollte? Die Erde bringet sie hervor, und bietet sie ihm auch ungebauet, und ohne Zuthun der Kunst, so viel es zur Nothdurft braucht, reichlich dar. Geschiehet dieses gleich nicht zu jeder Zeit: so geht es doch auch bey den Thieren nicht anders; wie der Vorrath zeiget, welchen wir die Ameisen und andere Thiere auf die unfruchtbaren Jahreszeiten sammlen sehen. Diejenigen Völker, die wir erst kürzlich entdecket haben, und die mit Fleische und natürlichem Tranke, ohne daß ihnen dieselben einige Mühe oder Umstände kosten, so überflüßig versehen sind, haben uns gelehret, daß das Brod nicht unsere einzige Nahrung ausmachet, und daß uns unsere Mutter, die Natur, ohne unsere Arbeit mit allem benöthigten im Ueberflusse versehen: ja, aller Wahrscheinlichkeit nach, weit vollkommener und reichlicher, als sie gegenwärtig thut, da wir unsere Kunst mit eingemischet haben.

> Et tellus nitidas fruges vinetaque laeta
> Sponte sua primum mortalibus ipsa creauit:
> Ipsa dedit dulces foetus, et pabula laeta
> Quae nunc vix nostro grandescunt aucta labore,
> Conterimusque boues et vires agricolarum.⁵⁵

Unser ausschweifender und unordentlicher Appetit kömmt allen Erfindungen zuvor, dadurch wir ihn zu stillen suchen.

Was die Waffen anbelanget: so haben wir deren mehrere von der Natur bekommen, als die meisten andern Thiere. Wir können unsere Gliedmassen verschiedentlicher bewegen, und brauchen dieselben von Natur und ohne Anweisung besser als sie. Man siehet daß diejenigen,

---

54 Denn ein jeder empfindet, was er zu thun im Stande ist. *Lucret.* L. V. v. 1032.

55 Anfänglich brachte die Erde dem Menschen für sich selbst herrliche Ernden und lustige Weinberge hervor. Sie gab ihm selbst vortreffliche Früchte und fette Weyden. Allein, jetzt bringen wir mit aller unserer Arbeit kaum etwas auf, wenn sich gleich die Ochsen und Ackerleute abmatten. *Lucret.* L. II. v. 1157. u. f.

die nacket zu kämpfen gewohnet sind, sich in eben so große Gefahr wagen, als andere. Wenn einige Thiere hierinnen einen Vorzug vor uns haben: so haben wir wiederum einen Vorzug vor vielen andern. So gar die Begierde unsern Leib stark zu machen, und durch fremde Hülfe zu bedecken, kömmt von einem natürlichen Triebe und Gebote her. Der Elephant schleift seine Zähne, deren er sich im Kriege bedienet: denn, er hat besondere Zähne hiezu, die er schonet, und sonst zu nichts gebrauchet. Die Stiere streuen und werfen, wenn sie an den Kampf gehen, Staub um sich herum. Die wilden Schweine schärfen ihr Gewehr. Der Ichneumon verwahret seinen Körper, wenn er sich an das Krokodill machen will, und überzieht und umgibt ihn um und um mit einem festen und zähen Schlamme, wie mit einem Kürasse. Warum sollen wir nicht sagen können, daß es uns eben so natürlich sey, uns mit Holz oder mit Eisen zu bewaffnen? Wenn die Sprache natürlich ist, so ist sie doch gewiß nicht nothwendig. Ich glaube indessen, daß ein Kind, wenn es auch in einer vollkommenen Einsamkeit, und von aller Gesellschaft entfernt, erzogen würde, (welches sich schwerlich möchte versuchen lassen) dennoch eine gewisse Art der Sprache haben würde, wodurch es seine Begriffe ausdrücken könnte. Es ist nicht glaublich, daß uns die Natur dasjenige Mittel sollte entzogen haben, welches sie den meisten andern Thieren gegeben hat. Denn, was ist das Vermögen sich zu beklagen, und sich lustig zu machen, einander zu Hülfe zu rufen, oder zur Liebe zu ermuntern, welches wir sie durch ihre Stimme verrichten sehen, anders, als eine Sprache? Wie sollten sie nicht mit einander selbst reden? Sie reden ja mit uns, und wir mit ihnen. Auf wie vielerley Art reden wir nicht mit unsern Hunden, und auf wie vielerley Art antworten sie uns nicht wieder? In einer andern Sprache, und mit andern Worten schwatzen wir mit ihnen, und wieder anders mit den Vögeln, den Schweinen, den Ochsen, den Pferden. Wir ändern unsere Mundart bey jeder Gattung.

> Cosi per entro loro schiera bruna
> S'ammusa l'una con l'altra formica,
> Forse a spiar lor via, et lor fortuna.[56]

56 So siehet man unter einem Haufen Ameisen, daß sich eine mit der andern bespricht, vielleicht in der Absicht, daß eine der andern Vorhaben und Glück wissen will. *Dante* nel Purgatorio Cant. XXVI. v. 34. u. f.

Mich dünkt, Lactanz[57] schreibt den Thieren nicht nur eine Sprache, sondern auch so gar ein Lachen zu. Eben der Unterschied der Sprache, der sich nach dem Unterschiede der Gegenden unter uns findet, findet sich auch unter den Thieren von einerley Art. Artistoteles[58] führet hierbey an, daß die Feldhüner, nach der verschiedenen Lage der Oerter, auch verschiedentlich schreyen.

– – – variaeque volucres
– – –
Longe alias alio iaciunt in tempore voces
– – –
Et partim mutant cum tempestatibus vna
Raucisonos cantus.[59]

Allein, die Frage ist, welche Sprache ein Kind unter besagten Umständen reden würde: und dasjenige, was man davon muthmaßet, hat nicht viel Wahrscheinlichkeit.

Will man mir einwenden, daß die taubgebohrnen nicht reden: so antworte ich, daß dieses nicht allein daher kömmt, weil sie durch die Ohren keine Anweisung zur Sprache haben bekommen können; sondern vielmehr daher, weil sich das Gehör, dessen sie beraubt sind, auf das Reden bezieht, und weil beydes durch eine natürliche Verbindung zusammen hänget. Auf diese Art müssen wir dasjenige, was wir reden, erst zu uns selbsten sagen, und in unsern Ohren erschallen lassen, ehe es andere vernehmen können.

Ich habe alles dieses zu dem Ende gesagt, um die Gleichheit zu erweisen, die unter den menschlichen Dingen ist, und um uns wieder zu dem großen Haufen zurück zu führen, und wieder mit demselben zu vereinigen. Wir sind weder höher, noch niedriger, als der übrige Theil. Alles,

---

57   Quum enim suas voces propriis inter se discernunt atque dignoscunt, colloqui videntur: ridendique ratio apparet in his aliqua &c. *Instit. Diuin.* L. III. C. 10. Diese sehr merkwürdige Stelle hat mir Herr Barbeyrac angezeiget.

58   In seiner *Historia Animalium* L. IV. c. 9. gegen das Ende.

59   Verschiedene Vögel haben zu manchen Zeiten ganz andere Stimmen, und sie verändern zum Theile ihren Gesang, nach dem die Witterung ist. *Lucret.* L. V. v. 1077, 1080, 1082, 1083.

was unter dem Himmel ist, sagt der Weise, ist einerley Gesetze, und gleichem Glücke unterworfen.

Indupedita suis fatalibus omnia vinclis.[60]

Zwar giebt es einen gewissen Unterschied: es giebt Gattungen, es giebt Stuffen. Allein, alles steht unter der Aufsicht der einzigen Natur.

Res quaeque suo ritu procedit, et omnes
Foedere naturae certo discrimina seruant.[61]

Man muß den Menschen zwingen, und in den Schranken dieser Ordnung halten. Das elende Geschöpf kann dieselben zwar ohnedem nicht wirklich überschreiten. Es ist eben so gut gespannet und gefesselt, und eben so gebunden, als die übrigen Geschöpfe von seiner Ordnung, und befindet sich in einem sehr mittelmäßigen Stande, ohne alle Vorrechte, und ohne einige wahre und wesentliche Vorzüge. Die vermeynten und eingebildeten Vorzüge, die es sich selbst beyleget, sind erdichtet und abgeschmackt. Wenn nun dem also ist, daß der Mensch unter allen Thieren allein eine so freye Einbildungskraft, und unordentliche Art zu denken hat, die ihm das, was ist, und das was nicht ist, was er nur will, das Falsche und das Wahre, vorstellet: so ist dieses ein Vorzug, der ihm theuer zu stehen kömmt, und dessen er sich nicht sehr zu rühmen hat. Hieraus entspringet die Hauptquelle der Uebel, die ihn drücken, die Sünde, die Krankheit, die Unschlüßigkeit, die Verwirrung, die Verzweifelung. Ich sage also, um wieder auf mein Vorhaben zu kommen, daß man ohne einen wahrscheinlichen Grund annimmt, die Thiere thäten eben das aus einer natürlichen und gezwungenen Neigung, was wir aus eigner Wahl und mit Bedachte vornehmen. Wir müssen aus gleichen Wirkungen auf gleiche Kräfte, und aus vollkommenem Wirkungen auf vollkommnere Kräfte schließen, und folglich bekennen, daß sich eben die Vernunft, und eben die Art zu verfahren, welche wir beobachten,

60 Alle Dinge hängen durch eine nothwendige Verbindung zusammen. *Lucret.* L. V. v. 874.
61 Alle Dinge gehen ihrer ersten Einrichtung nach fort, und alle beobachten beständig die verschiedenen ihnen von der Natur vorgeschriebenen Gesetze. Eb. das. v. 921. 911.

oder vielleicht eine bessere, auch bey den Thieren findet. Warum bilden wir uns diesen natürlichen Zwang bey ihnen ein, da wir doch keine dergleichen Wirkung davon wahrnehmen? Hierzu kömmt noch, daß es weit rühmlicher für ein Wesen ist, wenn es durch eine natürliche und unvermeidliche Bestimmung, und welche der Gottheit näher kömmt, ordentlich zu handeln geleitet und verbunden wird, als wenn es nach einer vermessenen und unbestimmten Freiheit ordentlich handelt; und daß es ferner sicherer ist, der Natur, als uns, die Zügel bey unserer Aufführung zu lassen. Unser eitler Hochmuth machet, daß wir unsere Geschicklichkeit lieber unsern Kräften, als ihrer Freigebigkeit zu danken haben wollen. Wir bereichern die andern Thiere mit natürlichen Gütern, und überlassen sie ihnen, um uns durch erworbene Güter hervor zu thun, und zu adeln. Eine große Einfalt, wie mich dünkt! Denn, ich würde mir doch wenigstens eben so viel auf meine eigenthümlichen und natürlichen Reize, als auf die erbettelten und gekünstelten einbilden. Wir können uns keinen schönern Ruhm, als diesen erwerben, daß uns Gott und die Natur günstig sind.

Wenn wir also den Fuchs, dessen sich die Einwohner von Thracien bedienen, wenn sie über einen gefrornen Fluß setzen wollen, und welchen sie zu diesem Ende vor sich her laufen lassen, wenn wir, sage ich, sähen, daß dieser Fuchs an dem Ufer des Stromes das Ohr sehr nahe an das Eis hielte,[62] Acht gäbe, ob er das darunter weglaufende Wasser von ferne oder nahe bey sich rauschen hörete, und nachdem er hierdurch das Eis mehr oder weniger dicke fände, fort oder zurück liefe: würden wir nicht mit Rechte urtheilen, daß er eben so dächte, wie wir in dergleichen Falle denken würden, und daß er natürlich den Schluß und die Folge machete: Was rauschet, das beweget sich; was sich beweget, ist nicht gefroren; was nicht gefroren ist, ist flüßig; und was flüßig ist, giebt unter der Last nach. Es ist ein Hirngespinste, und wir können es uns gar nicht einbilden, daß alles dieses bloß von seinem scharfen Gehöre herrühren sollte, ohne daß dabey Schlüsse und Folgen gemachet würden. Eben so müssen wir von so vielerley Listen und Erfindungen urtheilen, womit sich die Thiere vor unsern Nachstellungen sichern.

Wenn wir uns deswegen einen Vorzug über sie anmaßen wollen, weil wir sie fangen, uns ihrer bedienen, und nach unserm Willen mit ihnen umgehen können: so ist dieses kein anderer Vorzug, als eben der, wel-

---

62   *Plutarchus* de Solertia animalium.

chen wir vor einander selbst haben. Eben so gehen wir auch mit unsern Sklaven um. Waren denn die Klimaciden[63] nicht Weiber in Syrien, die auf alle viere niederfallen, und den Damen, wenn sie in die Kutsche steigen wollten, zum Fußschemel und zur Leiter dienen mußten? Die meisten freyen Leute geben wegen sehr geringer Vortheile ihr Leben und ihr Wesen in anderer Gewalt. Die Weiber und Beyschläferinnen der Thracier[64] zanken sich darum, welche unter ihnen bey dem Grabe ihres Mannes getödtet werden soll. Haben nicht die Tyrannen allezeit Leute genug gefunden, die sich zu ihrem Dienste gewiedmet: ungeachtet sich einige noch dieses dabey bedungen, daß sie ihnen sowohl im Tode als im Leben zur Begleitung dienen müßten. Ganze Armeen haben sich hierzu gegen ihre Feldherren verbindlich gemachet. Die Eidesformel in der strengen Schule der Fechter, welche auf Leib und Leben giengen, enthielt folgende Versprechungen:[65] Wir schwören, daß wir uns in Banden legen, brennen, schlagen, mit dem Schwerdte tödten lassen, und alles leiden wollen, was rechtschaffene Fechter von ihrem Herrn leiden müssen; und wiedmen unsern Leib und unser Leben sehr heilig zu seinem Dienste:

Vre meum si vis flamma caput, et pete ferro
Corpus, et intoito verbere terga seca.[66]

Dieses war eine harte Verbindung: und dennoch fanden sich manches Jahr bey zehn tausend, welche sie eingiengen, und darüber ihr Leben einbüsseten. Wenn die Scythen ihren König begruben,[67] erwürgten sie zugleich über seinem Leichname seine liebste Beyschläferinn, seinen Mundschenken, seinen Stallmeister, seinen Kämmerling, den Thürhüter an seinem Gemache, und seinen Koch. An dem jährlichen Gedächtniß-

63 *Plutarchus* Tr. Quomodo amicus ab adulatore discerni possit.
64 *Herodot.* L. V. p. 331.
65 Dieses ist aus dem *Petron* genommen: Sacramentum, iurauimus, vri, vinciri, verberari, ferroque necari, et quidquid aliud Eumolpus iussisset, tanquam legitimi gladiatores domino corpora animasque religiosissime addicimus: *Satyr.* C. 117.
66 Brenne mich, wenn du willst, auf den Kopf, stosse mir das Schwerdt durch den Leib, und zerhaue mir den Rücken. *Tibull.* L. I. Eleg. X. v. 21. 22.
67 *Herodot.* L. IV. p. 280.

tage aber brachten sie fünfzig Pferde um, auf welchen fünfzig Pagen ritten, die sie durch den Rückgrad bis an die Kehle spießeten, und so zur Schau um sein Grab herum stelleten.

Die Menschen, die uns bedienen, kosten uns nicht so viel, und dürfen nicht so sorgfältig und so gut verpfleget werden, als die Vögel, Pferde und Hunde. Wie sehr nehmen wir sie nicht in Acht? Ich glaube nicht, daß die geringsten Bedienten ihren Herren dasjenige gerne thun, was Fürsten an diesen Thieren thun, und sich noch viel damit wissen. Als Diogenes sahe, daß sich seine Anverwandten bemüheten, ihn wieder aus der Knechtschaft loß zu kaufen, sagte er. Sie sind Thoren, derjenige, welcher mich verpflegt und ernähret, dienet mir.[68] Also sollten diejenigen, welche die Thiere unterhalten, vielmehr sagen, daß sie den Thieren dieneten, als daß sie von denselben bedienet würden. Außer dem sind sie noch so großmüthig, daß sich niemals ein Löwe einem andern Löwen, oder ein Pferd einem andern Pferde aus Niederträchtigkeit unterwirft. Gleichwie wir, die Thiere zu fangen, auf die Jagd gehen: so gehen auch die Tyger und die Löwen auf die Jagd, um Menschen zu fangen. Ja, sie thun dieses auch auf einander selbst: die Hunde auf die Hasen, die Hechte auf die Pletzen, die Schwalben auf die Heuschrecken, die Sperber auf die Amseln und Lerchen.

> Serpente ciconia pullos
> Nutrit, et inuenta per deuia rura lacerta:
> - - -
> Et leporem aut capream famulae
> Jouis, et generosae
> In saltu venantur aues.[69]

Wir theilen unser Wildpret, eben so wie die Mühe und Arbeit, mit unsern Hunden und Vögeln. Und bey Amphipolis in Thracien theilen die Jäger und ihre wilde Falken das Wildpret gerad halb mit einander:[70] eben so wie an dem Mäotischen Sumpfe die Wölfe, wenn ihnen der

---

68 *Diogenes Laertius* in Vita Diogenis Cynici L. VI. Segm. 75.
69 Der Storch nähret seine Jungen mit Schlangen und Eidexen, die er auf dem Felde findet. Der Adler, Jupiters Diener, und andere muthige Vögel jagen in dem Walde Hasen und Rehböcke, *Iuuenal.* Sat. XIV. v. 74. u. f.
70 *Plin.* Hist. Nat. L. X. C. 8. §. 10. Ed. Hard.

Fischer nicht den halben Theil seines Zugs redlich läßt, augenblicklich seine Netze zerreissen.[71]

Gleichwie wir eine Jagd haben, wobey es mehr auf List, als auf Stärke ankömmt, wie bey den Schlingen, und den Angeln; so nimmt man eben dergleichen auch bey den Thieren wahr. Aristoteles sagt,[72] der Kuttelfisch hätte einen langen Darm, wie eine Angel, an dem Hals hängen, den er, wenn er ihn fahren ließe, lang ausdehnen, und wenn er wollte wieder an sich ziehen könnte. Er versteckte sich in dem Sande oder in dem Schlamme, wenn er einen kleinen Fisch auf sich zukommen sähe, und ließe denselben an das Ende dieses Darms anbeissen; worauf er den Darm allmählig so lange zurück zöge, bis der kleine Fisch so nahe bey ihm wäre, daß er ihn auf einen Sprung erhaschen könnte.

In Ansehung der Stärke kann kein Thier so leicht verletzet werden, als der Mensch. Es braucht kein Wallfisch, kein Elephant, kein Krokodill, oder sonst ein dergleichen Thier zu seyn, wovon ein einziges im Stande ist, eine große Menge Menschen nieder zu machen. Die Läuse sind schon mächtig genug, um des Sylla Dictatur ein Ende zu machen. Das Herz und das Leben eines großen und siegprangenden Käisers ist ein Frühstück für einen kleinen Wurm.

Warum sagen wir, der Mensch hätte die Wissenschaft und Erkenntniß, die zu seinem Leben nützlichen und wider seine Krankheiten dienlichen Dinge von andern unnützen und schädlichen zu unterscheiden, und die Kraft der Rhabarbar und des Engelsüsses einzusehen, durch Kunst und Nachdenken erlanget? Wir sehen ja, daß die Ziegen in Candia, wenn sie einen Pfeilschuß bekommen haben, hinlaufen, und unter Millionen Kräutern den Dictam zu ihrer Heilung aussuchen. Wir sehen, daß die Schildkröte, wenn sie von einer Viper gefressen hat, sogleich Orant suchet, um sich damit zu reinigen. Der Drache machet seine Augen mit Fenchel rein und hell. Die Störche setzen sich selbst für alles mit Salzwasser Klystire. Die Elephanten ziehen nicht nur sich, und andern ihres gleichen, sondern auch ihren Herren, (wie das Exempel des Königes Porus,[73] den Alexander überwand, bezeuget,) die Pfeile und Wurfspiese, womit sie in der Schlacht getroffen werden, so geschickt aus dem Leibe, daß wir es nicht mit so geringen Schmerze thun können. Warum sagen

---

71 *Eben das.*
72 *Plutarchus.* de Solertia animalium.
73 *Plutarchus,* de Solertia animalium.

wir hier nicht ebenfalls, daß dieses Wissenschaft und Klugheit ist? Denn, wenn man, um die Thiere herunter zu machen, vorwendet, sie wüßten dieses bloß aus einer Anweisung und einem Triebe der Natur: so benimmt man ihnen hiedurch den Ruhm der Wissenschaft und der Klugheit noch nicht. Man leget ihnen vielmehr denselben mit weit größerem Rechte, als uns, bey, weil man ihnen die Ehre läßt, daß sie eine so gute Lehrmeisterinn haben.

Chrysipp urtheilet zwar in allen übrigen Stücken so verächtlich von dem Zustande der Thiere, als irgend ein Philosoph. Allein wenn er das Bezeigen eines Hundes betrachtet, der an einem Scheidewege, wenn er drey Wege vor sich sieht, und entweder seinen verlohrnen Herrn sucht, oder einem Thiere das vor ihm flieht, nachsetzet, einen Weg nach dem andern durchspürt, endlich aber, wenn er auf zween keine Witterung von dem gesuchten gefunden hat, ohne Anstand den dritten läuft; so muß er gezwungen bekennen,[74] daß ein solcher Hund folgenden Schluß macht: Ich bin der Spur meines Herrn bis auf diesen Scheideweg nachgegangen, er muß nothwendig einen von diesen dreyen Wegen gegangen seyn: er ist aber weder diesen noch jenen gegangen; er muß also unfehlbar den dritten gegangen seyn. Auf diesen Schluß und diese Vorstellung verläßt sich der Hund, und bedienet sich auf dem dritten Wege der Nase nicht mehr, spüret ihm auch nicht weiter nach, sondern läßt sich die Stärke der Vernunft denselben führen. Ist es nicht einerley, ob der Hund dieses vollkommen dialectische Verfahren, und diesen Gebrauch der getrennten und verbundenen Sätze, und der vollständigen Herzählung der Theile, vor sich weiß, oder ob er alles dieses von dem Trapezuntius[75] gelernet hätte?

Doch die Thiere sind nicht so ungeschickt, daß sie sich nicht nach unserer Art unterrichten ließen. Die Amseln, die Raben, die Aelstern, die Papageyen lernen reden. Diese Geschicklichkeit, die wir an ihnen wahrnehmen, ihre Stimme und ihren Athem so zu zwingen, daß sie eine gewisse Anzahl Buchstaben und Syllben aussprechen lernen, zeiget, daß

---

74 *Sextus Empiricus.* Pyrrh. Hypot. L. I. C. 14. p. 15.

75 Georg von Trapezunt war einer von den Gelehrten, die, als sie im funfzehenden Jahrhundert Griechenland zu verlassen gezwungen waren, nach Italien flüchteten, und in den Abendländern die schönen Wissenschaften wieder empor brachten. Eugen IV. beehrete ihn mit der Aufsicht über ein Collegium zu Rom.

sie eine Vernunft haben, die sie so gelehrig und willig zum Lernen machet. Jederman hat sich, wie ich glaube, an den vielerley Possen, welche die Gaukler ihren Hunden lehren, an den Tänzen, wo sie keinen einzigen Tact verfehlen, und an den vielen unterschiedlichen Bewegungen und Sprüngen, die sie auf ihren mündlichen Befehl machen, satt gesehen. Mit größerer Bewunderung aber betrachte ich das, obgleich sehr gewöhnliche. Bezeigen der Hunde, deren sich die Blinden auf dem Lande und in den Städten bedienen. Ich habe in Acht genommen, wie sie bey gewissen Thüren, wo sie ein Allmosen zu bekommen gewohnet sind, stehen bleiben, wie sie vermeiden, daß sie nicht an Kutschen oder Kärren anstossen, wenn sie schon für sich genug Platz vorbey zu kommen haben. Ich habe manchmal gesehen, daß sie längst dem Stadtgraben hin den ebenen und gebahnten Fußsteig verlassen, und einen schlimmem Weg genommen haben, um ihren Herrn von dem Graben zu entfernen. Wie hat man diesen Hunden beybringen können, daß es ihnen obliegt, bloß auf die Sicherheit ihrer Herren zu sehen, und ihre eigene Bequemlichkeit jenerwegen bey Seite zu setzen? Wie weiß der Hund, daß dieser oder jener Weg zwar breit genug für ihn, aber nicht für einen Blinden, ist? Läßt sich dieses alles ohne Vernunftschlüsse begreifen?

Ich darf hier nicht vergessen, was Plutarch[76] zu Rom mit dem Käiser Vespasian, dem Vater, auf dem Schauplatze des Marcell von einem Hunde gesehen zu haben berichtet. Dieser Hund gehörte einem Gaukler, welcher ein Stück, worinnen verschiedene Geberden und Personen vorkamen, und in welchem auch dieser Hund eine Rolle hatte, aufführete. Dieser mußte sich unter andern auch eine Zeitlang stellen, als wenn er verreckt wäre, weil er eine gewisse Arzeney gefressen hätte. Nachdem er das Brod, welches man für diese Arzeney ausgab, hinunter geschlucket hatte, fieng er sogleich zu zittern und zu taumeln an, als wenn er dämisch wäre; streckte sich endlich, machte sich starr, als ob er todt wäre, und ließ sich von einem Orte zum andern ziehen und schleppen, wie es der Innhalt des Spieles mit sich brachte. Als er hierauf merkte, daß es Zeit wäre, fieng er erstlich sich wieder ganz langsam zu bewegen an, als wenn er aus einem tiefen Schlaf wieder zu sich selbst gekommen wäre, hub hierauf den Kopf in die Höhe, und sahe hin und her, so daß alle Umstehende darüber erstaunten.

---

76 *Plutarchus* de Solertia animalium.

Die Ochsen, welche die königlichen Gärten zu Susa wässern halfen, und durch Umdrehen gewisser großer Räder, woran Eymer bevestiget waren, (dergleichen man auch in Languedoc verschiedene siehet) Wasser schöpfen mußten, waren angehalten worden, daß jeder des Tages hundertmal herauf ziehen mußte.[77] Sie waren an diese Zahl so gewohnt, daß sie sich unmöglich durch irgend eine Gewalt zu einem Zuge mehr antreiben ließen, sondern, wenn sie das ihrige gethan hatten, auf einmal stille stehen blieben. Wir werden Jünglinge, ehe wir bis auf hundert zählen lernen; und ohnlängst haben wir ganze Völker entdecket, die gar keine Kenntniß von den Zahlen haben.

Es gehöret mehr Verstand dazu, einen andern zu unterrichten, als sich selbst unterrichten zu lassen. Wir wollen das bey Seite setzen, was Demokrit geglaubt und bewiesen hat,[78] daß uns die Thiere die meisten Künste gelehret hätten, als die Spinne das Weben und Nehen, die Schwalbe das Bauen, der Schwan und die Nachtigall die Musik, und andere Thiere durch ihr Beyspiel, die Arzneykunst. Artistoteles behauptet,[79] die Nachtigallen lehreten ihren Jungen singen und wendeten Zeit und Fleiß darauf; daher käme es, daß diejenigen, die wir im Kefige erziehen, und die nicht zu ihren Alten in die Schule gehen können, vieles von der Annehmlichkeit ihres Gesanges verlöhren. Wir können hieraus urtheilen, daß sie sich durch Unterricht und Fleiß bessern; und daß selbst unter denen, die ihre Freyheit haben, nicht eine vollkommen, wie die andere singt, sondern daß jede einen besondern Gesang ihrer Fähigkeit nach angenommen hat. Sie sind eyfersüchtig, und bestreben sich um die Wette einander im Singen zu übertreffen: und zwar so muthig, daß manchmal die überwundene todt niederfällt, und der Athem eher als die Stimme aussen bleibet. Die jüngsten sitzen tiefsinnig da, und fangen an gewisse Absätze des Gesanges nach zu machen. Der Lehrling hört dem Unterrichte des Lehrmeisters zu, und macht sich denselben sorgfältig zu Nutze. Eine schweigt nach der andern; Man höret daß sie die Fehler verbessern, und merkt manchmal, daß ihnen der Lehrmeister einige Verweise giebt.

---

77 *Plutarchus* de Sotertia animalium.

78 *Eb. das.*

79 *Eb. das.*

Ich habe, sagt Arrius, vormals einen Elephanten gesehen,[80] der auf jeder Hüfte eine Cymbel hängen, und eine andere an seinem Rüßel angebunden hatte, nach deren Tone die andern alle rings herum tanzten, und sich nach einem gewissen Tacte bald beugten, bald in die Höhe richteten, nachdem sie das Instrument anführete; und es war ein Vergnügen, diese Harmonie an zu hören. In den Schauspielen zu Rom sahe man gemeiniglich Elephanten, welche abgerichtet waren, sich nach dem Tone der Stimme zu bewegen, und Tänze zu tanzen, in welchen verschiedene Wendungen, Beugungen und sehr schwere Tacte, waren.[81] Man hat auch einige gesehen welche, wenn sie allein waren, das, was sie gelernet hatten, wiederhohleten, und sich sorgfältig und fleißig übten, damit sie von ihren Herrn nicht gescholten oder geschlagen würden.[82]

Besonders ist diese Geschichte von der Aelster, von welcher Plutarch selbst Zeuge ist,[83] sehr seltsam. Sie war zu Rom in dem Laden eines Balbiers, und ahmte alle Stimmen, die sie hörte, mit wunderbarer Geschicklichkeit nach. Einsmals trug es sich zu, daß gewisse Trompeter lange vor diesem Laden bliesen. Von der Stunde an, und den ganzen folgenden Tag, war diese Aelster tiefsinnig, stumm, und melancholisch; worüber jedermann in Verwunderung gerieth, und glaubte, der Schall der Trompete müßte sie so betäubt und erschrecket haben, daß sie zugleich mit dem Gehöre auch die Stimme verlohren hätte. Allein endlich fand man, daß sie tief nachgedacht hatte, und in sich selbst gegangen war, und daß sich ihr Geist geübt und ihre Stimme zubereitet, den Ton der Trompete nach zu ahmen: so daß sie mit der ersten Stimme vollkommen alle Wiederhohlungen, alle Pausen, und alle Manieren der Trompeter ausdrückte, und daß sie, um dieses zu lernen, alles, was sie vorher schwatzen konnte, aus der Acht gelassen hatte.

Ich will auch das andere Beispiel von einem Hunde, welches Plutarch ebenfalls selbst gesehen zu haben berichtet, als er einmal zu Schiffe ge-

80 Dieses ist eine sehr genaue Uebersetzung desjenigen, was *Arrian* selbst gesehen zu haben meldet. Hist. Indic. C. 14. p. 328. Ed. Gronov. Montagne oder seine Drucker haben Arrius für Arrian gesetzet.

81 *Plutarchus* de Solertia animalium.

82 *Eb. das. Plinius* versichert eben das: Certum est, saget er, vnum tardioris ingenii in accipiendis, quae tradebantur, saepius castigatum verberibus, eadem illa meditantem noctu repertum. *Hist. Nat.* L. VIII. C. 3.

83 In seinem Tractate, *de Solertia animalium*.

wesen, an zu führen nicht unterlassen. Denn, ich sehe wohl daß ich die Ordnung unterbreche: allein, ich werde sie in Anführung der Beispiele eben so wenig, als in meiner ganzen übrigen Arbeit beobachten. Dieser Hund wollte gerne das Oel haben, welches in einem Kruge auf den Boden war; konnte es aber, weil die Oeffnung des Gefässes zu enge war, mit der Zunge nicht erreichen. Er hohlte also Kieselsteine und warf deren so viel in den Krug, bis das Oel näher an den Rand stieg, so daß er es erreichen konnte.[84] Was ist dieses anders, als eine Wirkung eines sehr verschlagenen Kopfes? Man saget,[85] daß es die Raben in der Barbarey eben so machten, wenn das Wasser, das sie saufen wollen, zu tief ist.

Diese Handlung ist einigermassen mit dem verwandt, was der König *Juba* von den Elephanten erzählet. Wenn einer unter ihnen durch die List der Jäger in gewisse tiefe Gruben, die man ihnen gräbet, und die man, um sie zu betrügen, mit kleinem Gesträuche wieder zudecket, gefallen ist: so bringen die andern geschwind eine Menge Steine und Stücken Holz zusammen, damit er sich hierdurch wieder heraus helfen soll.[86] Allein, dieses Thier beweiset in so vielen andern Handlungen eine fast menschliche Geschicklichkeit, daß ich, wenn ich alles stückweise durchgehen wollte, was die Erfahrung davon gelehret hat, dasjenige leicht erweisen könnte, was ich gemeiniglich sage, daß zwischen manchen Menschen ein größerer Unterschied ist, als zwischen manchen Thiere, und manchen Menschen. Ein Elephantenwärter in einem bürgerlichen Hause in Syrien brach demselben von jeglichem Futter die Hälfte des ihm gesetzten Maßes ab. Eines Tages wollte ihn der Herr selbst füttern, und schüttete das richtige Maas Gerste, welches er ihm zum Futter bestimmet hatte, in die Krippe. Der Elephant sahe den Wärter schäl an,[87] sonderte die Hälfte der Gerste mit seinem Rüssel ab, that sie bey Seite, und zeigte also wie man ihm Unrecht thäte. Ein anderer, der einen Wärter hatte, welcher ihm Steine unter das Futter mengete, damit es desto mehr im Maaße betragen sollte:[88] näherte sich dem Topfe,

84 *Eb. das.*
85 *Eb. das.*
86 *Eb. das.*
87 *Eb. das.*
88 *Eb. das.*

worinnen er Fleisch zu seinem Mittagsessen kochte, und schmiß Asche hinein. Dieses sind außerordentliche Verrichtungen. Allein, alle Welt hat gesehen, und alle Welt weiß, daß bey allen Armeen in den Morgenländern die größte Macht in den Elephanten bestund, mit welchen man ungleich größere Dinge, als heut zu Tage mit unserm Geschütze, ausrichtete, welches in einem ordentlichen Treffen ungefähr ihre Stelle vertritt, (wie jeder leicht einsehen wird, der einige Kenntniß der alten Geschichte hat.)

– – – siquidem Tyrio seruire solebant
Annibali et nostris ducibus, regique Molosso
Horum maiores, et dorso ferre cohortes,
Partem aliquam belli, et euntem in praelia turmam.[89]

Man mußte sich doch wohl auf die Treue und den Verstand dieser Thiere sicher verlassen können, weil man sie an die Spitze einer Schlachtordnung stellte; da doch der geringste Aufenthalt, den sie wegen der Größe und Schwere ihrer Körper hätten verursachen können, und das geringste Schrecken, welches sie auf ihre eigene Leute loß zu gehen veranlaßt hätte, alles zu verderben im Stande gewesen wäre. Es haben sich auch wenige Fälle ereignet, da sie zurück unter ihre eigene Völker gerannt sind, wie wir jetzt unter einander rennen, und uns selbst trennen. Man brauchte sie nicht bloß zu einer einfachen Bewegung; sondern zu verschiedenen Verrichtungen in dem Treffen: wie es die Spanier bey Eroberung Indiens mit den Hunden machten,[90] denen sie Sold zahleten, und einen Theil der Beute gaben. Diese Thiere zeigten eben so viel Geschicklichkeit und Verstand dem Feinde nachzusetzen oder Halt zu machen, auf denselben nach Gelegenheit loß zu gehen oder sich zurück

89 Die Elephanten, (sagt *Juvenal* Sat. XII. v. 107. u. f.) die heut zu Tage bürgerliche Personen halten, stammen von denjenigen ab, die vormals dem Hannibal, dem Pyrrhus, und unsern Generalen gedienet, welche ganze Schaaren, und mit Soldaten besetzte Thürme auf den Rücken getragen haben.

90 Viele Völker haben dieses schon lange zuvor gethan. Propter bella, sagt *Plinius* L. VIII. C. 40. Colophonii, item Castabalenses (in Cilicien) cohortes canum habuere. Et prima dimicabant in acie nunquam jetrectantes: haec erant auxilia: nec stipendiorum indigna – – – Man sehe auch *Aelian.* Var. Hist. L. XIV C. 46.

zu ziehen, Freunde und Feinde zu unterscheiden, als sie sonst Hitze und Wuth blicken ließen. Wir bewundern und erwägen fremde Sachen weit mehr, als gemeine: sonst würde ich mich nicht mit diesem langen Verzeichnisse aufgehalten haben. Denn, wer dasjenige genau betrachtet, was wir ordentlich an den Thieren welche unter uns leben, wahrnehmen, wird meines Erachtens unter ihnen genug eben so bewundernswürdige Handlungen antreffen, als diejenigen sind, die man aus fremden Ländern und Jahrhunderten zusammen sucht. Die Natur hält beständig einerley Lauf. Wer ihren gegenwärtigen Zustand recht inne hätte, könnte hieraus sicher auf alle zukünftige und vergangene Zeiten schließen.

Ich habe vormals unter uns Leute gesehen, welche zur See aus fernen Ländern kamen. Wir verstunden ihre Sprache gar nicht; ihre Sitten und Kleidung waren übrigens von den unsrigen sehr unterschieden: und wer unter uns hielt sie nicht für wild und ungeschliffen? Wer legte es ihnen nicht als einen Unverstand und eine Dummheit aus, wenn er sahe, daß sie stumm waren, die französische Sprache nicht verstunden, und sich in unser Handküssen, und schlangichte Beugungen, in unsere Stellungen und Geberden nicht schicken konnten, welche freylich die menschliche Natur ohne Ausnahme zum Muster nehmen muß. Wir verwerfen alles, was uns fremd fürkommet, und was wir nicht verstehen. Eben so gehet es uns auch, wenn wir von den Thieren urtheilen. Sie haben viele Eigenschaften, worinnen sie mit uns überein kommen: und aus diesen können wir vermittelst einer Vergleichung einige Muthmassungen schöpfen. Aber wie können wir wissen, was es mit denenjenigen für eine Bewandtniß hat, die ihnen besonders eigen sind? Die Pferde, die Hunde, die Ochsen, die Schaafe, die Vögel, und die meisten Thiere, die unter uns leben, kennen unsere Stimme, und folgen derselben. Kannten doch auch des Crassus Lampretein,[91] seine Stimme, und kamen zu ihm, wenn er sie rufte. Die Aale in dem Brunnen zu Arethusa thun dieses ebenfalls: und ich habe genug Fischbehälter gesehen, wo die Fische zum Fressen herbey kamen, wenn sie diejenigen, die sie fütterten, auf gewisse Weise locketen.

91 *Plutarchus* de Solertia animalium.

Nomen habet, et ad magistri
Vocem quisque sui venit citatus.[92]

Hieraus können wir urtheilen. Ja, wir können auch sagen,[93] daß die Elephanten etwas von einer Religion haben, weil sie, wenn sie sich erst verschiedentlich gewaschen und gereiniget haben, den Rüssel, wie wir die Arme empor heben, die aufgehende Sonne steif ansehen, und gewisse Stunden des Tages gleichsam nachdenkend und betrachtend stehen. Dieses thun sie aus eigenem Triebe, ohne Anweisung, und ungeheissen. Bemerken wir nun gleich bey den andern Thieren nichts dergleichen: so können wir doch deswegen nicht gewiß sagen, daß sie ohne Religion sind, und nicht über das Verborgene urtheilen.

Etwas dergleichen sehen wir aus derjenigen Handlung, welche der Philosoph Kleanthes bemerket hat; weil sie mit unsern Handlungen gewisser massen übereinkömmt. Er sahe, sagt er, Ameisen aus ihrem Ameishaufen kriechen,[94] und den Leib einer todten Ameise auf einen andern Ameishaufen zutragen, aus welchem ihnen verschiedene andere Ameisen entgegen kamen, als wenn sie mit ihnen reden wollten. Nachdem sie eine Weile beysammen gewesen waren, kehreten die erstern wieder um, gleichsam, als ob sie sich mit ihren Mitbürgern berathschlagen wollten; und thaten bey dieser Gelegenheit, wegen der Schwierigkeiten, die sich bey der Unterhandlung ereigneten, zwo bis drey verschiedene Reisen. Endlich kamen die letzten, und brachten den erstern einen Wurm aus ihrem Ameishaufen, der gleichsam das Lösegeld für den todten Körper war. Diesen Wurm nahmen die ersten auf den Rücken, trugen denselben in ihren Haufen, und liessen dagegen den letztern den Leib der verstorbenen Ameise. Diese Auslegung machte Kleanthes, und suchte hiedurch zu zeigen, daß diejenigen Thiere, die keine Stimme haben, dem ungeacht ein Verständniß und einen Umgang mit einander pflegen, an welchen wir aus eigener Schuld keinen Antheil haben, und also thöricht handeln, wenn wir uns davon zu urtheilen unterfangen.

Sie thun aber auch noch viele andere Dinge, die unsere Fähigkeit weit übersteigen; und welche wir nicht allein nicht nachthun, sondern uns

---

92   Jeder hat seinen Namen, und kömmt, wenn ihn der Herr rufet. *Martial.* L. IV. Epigr. 30. v. 6. 7.
93   *Plin.* Hist. nat. L. VIII. C. 1.
94   *Plutarchus* de Solertia animalium.

auch nicht einmal einbilden können. Viele behaupten, daß in dem großen und letzten Seetreffen, welches Anton wider den August verlohr,[95] sein Admiralsschiff mitten in seinem Laufe durch einen kleinen Fisch aufgehalten worden sey, welchen die Lateiner eben deswegen, weil er alle Schiffe, an die er sich hänget, aufhält, *Remora* nennen. Als der Kaiser Caligula mit einer großen Flotte an der Romanischen Küste hinschiffte,[96] wurde seine Galeere allein durch eben diesen Fisch auf einmal aufgehalten. Er ließ denselben, da er unten an dem Schiffe hieng, fangen, und ärgerte sich sehr, daß ein so kleines Thier das Meer und die Winde, und die Gewalt aller seiner Ruder bezwingen könnte, da es sich doch nur mit dem Maule an das Schiff gehängt hatte: denn es ist ein Muschelfisch. Allein, er erstaunte noch weit mehr, und zwar mit vollkommenem Rechte, daß dieser Fisch, als er ihm ins Schiff gebracht wurde, die Stärke nicht mehr hatte, welche er draußen gehabt.

Ein Bürger aus Cyzicum[97] ward ehedem für einen guten Mathematiker gehalten, weil er die Eigenschaft des Igels hatte kennen lernen. Dieses Thier läßt seine Höhle an verschiedenen Orten, und gegen verschiedene Winde, offen; und verstopfet, wenn es den bevorstehenden Wind voraus merkt, dasjenige Loch, welches dem Winde entgegen lieget. Dieses merkte sich der Bürger, und verkündigte in seiner Stadt zum voraus, was für ein Wind wehen würde.

Der Chamäleon nimmt die Farbe des Ortes an, an dem er sich befindet: der Polype hingegen giebt sich selbst eine Farbe, wie es ihm gefällt, und wie es die Gelegenheit mit sich bringet; nachdem er sich entweder vor einem Feinde verbergen, oder einen Raub erhaschen will.[98] Der Chamäleon verhält sich bey dieser Veränderung leidend; der Polype hingegen thätig. Wir verändern ebenfalls gewissermassen die Farbe bey dem Schrecken, bey dem Zorn, bey der Schaam, und bey andern Leiden-

---

95 *Plin.* Hist. Nat. L. XXXII. C. 1.

96 Nec longa fuit illius morae admiratio, statim causa intellecta, cum e tota classe quinqueremis sola non proficeret, exilientibus protinus qui id quaererent circa nauim, inuenere adhaerentem gubernaculo, ostenderuntque Caio, indignanti hoc fuisse quod se reuocaret, quadringentorum remigum obsequio contra se intercederet. Constabat peculiariter miratum, quomodo adhaerens tenuisset, nec idem polieret in nauigium receptus.

97 *Plutarchus* de Solertia animalium.

98 *Eb. das. C. 28.*

schaften: welche machen, daß wir uns im Gesichte verfärben. Allein, wir verhalten uns ebenfalls, wie die Chamäleon, nur leidend dabey. Die Gelbsucht kann uns gelb machen: allein dieses kommt nicht auf unsern Willen an. Diese Handlungen nun, die wir an den Thieren wahrnehmen, und die größer sind, als das, was wir bewerkstelligen können, zeigen uns, daß sie eine gewisse vortrefflichere Kraft besitzen, die uns verborgen ist: gleichwie es überhaupt wahrscheinlich ist, daß sie noch viele andere Eigenschaften und Kräfte bey ihnen finden, von denen wir gar keine Kenntniß haben.

Unter allen ehemaligen Arten zu weissagen, war keine älter und gewisser, als diejenige, bey welcher man auf den Flug der Vögel sahe. Wir haben nichts ähnliches oder so wunderbares. Diese regelmäßige und ordentliche Bewegung der Flügel, aus welcher man Folgen auf die zukünftigen Dinge zieht, muß wahrhaftig durch ein gewisses vortreffliches Mittel zu einem so edlen Endzwecke eingerichtet werden. Denn, man würde allzu genau bey dem Buchstaben bleiben, wenn man diese große Wirkung einer natürlichen Ordnung zuschreiben wollte, bey welcher, von Seiten desjenigen, der sie hervorbringt, keine Erkenntniß, Einwilligung und Ueberlegung statt findet: und diese Meynung ist augenscheinlich falsch. Dieses erhellet daraus.[99] Der Fisch Torpedo hat die Art an

99 Montagne betrügt uns hier, oder vielmehr sich selbst. Denn daraus, daß der Fisch Torpedo die Glieder dererjenigen, die ihn anrühren, steif macht, und daß die Kraniche, die Schwalben und die übrigen Strichvögel, nach den Jahreszeiten die Gegenden ändern, folgt keinesweges, daß sich die Verkündigungen, welche man auf den Flug der Vögel hat bauen wollen, auf gewisse Kräfte gründeten, vermöge deren die Vögel denenjenigen, die sich die Mühe geben, ihre verschiedene Bewegungen zu beobachten, das zukünftige entdeckten. Sein lebhafter Witz machet, daß er hier sehr verschiedene Dinge mit einander verwirret. Die Eigenschaften des Fisches Torpedo, der Kraniche, und der Schwalben, zeigen sich durch handgreifliche Wirkungen: die Verkündigungen hingegen, die man aus dem Fluge gewisser Vögel vermittelst der regelmäßigen und ordentlichen Bewegung ihrer Flügel hat herleiten wollen, haben keinen andern Grund, als die menschlichen Einbildungen, deren Wirklichkeit man niemals bewiesen hat, die nach Verschiedenheit der Zeiten und Oerter verschieden gewesen sind, und die endlich selbst bey denenjenigen Völkern, die sonst am meisten davon eingenommen waren, allen Glauben verlohren haben. Ich halte übrigens dafür, daß sich Montagne hier des Grundes, daß die Vögel eine Kraft zu weissagen hätten, bloß deswegen bedienet, um die Dogmatiker verwirret zu machen, welche kühnlich behaupten, die Thiere hätten weder

sich, daß er nicht nur diejenigen Glieder, die ihn anrühren, steif macht; sondern auch durch das Garn und Netz hindurch denenjenigen, die das Netz bewegen und ziehen, die Hände starr macht. Ja, man sagt noch mehr, daß sich diese Wirkung auch alsdann, wenn man Wasser über ihn giesset, bis an die Hand herauf erstreckt, und derselben durch das Wasser hindurch das Gefühl benimmt. Diese Stärke ist wunderbar: allein, sie ist diesem Fische nicht unnütze. Er kennet und gebrauchet dieselbe, so, daß er sich um die gesuchte Beute zu erhaschen, unter den Schlamm verbirget, damit die andern Fische, die darüber hinfahren, durch diese seine Kälte gerühret und eingeschläfert werden, und also in seine Gewalt fallen.

Die Kraniche, die Schwalben und andere Strichvögel, die nach den Jahreszeiten ihren Aufenthalt verändern, zeigen genugsam, daß sie Kenntniß von ihrer Gabe zu weissagen haben, und bedienen sich derselben.

Die Jäger versichern uns, daß man, wenn man unter einer Anzahl junger Hunde den besten aussuchen und aufziehen will, nur der Mutter die Wahl lassen dürfe. Nämlich man findet den besten, wenn man sie alle aus dem Lager wegträgt, und Acht hat, welchen sie am ersten wiederhohlet: oder, wenn man sich stellet, als umgäbe man das Lager mit Feuer, und zusiehet, welchem unter den Jungen sie am ersten zu Hülfe kömmt. Hieraus erhellet, daß sie entweder gewisse uns unbekannte Anzeichen haben; oder, eine andere und bessere Fähigkeit, als wir, besitzen, von ihren Jungen zu urtheilen. Da uns die Thiere in Ansehung der Geburt, Zeugung und Ernährung, der Handlungen und Bewegungen, des Lebens und Sterbens, so ähnlich sind: so kann das, was wir aus mehr oder weniger Bewegungsgründen thun, als sie, nicht von unserer Vernunft herrühren. Die Aerzte stellen uns die Lebensart der Thiere

> Vernunft noch Verstand. Und hierinnen ahmet er dem *Sextus Empirikus* nach, der die Dogmatiker auf folgende Art angreift: *Man kann nicht läugnen, daß die Vögel eine Sprache, und mehr Einsicht als wir haben, weil sie nicht allein das Gegenwärtige, sondern auch das Zukünftige erkennen, und denen, die sie verstehen, zu erkennen geben, indem sie ihnen dasselbe durch die Stimme und durch viele andere Mittel anzeigen. Tis ouk an eipoi tous ornithas anchinoia te diapherein, kai tô prophorikô kechsêsthai logô; hoige ou monon ta paronta, alla kai ta esomena epistantai kai tauta tois synienai dynamenois prodêlousin, allôs te sêmainontes, kai tê phônê proagoreuontes. Pyrrh. Hypot. L. I. C. 14. p. 16.*

und Handlungen als eine wichtige Gesundheitsregel vor. Denn, das gemeine Volk führt von langer Zeit her die Worte in dem Munde:

Halt Kopf und Füsse warm,
Sonst lebe wie ein Vieh.

Die Zeugung ist die vornehmste unter allen natürlichen Handlungen. Unsere Glieder sind hierzu gewisser massen geschickter. Dem ungeachtet verordnen sie uns eben die Stellung, wie die Thiere anzunehmen, als welche vortheilhafter ist.

More ferarum,
Quadrupedumque magis ritu, plerumque putantur
Concipere vxores: quia sic loca sumere possunt,
Pectoribus positis, sublatis semina lumbis.[100]

Sie verwerfen die ungebärdigen und geilen Bewegungen, welche die Weiber für sich darein gemenget haben, als schädlich: und verweisen sie auf das Beispiel und das Bezeigen der Thiere ihres Geschlechtes, als welches weit bescheidener und sittsamer ist.

Nam mulier prohibet se concipere atque repugnat,
Clunibus ipsa viri venerem si laeta retractet,
Atque exossato ciet omni pectore fluctus.
Eiicit enim Sulci recta regione viaque
Vomerem, atque locis auertit seminis ictum.[101]

Wenn die Gerechtigkeit darinnen bestehet, daß man einem jeden das Seinige giebt: so üben die Thiere, welche ihre Wohlthäter bedienen, lieben und vertheidigen, hingegen die Fremden oder diejenigen, welche sie beleidigen, verfolgen und antasten, hierdurch gewissermassen unsere

100 Man glaubet gemeiniglich, daß die Weiber weit besser empfangen, wenn sie die Art der vierfüßigen Thiere nachahmen, weil eine solche Stellung zur Zeugung bequemer ist. *Lucret.* L. IV. v. 1258. u. f.

101 Die geilen Bewegungen einer Frau sind eine Ursache der Unfruchtbarkeit, weil sie verhindern, daß das befruchtende Naß nicht an den von der Natur bestimmten Ort kömmt. *Eb. das.* v, 1263. u. f.

Gerechtigkeit aus. Eben so beobachten sie auch eine sehr billige Gleichheit bey der Austheilung ihrer Güter unter ihre Jungen.

In der Freundschaft sind sie ungleich lebhafter und beständiger, als die Menschen. Hyrkan, des Königs Lysimach Hund, blieb, als sein Herr gestorben war, hartnäckicht auf seinem Bette,[102] ohne Fressen und Saufen: lief aber den Tag, da dessen Körper verbrannt wurde, fort, und sprang in das Feuer, worinnen er ebenfalls verbrannte. Eben so machte es der Hund eines gewissen Pyrrhus:[103] denn, er gieng nach seines Herrn Tode nicht von dessen Bette herunter, ließ sich, als man denselben fort trug, auch mit fort tragen, und sprang endlich auf den Holzstoß, worauf man den Leichnam seines Herren verbrannte. Wir hegen zuweilen eine gewisse Zuneigung, an welcher unsere Vernunft keinen Theil hat, und die bloß von einem ungefähren Zufalle, welchen einige Sympathie nennen, herrühret. Hiezu sind die Thiere sowohl, als wir, fähig. Wir sehen, daß sich manche Pferde so aneinander gewöhnen, daß sie kaum ohne einander leben oder von der Stelle gehen wollen. Man bemerket, daß sie ihre Liebe auf ein gewisses Haar, oder auf eine gewisse Bildung bey andern Pferden werfen; und sich, wo sie dergleichen antreffen, sogleich mit Freude und Freundschaftsbezeigungen zugesellen: andere Gestalten aber auch nicht leiden können, und hassen.

Die Thiere beobachten bey ihrer Liebe, eben so wohl als wir, eine Wahl, und suchen sich ebenfalls ihre Weibchen aus. Sie sind nicht von unserer Eifersucht, oder heftigem und unversöhnlichem Neide frey. Die Begierden sind entweder natürlich und nothwendig, wie die Begierde zum Essen und zum Trinken; oder natürlich, und nicht nothwendig, wie die Begierde nach dem Umgange mit weiblichen Geschlechte; oder weder natürlich noch nothwendig. Unter diese lezte Gattung gehören fast alle menschliche Begierden: sie sind alle überflüßig und gekünstelt. Es ist wunderbar, mit wie wenigen sich die Natur begnügt, und wie wenig sie uns zu wünschen gelassen hat. Die Zubereitungen unserer Küchen stimmen mit ihren Verordnungen nicht überein. Die Stoiker sagen, ein Mensch könnte sich einen ganzen Tag mit einer Olive erhalten. Sie schreibet uns weder unsere leckerhafte Weine, noch die Beschwerungen vor, die wir den verliebten Begierden beyfügen:

---

102 *Plutarchus* de Solertia animalium.
103 *Eb. daselbst.*

- - - Neque illa
Magno prognatum deposcit Consule cunnum.[104]

Diese natürliche Begierden, die uns der Mangel der Erkenntniß des Guten, und eine falsche Meynung, eingeflöset haben, sind bey uns so häufig, daß sie fast alle die natürlichen vertreiben: nicht anders, als wenn in einer Stadt so viele Fremde wären, daß sie die eingebohrnen Einwohner daraus vertrieben, oder ihnen ihr altes Ansehen und ihre alte Gewalt raubten, und sich dieselben gänzlich zueigneten und anmaßten. Die Thiere sind viel ordentlicher, als wir, und bleiben mit mehr Mäßigung in den Schranken, welche uns die Natur vorgeschrieben hat: doch nicht so gar genau, daß sie nicht auch etwas unserer Unordnung ähnliches haben sollten. Gleichwie die Menschen zuweilen durch rasende Begierden, zur Liebe gegen die Thiere angetrieben worden sind: so finden sich auch zuweilen Thiere, die von Liebe zu uns eingenommen werden, und widernatürliche Zuneigung zu einer andern Art fassen. Ein Beyspiel hievon giebt jener Elephant,[105] der des Sprachlehrers Aristophanes Nebenbuhler bey einer jungen Strausbinderinn in der Stadt Alexandria war, und ihm in den Pflichten eines innig Verliebten nicht das geringste nachgab. Denn, wenn er über den Obstmarkt gieng, nahm er mit seinem Rüßel Obst, und brachte ihr dasselbe. Er ließ sie, so wenig als möglich war, aus dem Gesichte, steckte ihr manchmal seinen Rüßel unter ihrem Halstuche in den Busen, und betastete ihre Brüste. Man erzählet auch,[106] daß sich ein Drache in ein Mädchen, in der Stadt Asop, eine Gans in ein Kind, und ein Widder in die Sängerinn Glaucia verliebt habe. Man siehet auch täglich, daß Affen eine rasende Liebe zu Weibspersonen tragen. Ferner siehet man, daß gewisse Thiere der Liebe zu dem männlichen Geschlechte von ihrer Art nachhangen. Oppian,[107] und andere, erzählen einige Beispiele, wodurch sie beweisen wollen,[108] daß die

104 Sie suchet keine hohe Geburt, als ein Mittel das Vergnügen der Liebe zu vermehren. *Horat.* L. I. Sat. II. v. 69. 70.
105 *Plutarchus* de Solertia animalium.
106 *Id.* ibid.
107 *De Venatione* L. I. v. 236 u. f.
108 Folgendes sehr merkwürdiges Beyspiel hievon, habe ich bey dem Varro gefunden, *De re rustica*. L. II. C. 7. Tametsi incredibile quod vsu venit memoriae mandandum est; quum equus matrem vt saliret adduci non

Thiere bey ihren Begattungen auf die Anverwandtschaft sehen. Allein, die Erfahrung zeiget uns sehr oft das Gegentheil,

> Nec habetur turpe iuuencae
> Ferre patrem tergo; fit equo sua filia coniux;
> Quasque creauit, init pecudes caper: ipsaque cuius
> Semine concepta est, ex illo concipit ales.[109]

Kann man ein besseres Beyspiel einer boshaftigen List finden, als das, welches des Philosophen *Thales* Maulesel gab? Dieser gieng einst mit Salz beladen über ein kleines Wasser; stolperte darinnen ungefähr, so daß die Säcke, die er trug, ganz naß wurden; und bemerkte, daß das Salz auf diese Art schmolz, und ihm seine Ladung erleichterte.[110] Er unterließ daher niemals, so bald er an einen Bach kam, sich mit seiner Last darein zu legen. Dieses trieb er so lange, bis sein Herr seine Bosheit merkte, und befahl daß man ihm Wolle aufladen sollte, wobey er sich mit seiner List betrogen fand, und also dieselbe nicht mehr brauchte.

Es giebt viele, die etwas unserm Geize vollkommen ähnliches an sich haben: denn man siehet, daß sie sich ungemein angelegen seyn lassen, alles, was sie nur können, zu erhaschen, und sorgfältig zu verbergen, ungeacht sie keinen Nutzen davon haben.

Was die Sparsamkeit anbelanget, übertreffen sie uns nicht nur an Vortreflichkeit, auf die Zukunft zu sammlen und aufzuheben, sondern sie besitzen auch noch vieles von der hierzu nöthigen Wissenschaft. Die Ameisen tragen ihre Körner und Saamen an die freye Luft, damit sie davon durchstrichen, erfrischet und getrocknet werden, wenn sie sehen, daß sie zu schimmeln und modericht zu riechen anfangen, damit sie nicht verderben und verfaulen. Auch die Behutsamkeit und Vorsicht,

---

posset, et cum capite obuoluto (*) peroriga adduxisset, et coegisset matrem inire, cum descendenti velum demsisset ab oculis, ille impetum fecit in eum, ac mordicus interfecit.

(*) *Peroriga*, wie es Varro selbst erkläret, heißt quisquis admittit. *Eb. das.*

109 Die junge Kuh scheuet sich nicht vor dem Stiere. Der Hengst und der Bock bespringen ihre eigenen Töchter, der Vogel gattet sich mit dem, der das Ey, aus welchem er entstanden ist, befruchtet hat. *Ouid.* Metamorph. L. X. Fab. 9. v. 28. u. f.

110 *Plutarchus* de Solertia animalium et *Aelian.* de animalibus. L. VII. C. 42.

die sie brauchen, die Körner an zu fressen, übersteigt alle menschliche Einbildung und Klugheit. Weil das Getraide nicht immer trocken und gut bleibet, sondern weich wird, sich auflöset, und sich gleichsam in eine Milch verwandelt, wenn es zu keimen, und zu treiben anfängt; nagen sie das Ende, wo der Keim gewöhnlich heraus kömmt, ab, damit es kein Saame, und zu ihrer Nahrung untüchtig wird.

Ich möchte gerne wissen, ob wir den Krieg, die größte und prächtigste unter allen menschlichen Handlungen, zum Beweis eines gewissen uns eigenen Vorzuges, oder vielmehr Gegentheils zum Zeugnisse unserer Schwachheit und Unvollkommenheit, gebrauchen wollten. In der That die Wissenschaft uns selbst unter einander zu ermorden und umzubringen, und unsere eigene Art zu verderben und auszurotten, scheinet gar nicht so beschaffen zu seyn, daß die Thiere, welche sie nicht besitzen, ein großes Verlangen darnach tragen sollten.

> – – – Quando Leoni
> Fortior eripuit vitam leo, quo nemore vnquam
> Exspirauit aper maioris dentibus apri?[111]

Allein, sie sind doch nicht sämtlich davon frey; wie die wütenden Anfälle der Bienen gegen einander, und die Unternehmungen der Heerführer zweyer feindlichen Heere, bezeugen.

> Saepe duobus
> Regibus incessit magno discordia motu
> Continuoque animos vulgi et trepidantia bello,
> Corda licet longe praesciscere.[112]

So oft ich diese göttliche Beschreibung lese, dünkt mich, als sähe ich die menschliche Thorheit und Eitelkeit darinnen abgemalet. Denn, wenn

---

111 Wenn hat, (sagt *Juuenal.* Sat. XV. v. 160. u. f.) ein Löwe einem schwächern Löwen das Leben genommen? In welchem Walde ist ein Schwein von einem andern größern Schweine umgebracht worden?

112 Oft gerathen zween Könige in einen heftigen Streit, und man sieht sogleich lange vorher, daß die Völker aufgebracht werden, und daß die Herzen vor Kriegsbegierde erzittern. *Virgil.* Georg L. IV. v. 67.

man die kriegerischen Bewegungen, deren Abscheulichkeit und Schrecklichkeit uns ausser uns setzt, das gräßliche Lärmen und Geschrey.

> Fulgur vbi ad coelum se tollit, totaque circum
> Aere renidescit tellus, subterque virum vi
> Excitur pedibus sonitus, clamoreque montes
> Icti reiectant voces ad sidera mundi.[113]

Wenn man die entsetzliche Stellung so vieler tausend erwachsener Leute, die große Wuth, Hitze und Muthigkeit betrachtet, so muß man sich billig verwundern; wenn man überleget, was für nichtswürdige Gelegenheiten oft alles dieses veranlassen, und was für schlechte Gelegenheiten auch alles völlig wieder dämpfen.

> Paridis propter narratur amorem
> Graecia Barbariae diro collisa duello.[114]

Ganz Asien wurde wegen des Paris Buhlerey verheeret, und durch Kriege aufgerieben. Die Begierde eines einzigen Menschen, ein Widerwille, ein Vergnügen, eine häusliche Eifersucht, Ursachen, welcher wegen nicht einmal zwey Heringsweiber einander in die Haare gerathen sollten, sind die Seele und das Triebwerk dieser großen Unruhe. Wollen wir denen glauben, welche die vornehmsten Urheber und Bewegungsgründe dabey gewesen sind? Wir wollen einmal hören, wie der größte der siegreichste und der mächtigste Käiser,[115] der jemals gewesen ist, spaßet, und mit so vielen zu Wasser und zu Lande gewagten Treffen, mit dem Blute und Leben von fünf hundert tausend Menschen, die ihm anhiengen, und mit der Macht und den Reichthümern zweer Welttheile, die seiner Unternehmungen wegen erschöpft worden, einen sehr artigen und sehr sinnreichen Scherz treibt.

---

113 Wenn sich der Blitz bis gen Himmel erhebet, wenn das Feld um und um davon schimmert, und unter den Füssen der Pferde erbebet, und das Geschrey der Krieger von den Bergen bis zu den Sternen wiederschallet. *Lucret. L. 11. v. 327. u.f.*

114 Wegen des Paris Liebe ist Griechenland, wie es heißt, mit den Barbarn in einen schrecklichen Krieg gerathen. *Horat. L. I. Epist. 2. v. 6. 7.*

115 *August.*

> Quod futuit Glaphyran Antonius, hanc mihi poenam
> Fuluia constituit, se quoque vti futuam.
> Fuluiam ego vt futuam? quid si me Manius oret
> Paedicem, faciam? non puto, si sapiam.
> Aut futue, aut pugnemus, ait: quid si mihi vita
> Charior est ipsa mentula? signa canant.[116]

(Ich bediene mich nach der Gewissensfreyheit und der erhaltenen Erlaubniß meines Lateins). Allein dieser große Körper, der so viel Gesichter und Bewegungen hat, die dem Himmel und der Erde zu drohen scheinen,

> Quam multi Libyco voluuntur marmore fluctus,
> Saeuus vbi Orion hybernis conditur aquis
> Vel cum sole nouo densae torrentur aristae
> Aut Hermi campo, aut Lyciae flauentibus aruis,
> Scuta sonant, pulsuque pedum tremit excita tellus.[117]

Dieses wütende Ungeheuer, das so viel Arme und Köpfe hat, ist immer nichts anders, als ein schwacher, gebrechlicher, und elender Mensch.

---

116 Glaphyrens Reizungen bezaubern den Anton.
Darum will Fulvia mich ihr zum Sklaven wählen.
Anton ist ungetreu, ganz gut, ich weiß es schon.
Wie will man mich mit Recht für seine Fehler quälen?
Soll ich ihr günstig seyn, bloß weil es ihr gefällt?
So würde ja aus aller Welt
Ein ungezählter Haufen
Geplagter Weiber zu mir laufen.
Liebt, spricht sie, oder schlagt! Wohlan es ist bedacht.
Sie sieht so häßlich aus, Trompeter, blast zur Schlacht!
Dieses kleine Gedicht, welches August gemachet hat, ist uns vom *Martial* L. XI. Epig. 21. v. 3. u. f. aufbehalten worden. Da aber die Gedanken im Lateinischen so frey klingen, daß sie nicht ohne Milderung übersetzet werden können, so hat man sich hier die Freiheit genommen, dieselben so einzurücken, wie Herr *Fontenelle* in seinen unvergleichlichen Dialogues des Morts nach des Hrn. Prof. *Gottscheds* Uebersetzung verändert hat, wodurch *Augusts* Gedanken nichts verlieren.

117 *Aeneid.* L. VII. v. 718. u. f.

Dieses alles ist nichts anders als ein aufrührisch gemachter und in Hitze gebrachter Ameishaufe.

> It nigrum campis agmen.[118]

Das Wehen eines widerwärtigen Windes, das Geschrey einiger Raben, der falsche Tritt eines Pferdes, das ungefähre Vorbeyfliegen eines Adlers, ein Traum, eine Stimme, ein Zeichen, ein Morgennebel, sind hinreichend, denselben zu stürzen, und zu Boden zu werfen. Laßt ihm nur die Sonne ein wenig ins Gesicht scheinen: so zerschmelzt und vergeht er. Werft ihm nur ein wenig Staub in die Augen, wie den Bienen unseres Dichters, so sind alle unsere Fahnen, unsere Legionen, und der große Pompejus selbst an ihrer Spize, geschlagen und zertrümmert. Denn, eben diesen schlug Sertorius, wie mich dünket,[119] in Spanien, mit diesen schönen Waffen, welche auch dem Eumenes wider den Antigonus, und dem Surena wider den Crassus, gute Dienste gethan haben.

> Hi motus animorum, atque haec certamina tanta
> Pulueris exigui iactu compressa quiescent.[120]

Man schicke ihnen auch nur einmal unsere Bienen entgegen: sie werden schon stark und muthig genug seyn, ihn zu zerstreuen. Als vor kurzen die Portugiesen die Stadt Tamly, im Lande Xiatine, belagerten, trugen die Einwohner dieser Stadt eine Menge Bienenkörbe, die sie im Überflusse haben, auf die Mauern, und jagten vermittelst des Feuers die Bienen dergestalt unter ihre Feinde, daß diese von ihrer Unternehmung abstunden, weil sie die Anfälle und das Stechen der Bienen nicht aushalten konnten. Also hatten sie den Sieg und die Freyheit ihrer Stadt diesen

---

118 *Aeneid.* L. IV. v. 404.
– – – und emsig streicht die schwarze Schaar durchs Feld.

119 Montagne trauet hier, und zwar mit Rechte, seinem Gedächtnisse nicht. Denn, Sertorius bediente sich dieser List nicht wider den Pompejus, sondern wider ein Spanisches Volk, die Caracitanier, die in tiefen in Felsen gehauenen Höhlen wohneten, woraus man sie unmöglich vertreiben konnte. S. *Plutarch* in dem Leben des Sertorius.

120 Diese Wuth, dieser grausame Streit, legt sich, wenn man ein wenig Staub darunter wirft. *Virg.* Georg. L. IV. v. 86. 87.

neuen Hülfsvölkern zu danken, die sich so wohl hielten, daß bey der Zurückkunft nicht eine einzige Biene vermißt wurde.[121] Die Seelen der Kaiser und der Schuhflicker sind nach einerley Form gemacht. Wir sehen bey den Handlungen der Fürsten auf ihre Beträchtlichkeit und Wichtigkeit, und bilden uns daher ein, sie müßten von eben so beträchtlichen und wichtigen Ursachen herrühren. Allein, wir irren uns. Sie haben bey ihren Handlungen eben die Triebfedern, welche bey den unsrigen wirken. Eben der Grund, welcher veranlasset, daß wir uns mit einem Nachbar zanken, verursachet zwischen Fürsten einen Krieg. Eben der Grund, der uns einen Bedienten zu prügeln antreibet, veranlasset einen König ein ganzes Land zu verwüsten. Sie entschliessen sich eben so leichtsinnig: allein, sie können mehr ausrichten. Ein Wurm, und ein Elephant haben einerley Begierden.

In Ansehung der Treue, ist kein Thier so treuloß, als der Mensch. Unsere Geschichte erzählen, daß einige Hunde die Mörder ihrer Herren ernstlich verfolget haben. Als einst der König Pyrrhus einen Hund antraf, der einen Todten hütete, und erfuhr daß er dieses schon drey Tage durch gethan hätte, befahl er den Todten zu begraben, und nahm den Hund zu sich. Da er nun einmal sein ganzes Heer musterte, fand dieser Hund die Mörder seines Herrn darunter, lief mit großem Bellen und heftigem Zorne auf sie loß, und gab durch dieses erste Anzeichen Gelegenheit zur Bestrafung dieser Mordthat, welche bald hernach durch die Obrigkeit vollzogen wurde.[122] Eben so machte es der Hund des weisen Hesiodus,[123] welcher die Kinder des Ganistors von Naupaktus, der an der Person seines Herrn verübten Mordthat überführete. Als ein anderer Hund, der zu Athen bey einem Tempel wachen mußte, einen Kirchenräuber wahrnahm, der die schönsten Kleinodien hinweg trug,[124] fieng

121 Montagne verlanget ohne Zweifel nicht, daß wir das, was er hier saget, nach dem Buchstaben verstehen sollen. Denn, wie hätte er von allen so gar genaue Nachricht bekommen können? Muntere Köpfe sind von Natur die Sachen zu vergrößern geneigt. Allein, vielleicht wird man um mich mit gleicher Münze zu bezahlen, sprechen, allzu kritische Köpfe halten sich oft über Kleinigkeiten auf.

122 *Plutarchus* de Solertia animalium.

123 *Eben das.*

124 *Eben das.* Diese Geschichte stehet auch bey dem *Aelianus*. de Animalibus. L. VII. C. 13.

er, so stark er konnte, zu bellen an. Da aber die Kirchner dem ungeacht nicht aufwachten: so lief er demselben nach; doch so, daß er, als der Tag anbrach, immer etwas hinter ihm zurücke blieb, doch ohne ihn aus dem Gesichte zu verliehren. Wenn ihm der Dieb zu Fressen anboth, nahm er es nicht an: hingegen wenn ihm andere Leute auf dem Wege begegneten, wedelte er mit dem Schwanze, und nahm, was sie ihm zu fressen gaben, aus ihren Händen an. Blieb der Räuber irgendswo, und schlief: so blieb er auch an eben dem Orte. Als nun die Kirchner von diesem Hunde hatten reden hören, demselben sogleich nachgiengen, und vermittelst der Haare, die ihn kenntlich machten, ausfragten, trafen sie ihn endlich sammt dem Räuber in der Stadt Kromyon an, und führten denselben nach Athen zurücke, wo er abgestraft wurde. Die Obrigkeit verordnete auch aus Erkenntlichkeit für diesen guten Dienst, dem Hunde ein gewisses Maaß Geträide auf gemeine Kosten zum Futter, und befahl den Priestern ihn zu versorgen. Plutarch erzählet dieses als eine sehr gewisse und zu seiner Zeit geschehene Sache.

Wegen der Dankbarkeit wird das einzige Beyspiel, welches Appion selbst gesehen zu haben erzählet,[125] schon hinreichend genug seyn. Eines Tages, sagt er, als man zu Rom, dem Volke zu gefallen, viele fremde Thiere, und besonders Löwen von ungemeiner Größe, mit einander kämpfen ließ, war unter andern auch einer dabey, der durch sein grimmiges Ansehen, durch die Stärke und Größe seiner Glieder, und durch sein kühnes und schreckliches Brüllen die Augen aller Anwesenden auf sich zog. Unter andern Leibeignen, die dem Volke bey diesem Thierkampfe vorgestellet wurden, war auch ein gewisser Androcius aus

---

125 *Aulus Gellius* hat uns diese Erzählung auf Appions Zeugniß aufbehalten, von welchem er saget, er wäre ein gelehrter Mann gewesen, nur machte ihn vielleicht seine Prahlerey in denenjenigen Sachen, die er gehöret oder gelesen zu haben vorgäbe, allzu schwatzhaft: Literis homo multis praeditus – – sed in his quae audiuisse vel legisse sese dicit, fortasse a vitio studioque ostentationis fit loquacior. *Aul. Gell.* L. V. C. 14. Appion versichert übrigens, diese Begebenheit zu Rom mit Augen gesehen zu haben: und Seneca bekräftiget dieselbige einigermaßen in diesen kurzen Worten: (*De Benef.* L. II. C. 19.) »Leonem in amphitheatro spectauimus, qui vnum e bestiariis agnitum, quum quondam eius fuisset magister, protexit ab impetu bestiarum« Wir haben in dem Amphitheater einen Löwen gesehen, der einen Menschen, welchem er sonst zugehört hatte, wieder erkannt, und wider den Anfall der andern Thiere vertheidiget hat.

Dacien,[126] der ehedem einem Römischen Herrn, welcher Consul gewesen war, gehöret hatte. So bald diesen der Löwe von ferne wahrgenommen hatte, blieb er erstlich auf einmal stehen; gleichsam, als ob er in Verwunderung geriethe, nachgehends aber gieng er ganz sachte, und auf eine sanftmüthige und friedliche Art auf ihn zu, als wenn er Bekanntschaft mit ihm machen wollte. Als dieses vorbey, und der Löwe gewiß war, daß dieser Leibeigene eben derjenige sey, den er suchte, fieng er nach Art der Hunde, die ihren Herrn liebkosen wollen, mit dem Schwanze zu wackeln, und diesem armen unglücklichen Menschen, der ganz erschrocken und außer sich war, die Hände und die Hüften zu lecken, und gleichsam zu küssen an. Da nun Androcius wegen der Freundlichkeit dieses Löwen wiederum ein Herze gefasset hatte, und die Augen steif auf ihn richtete um ihn zu betrachten, und zu erkennen: so war es eine besondere Lust, die Liebkosungen und die Freude zu sehen, die einer dem andern bezeigte. Das Volk erhub hierüber ein Freudengeschrey, und der Käiser ließ diesen Sklaven zu sich rufen, um die Ursache einer so außerordentlichen Begebenheit von ihm selbst zu erfahren. Dieser erzählte ihm eine ganz neue und wunderbare Geschichte. »Als mein Herr, sagte er, Proconsul in Afrika war, wurde ich durch sein grausames und hartes Verfahren gegen mich, da er mich alle Tage prügeln ließ, gezwungen, mich fort zu machen, und ihm zu entfliehen. Ich suchte mich vor einem Manne, der in der ganzen Provinz so große Gewalt hatte, sicher zu verbergen, und hielte es für das kürzeste Mittel, mich in die Wüsten, und in die sandigten und unbewohnten Gegenden dieses Landes zu begeben, des Vorsatzes, ich wollte eine Art suchen, mir selbst das Leben zu nehmen, wenn es mir an Mitteln, zu meinem Unterhalte mangeln sollte. Da die Sonne gegen Mittag gewaltig brannte, und die Hitze unerträglich war, kam ich ungefähr an eine gewisse verborgene und unzugängliche Höhle, und verkroch mich in dieselbe. Bald darauf kam dieser Löwe mit einer blutigen und verwundeten Tatze hinein, welcher sich über die Schmerzen, die er daran ausstund, sehr

126 In allen Ausgaben des Montagne stehet fast durchgängig Androdus, an statt Androclus. Allein, wenn Montagne diese Erzählung aus dem Aulus Gellius genommen hat, wie kein Zweifel ist, so sollte er diesen Leibeignen Androclus genannt, und nicht gesagt haben, er wäre aus Dacien gewesen. Denn, Aulus Gellius saget, ohne etwas von desselben Vaterlande zu erwähnen, nur schlechthin, daß er Androclus geheissen hätte. Ei seruo *Androclus* nomen fuit. *Eb. das.*

kläglich geberdete und ächzete. Ich erschrack über seine Ankunft gewaltig: allein, er gieng ganz sanftmüthig auf mich zu, da er mich in einem Winkel seiner Höhle kriechen sahe, hielt mir seine verletzte Tatze hin, und zeigte mir dieselbe, als wenn er mich um Hülfe ersuchte. Ich zog ihm hierauf einen großen Dorn, den er darinnen stecken hatte, heraus. Ich drückte ihm auch, da ich nun schon ein wenig bekannter mit ihm war, aus seiner Wunde den Unflat, der sich darinnen sammlete, heraus, wischte sie aus, und hielt sie so gut ich konnte rein. Als er Linderung an seinem Uebel und einige Verminderung seines Schmerzens empfand, legte er sich nieder und schlief, ließ aber seine Tatze beständig in meiner Hand. Von der Zeit an lebten er und ich drey Jahre in dieser Höhle beysammen von einerley Fleische. Denn, er brachte mir die besten Stücke von denen Thieren, die er erleget hatte: und ich legte sie, weil ich kein Feuer hatte, an die Sonne, und ernährte mich damit. Als ich endlich dieses viehischen und wilden Lebens überdrüssig wurde, und dieser Löwe einmal seiner Gewohnheit nach, auf den Raub ausgegangen war, machte ich mich von da fort, ward aber gleich den dritten Tag darauf von den Soldaten gefangen, die mich aus Afrika zu meinem Herrn in diese Stadt brachten, der mich sogleich zum Tode, und den Thieren vorgeworfen zu werden, verdammte. Wie ich sehe, hat mir dieser Löwe, welcher auch bald hernach gefangen worden ist, jezt meine Wohlthat, und die Heilung, die er mir zu danken hat, wieder vergelten wollen.« Dieses ist die Geschichte, welche Androclus dem Käiser erzählete, und die er hernach auch dem Volke berichtete. Er wurde daher auf allgemeines Bitten in Freiheit gesetzet, von dieser Strafe loßgesprochen, und auf Veranstaltung des Volkes mit diesem Löwen beschenket. Wir sahen nachgehends, sagt Appion,[127] den Androclus diesen Löwen an einer kleinen Leine zu Rom in den Wirthshäusern herum führen, und das Geld, welches man ihm schenkte, einsammeln: der Löwe ließ sich mit Blumen, die man auf ihn warf, bedecken; und jedermann sagte, wenn er ihnen begegnete: *dieß ist der Löwe, der einen Menschen beherberget, und der Mensch, der einen Löwen geheilet hat.*

---

[127] Postea, inquit, videbamus Androclum et leonem loro tenui reuinctum vrbe tota circa tabemas ire: donari aere Androclum, floribus spargi leonem, omnes fere vbique obuios dicere: Hic est leo hospes hominis, hic est homo medicus leonis. *Aul. Gell.* L. V. C. 14.

Wir beweinen oft den Verlust der uns liebgewesenen Thiere; und sie ebenfalls den unsrigen.

> Post bellator equus positis insignibus Aethon
> It lacrimans, guttisque humectat grandibus ora.[128]

Bey einigen Völkern unter uns sind die Weiber gemeinschaftlich: bey andern aber nimmt jeder sein eigenes. Eben dieses nimmt man auch unter den Thieren wahr, und siehet daß sie die Ehen besser, als bey uns geschiehet, in Acht nehmen.

Was die Gesellschaft und die Bündnisse betrifft, kraft derer sie zusammen halten, und einander zu Hülfe kommen: so siehet man, daß bey den Ochsen, Schweinen, und andern Thieren, auf das Geschrey desjenigen, welches verletzet wird, so gleich der ganze Haufe zu Hülfe eilet, und dasselbe mit vereinten Kräften zu vertheidigen sucht.

Wenn der Fisch *Skarus*[129] den Angelhaken hinunter geschlucket hat, versammlen sich die andern von seiner Art mit Haufen um ihn, und nagen an der Schnure. Geräth einer von ihnen ungefähr in die Reuse: so stecken ihm die andern ihren Schwanz hinein, in welchem er sich

---

128 *Aeneid* L. XI. v. 89. 90.
 – – – Aethons kühnes Roß war kaum vom Schmucke bloß
 Als schon der Zähren Strom auf seinen Wangen floß.
 Allein, dieses ist ein bloß poetisches, und folglich nichtiges Zeugniß. Wenn Montagne von dem Vorzuge redet, welchen die Poeten dem Menschen deswegen beylegen, weil er gerade auf seinen Beinen stehet, und die Augen gen Himmel richtet: so spottet er darüber, und sagt, dieses wäre ein *wahrhaftig poetischer Vorzug*. Doch ich höre eben von einem berühmten Schriftsteller, dessen Zeugniß Achtung verdienet, daß meine Kritik nicht allzu richtig ist. *Plinius* saget ausdrücklich, die Pferde beweinten manchmal den Tod ihrer Herren. Amissos lugent dominos (Lib. VIII. C. 42) lacrymasque interdum desiderio fundunt. Noch mehr, dieser Schriftsteller versichert, daß, als der König Nikomedes umgekommen, sich sein Pferd zu Tode gehungert habe. Interfecto Nicomede Rege, equus ejus inedia vitam finiuit. Ich habe also den Montagne mit Unrecht getadelt, daß er den *Virgil* angeführt hat, dessen Zeugniß weder bloß poetisch noch folglich nichtig ist. Ich entsage hier dieser verwegenen Kritik, und glaube, daß dieses die beste Ehrenerklärung ist, die ich dem Montagne thun kann.

129 *Plutarchus* de Solertia animalium.

so fest einbeißt, als er nur kann. Auf diese Weise ziehen sie ihn heraus, und mit sich fort.

Wenn die Schwerdfische sehen, daß einer von ihnen gefangen ist, stemmen sie sich mit dem Rücken an die Schnure an,[130] die sie mit einer Gräte, die wie eine Säge gezackt ist, aus allen Kräften zu zersägen und zu zerschneiden suchen.

Von den besonderen Diensten, die unter uns einer dem andern zu seiner Lebensnothdurft leistet, findet man ebenfalls viele ähnliche Beispiele unter ihnen. Man saget, der Wallfisch gienge nirgends hin, es schwämme denn ein gewisser kleiner Fisch vor ihm her,[131] welcher dem Koben ähnlich siehet, und wegen dieses Vorausschwimmens der Führer genennet wird. Der Wallfisch folget ihm nach, und lässet sich eben so leicht von demselben führen und lenken, als ein Schiff durch das Steuerruder regieret wird. Allein, da alles, es sey ein Thier oder ein Schiff,[132] was nur in den erschrecklichen Abgrund des Rachens dieses Ungeheuers hinein kömmt, auf der Stelle verlohren ist und verschlungen wird: so begiebt sich dieser kleine Fisch zur Vergeltung vollkommen sicher hinein, und schläfet darinnen, ohne daß sich der Wallfisch während seines Schlafes von der Stelle beweget. So bald er aber wieder heraus ist, fänget er ihm ohne Aufhören nach zu schwimmen an. Verlieret er ihn aber ungefähr: so irret er hin und her, und zerstößet sich oft an den Felsen, wie ein Schiff, welches kein Steuerruder hat. Dieses will Plutarch auf der Insel Anticyra selbst gesehen haben.

Eben dergleichen Gesellschaft findet sich zwischen dem kleinen Vogel, welcher Zaunkönig heißt, und zwischen dem Krokodille.[133] Der Zaun-

130 *Plutarchus* de Solertia animalium. *hoi de Anthiai*, u.s.w. p. 977. T. II. in fol. Paris, an. 1624.

131 *Eb. das.* p. 987.

132 Montagne thut hier weiter nichts, als daß er den *Amyot* abschreibet. Da man aber auf den Verdacht kommen könnte, als ob *Amyot Plutarchs* Meynung nicht recht getroffen hätte: so habe ich den *Plutarch* selbst nachgeschlagen, der sich folgender Gestalt ausdrückt: *kai tôn men allôn, hoti an paralabê tô chasmati zôon, ê skaphos, ê lithon, euthys diephthartai kai apolôle pan embebythismenon.* Dieses hat Amyot sehr richtig übersetzet, und folglich muß Plutarch allein für diese ungeheure Oefnung des Rachens dieses Fisches stehen, in welchem ein Schiff, wenn es darein geräth, augenblicklich verlohren ist, und verschlungen wird.

133 *Plutarchus* de Solertia animalium.

könig dienet diesem großen Thiere zur Schildwache. Dieser kleine Vogel wecket es, wenn sich sein Feind, der Ichneumon, nähert, und auf dasselbe loßgehet, mit seinem Singen und durch Hacken mit seinem Schnabel, und warnet es vor der Gefahr, damit es nicht im Schlafe überfallen wird. Er lebt von dem, was dieses Ungeheuer übrig läßt, welches ihn freundschaftlich in seinen Rachen aufnimmt, und ihm erlaubet an seinen Kinnbacken und zwischen seinen Zähnen zu hacken, und die darinnen gebliebenen Stücken Fleisch heraus zu nehmen. Endlich erinnert es ihn auch, wenn es den Rachen wieder schließen will, heraus zu gehen, indem es denselben nach und nach zumachet, ohne ihn zu drücken oder wehe zu thun.

Diejenige Muschel, die wir die Perlenmuschel nennen, lebt eben so mit den Pinnoteres, welches ein kleines wie ein Krebs gestaltes Thier ist, und nicht anders, als ein Thürhüter und Pförtner beständig vor der Oefnung dieser Muschel sitzet, welche er so lange halb aufgesperret und offen hält, bis er irgend einen kleinen Fisch, den sie fangen können, hinein kommen siehet.[134] Alsdann gehet er in die Muschel hinein, und kneipet sie so lange in das frische Fleisch, bis sie ihre Schaale schließet. Alsdann verzehren sie die in ihrer Festung eingeschlossene Beute mit einander.

In der Lebensart der Tunnfische bemerket man eine sonderbare Einsicht in drey Theile der Mathematik. Sie lehren dem Menschen die Astrologie: Denn, sie bleiben an demjenigen Orte, wo sie sich den kürzesten Tag im Winter befinden, und gehen nicht eher von dannen, bis wieder Tag und Nacht gleich wird.[135] Deswegen gestehet ihnen Aristoteles selbst gerne diese Wissenschaft zu.[136] Was die Meß- und Rechen-

---

134 *Plutarchus* de Solertia animalium, und *Cicero* de Natura deorum L. II. c. 48.

135 *Plutarchus* de Solertia animalium.

136 *Aristoteles* sagt bloß, diese Fische giengen nicht von dem Orte weg, wo sie der kürzeste Tag im Winter überfällt, bis im Frühlinge, wenn Tag und Nacht gleich werden. *Hist. Animal.* L. VIII. C. 13. Allein *Aelian*, der diese Sache auf das Zeugniß des *Aristoteles* anführet, setzet für sich hinzu, daß diese Fische die Veränderung der Jahreszeiten merken, und sehr wohl wissen, wenn der kürzeste oder längste Tag kömmt, ohne erst die Sternkündiger darum zu befragen: *Isasi tropas êliou oxytata, kai deontai tôn ta ourania eidenai poioumenôn oudena. Aelian.* de animal. natura. L. IX. C. 42.

kunst anbetrifft: so ziehen sie beständig in Gestalt eines auf allen Seiten in Vierecke eingeschlossenen Würfels,[137] und machen einen dichten, festen, geschlossenen Haufen aus, der rings herum sechs gleiche Seiten hat. Hernach schwimmen sie in dieser viereckigten Stellung, die hinten eben so breit als forne ist, dergestalt daß derjenige, der ein Glied siehet und zählet, leichtlich den ganzen Haufen berechnen kann, weil die Höhe der Breite, und die Breite der Länge gleich ist.

Die Großmuth kann schwerlich besser in die Augen fallen, als in dem Beispiele jenes großen Hundes, der dem Könige Alexander von den Indianern geschicket wurde. Man führte ihm erstlich einen Hirsch vor, den er anfallen sollte, weiter ein wildes Schwein, und endlich einen Bär. Doch er achtete sie nicht, und gieng ihrentwegen nicht von der Stelle. Als er aber einen Löwen sahe,[138] sprung er auf einmal auf, und zeigte hiedurch deutlich, daß er bloß diesen für würdig achtete, sich mit ihm in einen Kampf einzulassen.

Als ein Beispiel der Reue und Erkenntniß der begangenen Fehler, erzählet man von einem Elephanten, daß er zwar im Grimme seinen Wärter umgebracht, aber ein solches Leidwesen darüber empfunden habe, daß er von der Stunde an nichts mehr fressen wollen, und verhungert sey.[139]

Zum Beweise daß die Thiere auch Sanftmuth besitzen, erzählet man von einem Tyger,[140] welches doch das grausamste unter allen Thieren ist, daß derselbe, als ihm ein junges Zicklein vorgeworfen worden, lieber zween Tage habe hungern als demselben ein Leid zufügen wollen, und endlich am dritten Tage das Behältniß, worinnen es verschlossen gewesen, durchgebrochen, um ander Fressen zu suchen, und sich nicht an dem Zicklein seinem Bekannten und Gaste habe vergreifen wollen. Was die Pflichten der Bekanntschaft und Eintracht anbelangt, die durch den Umgang entsteht: so ist es ja gar nichts ungewöhnliches bey uns, daß wir Katzen, Hunde, und Hasen zusammengewöhnen.

Allein das, was die Erfahrung denenjenigen, die auf dem Meere, und besonders auf dem Sicilianischen, schiffen, von den Eigenschaften der Eisvögel lehret, übersteiget vollends alle menschliche Gedanken. Wo ist

137 *Plutarchus* de Solertia animalium.
138 *Eb. das.*
139 *Arrian.* Hist. Indic. C. 14.
140 *Plutarchus* de Solertia animalium.

eine Art von Thieren, deren Hecken und Geburt die Natur jemals so hoch geehret[141] hätte? Die Poeten sagen zwar, daß die einzige Insel Delos, die vorher geschwummen, der Geburt der Latone wegen, feste gemacht worden wäre. Allein, hier hat Gott dem ganzen Meere befohlen, stille und eben, ohne Wellen, Winde und Regen zu bleiben, wenn die Zeit ist, da der Eisvogel hecket. Dieses geschiehet eben, wenn der kürzeste Tag im Jahre ist: und diesem Vogel zu Gefallen können wir mitten im härtesten Winter, sieben Tage und sieben Nächte ohne Gefahr schiffen. Die Sieen unter diesen Vögeln paaren sich mit keinem andern Hahne, als dem ihrigen: bey diesem bleiben sie ihre ganze Lebenszeit, und verlassen ihn niemals. Wird er schwach und unvermöglich: so nehmen sie ihn auf den Rücken, tragen ihn überall hin, und warten ihn bis an sein Ende.

Niemand ist auch noch so geschickt gewesen, die wunderbare Bauart, welche der Eisvogel bey dem Neste seiner Jungen brauchet, einzusehen, oder desselben Materie, zu errathen. Plutarch, der viel solche Nester gesehen und in den Händen gehabt hat,[142] hält dafür, es bestehe aus Gräten von einem gewissen Fische, die dieser Vogel zusammen füget, und einige nach der Länge, andere in die Quere, in einander steckt und ihnen eine solche Krümmung und Rundung giebt, daß sie endlich die Gestalt eines runden segelfertigen Schiffes bekommen. Wenn es endlich fertig ist, träget es der Vogel an das Meer hin, so daß die Wellen ganz sanft an dasselbe anschlagen, und ihm Anlaß geben, dasjenige, was nicht recht feste zusammen gefüget ist, auszubessern, und dasselbe, wo er sieht, daß es nicht hält, und sich bey dem Anschlagen der Wellen von einander giebt, besser zu verwahren; und wo gegentheils das daranschlagende Meer dasjenige, was feste genug ist, noch besser verbindet, und dergestalt zusammentreibet, daß es weder mit Steinwerfen noch mit Eisen anders, als mit der größten Mühe, zertrümmert oder beschädiget werden kann. Allein, die Eintheilung und Figur der innern Höhlung ist noch wunderbarer. Denn diese ist so gemacht, und so abgemessen, daß nichts anders als der Vogel, der es gebauet hat, hinein kriechen und darinnen seyn kann. Kein anderes Ding ist im Stande in dasselbe hinein zu dringen: und es ist dergestalt verwahret und verschlossen, daß nicht einmal das Meerwasser hinein kommen kann. Dieses ist eine sehr

---

141 *Plutarchus* de Solertia animalium.
142 *Eb. das.*

deutliche Beschreibung dieses Gebäudes, die ich von guten Händen habe: dem ungeacht dünket mich, sie setze die Schwierigkeiten bey dieser Baukunst noch nicht in hinlängliches Licht. Was für eine Eitelkeit ist es also nicht bey uns, daß wir diejenigen Verrichtungen, die wir weder nachthun noch begreifen können, den unsrigen nachsetzen, und verächtlich auslegen?

Doch, ich will diese Gleichheit und Uebereinstimmung zwischen uns und den Thieren noch etwas weiter verfolgen. Unsere Seele rühmet sich des Vorzugs, daß sie alles, was sie sich vorstellet, nach ihren Umständen einrichten kann; daß sie allem, was ihr vorkömmt, die sterblichen und körperlichen Eigenschaften nehmen kann; daß sie die Dinge, die sie ihrer Kenntniß würdig achtet, nöthigen kann sich zu entkleiden, das Vergängliche auszuziehen, und die Dicke, Länge, Tiefe, Schwere, Farbe, den Geruch, die Rauhigkeit, Glätte, Härte, Weiche, und alle andere sinnliche Zufälligkeiten als überflüßige und schlechte Kleider abzulegen, um sie unsterblich und geistig zu machen: so daß ich mir Rom und Paris die in meiner Seele sind, Paris, das ich mir in der Einbildung vorstelle, ohne Größe, ohne Ort, ohne Steine, ohne Gyps, und ohne Holz vorstellen und einbilden kann. Allein, dieser Vorzug ist allem Ansehen nach auch den Thieren eigen. Es ist gewiß, daß ein Pferd, welches die Trompete, das Schießen und die Schlachten gewohnet ist, und das wir, wenn es auf seiner Streu lieget, im Schlafe zusammen fahren und schnauben sehen, nicht anders, als wenn es in dem Handgemenge wäre, sich in seiner Seele einen Trommelschlag ohne Laut, und ein Heer ohne Waffen und ohne Leiber vorstellet.

> Quippe videbis equos fortes, cum membra jacebunt
> In somnis, sudare tamen, spirareque saepe,
> Et quasi de palma summas contendere vires.[143]

Der Hase, den sich ein Windhund im Traume vorstellet, nach welchem wir ihn im Schlafe schnappen, den Schwanz strecken, die Läufe bewegen, und alle zum Laufen erforderliche Bewegungen machen sehen, hat weder Haare noch Beine.

---

143 Muntere Pferde schwitzen und schnauben auch oft im Schlafe, und strengen gleichsam alle Kräfte an, als wenn sie im Wettrennen wären. *Lucret.* L. IV v. 984. u. f.

> Venantumque canes in molli saepe quiete,
> Iactant crura tamen subito, vocesque repente
> Mittunt, et crebras reducuut naribus auras,
> Vt vestigia si teneant inuenta ferarum:
> Expergefactique, sequuntur inania saepe
> Ceruorum simulacra, fugae quasi dedita cernant:
> Donec discussis redeant erroribus ad se.[144]

Oefters hören wir die Haushunde im Schlafe murren, bald darauf bellen, und auf einmal auffahren, ebenso, als ob ein Fremder auf sie zukäme: Dieser Fremde, den ihre Seele siehet, ist ein geistiger und unsichtbarer Mensch, ohne Ausdehnung, ohne Farbe, und ohne Wesen.

> – – – Consueta domi catulorum blanda propago
> Degere, saepe leuem ex oculis volucremque soporem
> Discutere, et corpus de terra corripere instant,
> Proinde quasi ignotas facies atque ora tueantur.[145]

Was die Schönheit des Leibes anbelangt, so möchte ich erst, ehe ich weiter gehe, wissen, ob wir wegen ihrer Beschreibung einig sind. Es ist wahrscheinlich, daß wir gar nicht recht wissen, worinnen die Schönheit in der Natur und überhaupt bestehet. Denn, wir stellen uns die menschliche und unsere eigene Schönheit unter so vielerley verschiedenen Gestalten vor: da wir sie doch, wenn sie ihrer Natur nach etwas bestimmtes wäre, eben sowohl als die Wärme des Feuers einstimmig erkennen würden. Wir dichten ihr eine Gestalt nach Belieben an.

> Turpis Romano Belgicus ore color.[146]

[144] Die Jagdhunde bewegen oft, wenn sie in sanfter Ruhe liegen, auf einmal die Beine, bellen und schnauben mit der Nase, als wenn sie die Spuren von einem Thiere gefunden hätten, und laufen oft, wenn sie erwachen, eingebildeten Hirschen nach, nicht anders, als ob sie dieselben vor sich fliehen sähen, bis sie endlich ihren Irrthum merken. *Eb. das.* v. 988.

[145] Die Haushunde fahren oft aus dem leisen und flüchtigen Schlafe auf, springen auf die Beine, und bellen, als ob sie fremde Gesichter sähen, *Lucret.* L. IV. v. 995. u. f.

[146] Eine niederländische Farbe steht keinem Römischen Gesichte an. *Propert.* L. II. Eleg. 18. v. 26.

Die Indianer malen sie schwarz und schwarzbraun, mit dicken und aufgeschwollenen Lippen, mit einer eingedrückten und breiten Nase. Sie beschweren den Knorpel zwischen den Nasenlöchern mit großen güldenen Ringen, um ihn bis auf den Mund herab zu ziehen: eben so, wie sie starke mit Edelgesteinen besetzte Ringe in die Unterlippe hängen, damit sie bis auf das Kinn herunter fällt; weil sie es für etwas schönes halten, wenn sie ihre Zähne bis auf die Wurzeln können sehen lassen. In Peru sind die größten Ohren die schönsten: deswegen dehnen sie dieselben auch durch allerhand Kunstgriffe, so sehr sie können. Ein Mann, der noch am Leben ist, hat mir gesagt, er hätte gesehen, daß die Gewohnheit, sich die Ohren groß zu machen, und schwere Edelgesteine daran zu hängen, bey einem gewissen morgenländischen Volke so im Schwange gienge, daß er jederzeit mit dem angekleideten Arme durch ein solches Loch im Ohrläppchen hätte durchfahren können. Es giebt Völker, die ihre Zähne mit großer Sorgfalt schwärzen, und die weissen verachten; und wieder andere, die sie roth färben. Nicht nur in Biscaya, sondern auch an vielen andern Orten, hält sich das Weibsvolk für schöner, wenn es beschorne Köpfe hat: und, was noch mehr ist, man findet dieses selbst in einigen kalten Ländern,[147] wie Plinius saget. Die Mexicaner rechnen eine kleine Stirn unter die Schönheiten. Sie leiden am ganzen Leibe keine Haare: aber auf der Stirne lassen sie dieselben wachsen, und vermehren sie noch durch Kunst. Sie halten auch so viel auf große Brüste, daß sie sich bemühen ihre Kinder über die Schulter hinüber zu säugen. So würden wir die Häßlichkeit abmalen. Die Italiäner stellen sich die Schönheit dick und stark vor; die Spanier hingegen mager und schmächtig. Unter uns selbst machet sie der eine weiß, der andere bräunlich: der eine weichlich und zart, der andere stark und munter. Einer suchet Artigkeit und Freundlichkeit: der andere Herzhaftigkeit und ein majestätisches Ansehen. Eben so wie Plato die kugelrunde Figur für die schönste hält:[148] und die Epikurer[149] hingegen diesen Vorzug

---

147 *Hist. Nat.* L. VI. C. 13.

148 *Teleioteron gar tôn allôn schêmatôn ên touto (sphairoeides).* In *Timaeo.* p. 94. D. - - - Forma rotunda vllam negat esse pulcriorem Plato. *Cic.* de Nat. Deor. L. I. C. 10.

149 At mihi, sagt *Vellejus,* ein Epikurer, vel cylindri, vel quadrati, vel pyramidis (forma) videtur esse formosior. *Cic.* de Nat. Deor. C. 10.

vielmehr der pyramidalischen oder viereckigten Figur beylegen, und keinen kugelförmigen Gott leiden können.

Dem sey wie ihm wolle: wenigstens hat uns die Natur in diesem Stücke, so wenig als in den übrigen, von den allgemeinen Gesetzen ausgenommen. Denn, wenn wir uns selbst recht beurtheilen wollen: so werden wir finden, daß die Natur, wenn sie sich hierinnen gegen uns günstiger als gegen einige Thiere bezeiget hat, auch wiederum gegen andere Thiere, und zwar in großer Anzahl, hierinnen freygebiger, als gegen uns, gewesen ist. A multis animalibus decore vincimur:[150] so gar unter den Landthieren unsern Landesleuten. Die Bildung der Seethiere wollen wir bey Seite setzen, weil sie allzu sehr von der unsrigen unterschieden ist, als daß sie mit derselben in einem Verhältnisse stehen könnte. Allein an Farbe, Reinigkeit, Glätte, und Stellung, kommen wir ihnen gewiß eben so wenig, als in Ansehung aller Eigenschaften den Vögeln, bey. Der Vorzug, welchen die Poeten darinnen finden, daß wir aufrechts gehen, und im Himmel, unsern Ursprung, schauen,

> Pronaque cum spectent animalia caetera terram,
> Os homini sublime dedit, coelumque videre
> Iussit, et erectos ad sidera tollere vultus.[151]

ist ein wahrhaftig poetischer Vorzug. Es giebet verschiedene kleine Thiere, die vollkommen gen Himmel sehen: und die Kameele und Strause scheinen mir noch einen hohemhöhern und gerademgeradern Hals, als wir, zu haben. Bey wie vielen Thieren steht nicht das Gesicht in die Höhe, und nicht vorwärts, so daß sie nicht, wie wir, gerade vor sich hinsehen? Wie viele sehen nicht in ihrer rechten Stellung eben so viel von dem Himmel und der Erde, als wir? Welche Eigenschaften unserer vom Plato und Cicero beschriebenen[152] Leibesgestalt können

---

150 Viele Thiere übertreffen uns an Schönheit, *Senec.* Ep. 134. gegen das Ende.

151 Die andern Thiere sehen unter sich auf die Erde. Allein dem Menschen hat Gott ein aufgerichtetes Gesicht gegeben, und ihm den Himmel anzusehen, und die Augen zu den Sternen zu erheben, befohlen. *Ouid.* Metamorph. L. I. F. 2. v. 51. u. f.

152 *Plato* hat dieses in dem Timäus, und Cicero, in seinem Werke de Natura Deorum L. II. C. 54. gethan. Man kann dieses noch deutlicher aus einigen Schriften unserer neuen Zergliederer sehen, die sich Mühe gegeben haben,

nicht auch bey tausenderley Thieren statt finden? Die allerhäßlichsten und verachtesten sind uns am ähnlichsten. In der äußerlichen Gestalt und der Gesichtsbildung sehen uns die Affen ähnlich.

> Simia quam similis, turpissima bestia, nobis!¹⁵³

In Ansehung der innerlichen und zum Leben gehörigen Theile, sind wir den Schweinen ähnlich.

Gewiß, wenn ich mir den Menschen und selbst dasjenige Geschlecht, welches den größten Antheil an der Schönheit zu haben scheinet, ganz nacket, seine Mängel, seine natürliche Ohnmacht, und seine Unvollkommenheiten, vorstelle: so dünkt mich, wir haben mehr Ursache gehabt uns zu bedecken, als sonst irgend ein anderes Thier. Wir sind zu entschuldigen gewesen, daß wir denenjenigen Thieren, welchen die Natur in diesem Stücke günstiger als uns gewesen ist, unsere Bedeckung abgeborget, uns mit ihrer Schönheit geschmücket, und uns unter ihrer Wolle, ihren Federn, Haaren und Borsten verstecket haben. Uebrigens verdient noch angemerkt zu werden, daß wir das einzige Thier sind, dessen Fehler selbst andere seines gleichen nicht leiden können; und die einzigen, die sich bey ihren natürlichen Handlungen vor andern ihrer Art verbergen müssen. Desgleichen verdient in der That auch dieses in Ueberlegung gezogen zu werden, daß die Meister in der Kunst die völlige und freye Besichtigung des gesuchten Leibes, als ein Mittel wider die verliebten Neigungen vorschreiben, und sagen, man dürfte nur, wenn man in der Liebe kaltsinnig werden wolle, den geliebten Gegenstand frey ansehen.

> Ille quod obscoenas in aperto corpore partes
> Viderat, in cursu qui fuit, haesit amor.¹⁵⁴

den menschlichen Körper den Leibern unterschiedener Thiere zu vergleichen.

153 Wie ähnlich siehet uns nicht der Affe, das häßlichste Thier. *Ennius* apud *Ciceronem* de Natura Deorum L. I. C. 35.

154 Bey manchen ist die Liebe, die schon auf der Bahn war, zurück geblieben, wenn er die heimlichen Gliedmassen der Geliebten gesehen hat. *Ouid.* De Remed. Amoris. L. II. v. 35.

Ob nun schon dieses Mittel vielleicht von einer etwas zärtlichen und kaltsinnigen Gemüthsart herrühren kann: so ist doch dieses schon ein wunderbares Zeichen unserer Unvollkommenheit, daß uns der Genuß und die vertraute Bekanntschaft einander selbst zum Ekel machet. Nicht sowohl die Schamhaftigkeit, als vielmehr die List und Klugheit, machet unsere Schönen so vorsichtig, daß sie uns, ehe sie sich zur öffentlichen Schau angestrichen und geputzt haben, nicht in ihre Zimmer lassen wollen.

105
Nec veneres nostras hoc fallit, quo magis ipsae
Omnia summopere hos vitae post scenia celant,
Quos retinere volunt adstrictoque esse in amore.[155]

Hingegen haben die meisten Thiere nichts, das wir nicht gerne sähen, und das unsern Sinnen nicht gefallen sollte: dergestalt, daß wir so gar aus ihrem Miste und Unrathe nicht nur Leckerbissen, sondern auch unsern herrlichsten Schmuck und unsere beste Specereyen machen. Doch diese Gedanken betreffen nur unsere gemeine Eigenschaften, und sind nicht so ruchloß, daß sie auch die göttlichen, übernatürlichen, und außerordentlichen Schönheiten darunter begreifen wollten, die man manchmal unter uns, wie Sterne, unter einer körperlichen und irdischen Decke hervor leuchten siehet.

Uebrigens ist selbst derjenige Theil von den Gunstbezeigungen der Natur, den wir den Thieren nach unserm eigenen Geständnisse beylegen, für dieselbigen sehr vortheilhaft. Wir legen uns eingebildete und erdichtete, oder zukünftige und abwesende Güter bey, die sich die menschliche Geschicklichkeit nicht selbst verschaffen kann: oder, solche Vollkommenheiten, die wir uns fälschlich und bloß aus Verwegenheit anmaßen, als Vernunft, Wissenschaft und Ehre. Hingegen überlassen wir ihnen die

106
wesentlichen, augenscheinlichen und handgreiflichen Güter, als den Frieden, die Ruhe, die Sicherheit, die Unschuld, und die Gesundheit: die Gesundheit sage ich, das schönste und kostbarste Geschenk, welches uns die Natur geben kann. Auf diese Art untersteht sich die Weltweisheit,

---

155 Unsere Schönen wissen dieses auch gar wohl und verhelen daher das ganze Kunststück ihres Schmucks sehr sorgfältig vor einem Liebhaber, den sie gern in ihrem Garn behalten möchten. *Lucret.* L. IV. v. 1178. u. f.

so gar die Stoische,[156] zu sagen, daß Heraklit und Pherecydes, wenn sie ihre Weisheit gegen die Gesundheit hätten vertauschen können, und wenn sich der erste auf diese Weise von der Wassersucht, der andere aber von der Läusekrankheit, womit er behaftet war, hätte befreyen können, so würden sie sehr wohl gethan haben. Sie geben hiedurch der Weisheit noch einen größern Werth, indem sie dieselbe der Gesundheit vergleichen und entgegen setzen, als sie in folgendem Satze thun, der auch von ihnen herkömmt.

Sie sagen,[157] daß Ulyßes, wenn ihm Circe zween Tränke vorgesetzet hätte, einen, wodurch aus einem närrischen Menschen hätte ein weiser werden können, und einen andern, wodurch aus einem Weisen hätte ein Narr werden können, lieber den Narrentrank hätte annehmen, als einwilligen müssen, daß ihm Circe statt der menschlichen Gestalt eine thierische gegeben. Ja, sie sagen, daß die Weisheit selbst ihn auf diese Art angeredet haben würde: »Verlaß mich, und laß mich eher fahren, ehe du mir die Gestalt und den Leib eines Esels zur Wohnung anweisest.« Was? Die Philosophen verlassen also die große und göttliche Weisheit dieser körperlichen und irdischen Hütte wegen? Also kömmt unser Vorzug vor den Thieren nicht auf die Vernunft, auf den Verstand, und auf die Seele, sondern auf unsere Schönheit, unser hübsches Gesicht, und auf die schöne Einrichtung unserer Gliedmassen an, derenwegen wir unsern Verstand, unsere Klugheit, und alles übrige in die Schanze schlagen müssen? Ich nehme dieses aufrichtige und freye Geständniß an. Gewiß, sie haben erkannt, daß diese Stücke, wovon wir so viel Wesen machen, nur in einer nichtigen Einbildung bestehen. Wenn also die Thiere alle stoische Tugend, Wissenschaft, Weisheit und Geschicklichkeit besässen: so würden sie doch immer nur noch Thiere bleiben, und nicht mit einem elenden, boshaften und unsinnigen Menschen können verglichen werden. Denn kurz, alles, was nicht ist, wie wir sind, tauget nichts: und Gott selbst muß, wenn er anders ein Ansehen haben will, uns ähnlich werden, wie wir bald zeigen wollen. Hieraus erhellet, daß wir uns den übrigen Thieren nicht aus vernünftigen Gründen, sondern bloß aus einem thörichtem Stolze und aus Eigensinne vorziehen, und uns ihrem Stande und ihrer Gesellschaft entziehen.

---

156 *Plutarchus* in Tr. de communibus notionibus aduersus Stoicos.
157 *Eben das.*

Doch, damit ich wieder zu meinem Vorhaben komme, wir haben die Unbeständigkeit, Unschlüssigkeit, Ungewißheit, Betrübniß, den Aberglauben, die Sorge auf das Zukünftige, und so gar auf das, was uns erst nach unserem Tode bevorsteht, die Ehrsucht, den Geiz, die Eifersucht, den Neid, die unordentlichen, rasenden, und unbändigen Begierden, den Krieg, das Lügen, die Ungerechtigkeit, die Verläumdung, und die Neugierde, zu unserm Antheile bekommen. Gewiß, die schöne Vernunft, womit wir uns so groß machen, diese Fähigkeit zu urtheilen und zu erkennen, kömmt uns sehr hoch zu stehen, da wir zugleich eine so unendliche Menge Leidenschaften, die uns unaufhörlich beherrschen, haben zugleich mit nehmen müssen. Allein, vielleicht werden wir uns, wie Sokrates thut, auf den ansehnlichen Vorzug vor den Thieren berufen, daß ihnen die Natur in Ansehung der venerischen Lust gewisse Zeiten und Schranken gesetzet,[158] uns aber hingegen zu allen Stunden und bey allen Gelegenheiten hat den Zügel schießen lassen, Vt vinum aegrotis, quia prodest raro, nocet saepissime, melius est non adhibere omnino, quam spe dubiae salutis in apertam perniciem incurrere: Sic, haud scio, an melius fuerit humano generi motum, istum celerem cogitationis, acumen, solertiam, quam rationem vocamus, quoniam pestifera sint multis, admodum paucis salutaria, non dari omnino, quam tam munifice et tam large dari.[159]

158 *Xenophont. apomnênoneum.* L. I. C. 4. § 12. *Kai (theous) tas tôn aphrodisiôn hêdonas tois men allois zôois dounai, perigrapsantas tou etous chronon, hêmin de synechôs mechri gêrôs tauta parechein.*

159 Gleichwie es besser ist, den Kranken gar keinen Wein zu geben, weil er meistens schädlich ist, und selten nützt, als sich in Hofnung einer Ungewissen Genesung in augenscheinliche Gefahr zu setzen: so weiß ich nicht, ob es nicht ebenfalls besser gewesen wäre, wenn dem menschlichen Geschlechte die geschwinde Bewegung des Denkens, die Scharfsinnigkeit, und die Fähigkeit, welche wir die Vernunft nennen, gar nicht wäre gegeben worden, als daß sie ihm so reichlich gegeben worden sind; da sie vielen Leuten schädlich, und wenigen heilsam sind. *Cic.* de Nat. Deor. L. III. C. 27. Edit. Gronov. Herr *Walker*, dessen Name in den Anmerkungen des Herrn Präsidentens Bouhier über das Buch *de Natura Deorum* bey der französischen Uebersetzung des Herrn Abts von *Olivet*, oft vorkömmt, zeiget, daß man nach den besten Handschriften hier lesen müsse, quoniam pestifera sit multis *(Ratio)* admodum paucis salutaris. Diesem nach müßte man übersetzen; *da sie doch vielen Leuten schädlich, und sehr wenigen heilsam ist.* Man lese, wie man wolle, so bleibet der Verstand einerley.

Was mag wohl die Kenntniß so vieler Dinge dem Varro und dem Aristoteles genutzt haben? Hat sie dieselben von den menschlichen Ungemächlichkeiten befreyet? Sind sie vor denen Zufällen, die einen Lastträger betreffen, gesichert gewesen? Haben sie in ihrer Logik einen Trost wider das Zipperlein gefunden? Haben sie dasselbe nicht so stark empfunden, weil sie gewußt haben, wie sich diese Feuchtigkeit in die Gelenke sezt? Haben sie sich mit dem Tode verglichen, weil sie gewußt haben, daß sich einige Völker darauf freuen? Haben sie sich weniger aus der Hahnreyschaft gemachet, weil sie gewußt haben, daß in einigen Ländern die Weiber gemein sind? Umgekehrt, da sie die Gelehrten vom ersten Range, jener unter den Römern, und dieser unter den Griechen, gewesen sind; da sie zu einer Zeit gelebet haben, in welcher die Gelehrsamkeit am meisten geblühet hat: so haben wir doch nie gelesen, daß sie in ihrem Leben etwas besonders bewiesen hätten; ja der Grieche hat genug zu thun, wenn er sich von einigen beträchtlichen Fehlern in dem seinigen reinigen will. Hat man jemals gefunden, daß derjenige, welcher die Sterndeuterey und Sprachkunst versteht, mehr Geschmack an der Wollust und Gesundheit gefunden hat?

    Illiterati num minus nerui rigent?[160]

Oder, ist ihm die Schande und die Armuth weniger beschwerlich gefallen?

    Scilicet et morbis et debilitate carebis,
    Et luctum et curam effugies, et tempora vitae
    Longa tibi post haec fato meliore dabuntur.[161]

Ich habe zu meiner Zeit hundert Handwerksleute und hundert Bauern gesehen, die vernünftiger und glücklicher gelebt haben, als mancher Rector auf einer Universität: und ich hätte ihnen auch lieber ähnlich seyn wollen. Die Gelehrsamkeit gehört, meiner Meynung nach, unter

160 Ist ein Ungelehrter deswegen ungeschickter zum Liebeswerke? *Horat.* Epod. Lib. od. VII. v. 17.
161 Gewiß, hiedurch wirst du ohne Krankheiten, und ohne Schwachheit bleiben, hiedurch wirst du Betrübniß und Unruhe vermeiden, und ein längeres und glücklicheres Leben führen. *Juuenal.* Sat. XIV v. 156. u. f.

die zum menschlichen Leben nothwendigen Sachen, dergleichen die Ehre, der Adel, das Ansehen, oder höchstens der Reichthum, und andere dergleichen Eigenschaften sind, die zwar wirklich darzu dienen, aber nur beiläufig, und mehr unserer Einbildung, als ihrer Natur nach. Wir brauchen in unserer Gesellschaft eben so wenig Pflichten, Vorschriften, und Lebens Regeln, als die Kraniche oder die Ameisen in der ihrigen brauchen. Nichts destoweniger sehen wir, daß sie sich, ohne Gelehrsamkeit, sehr ordentlich darinnen aufführen. Wenn der Mensch weise wäre: so würde er jede Sache desto höher schätzen, je nützlicher und bequemer sie uns in unserm Leben wäre. Wer auf unsere Handlungen und Aufführung Achtung gäbe, würde mehr vortreffliche Leute unter den Ungelehrten, als unter den Gelehrten, antreffen: ich meyne, in allen Arten der Tugend. Das alte Rom scheinet mir so wohl im Frieden als im Kriege mehr Tugenden besessen zu haben, als das gelehrte Rom, welches sich selber stürzte. Wenn auch alles andere gleich wäre: so würde doch wenigstens die Redlichkeit und Unschuld auf der Seite des alten Roms bleiben; weil sie gerne bey der Einfalt wohnt. Doch, ich übergehe diese Betrachtung, weil sie mich weiter führen würde, als ich gehen will. Ich will nur noch so viel erinnern, daß die Demuth und Unterwürfigkeit allein einen rechtschaffenen Mann machen können. Man muß nicht eines jeden Ueberlegung die Erkenntniß seiner Pflichten überlassen. Man muß ihm dieselben vorschreiben, und ihn nicht nach seiner Einsicht wählen lassen: sonst würden wir uns endlich nach der Schwäche und der unendlichen Verschiedenheit unserer Gründe und Meynungen, Pflichten ersinnen, die uns, wie Epikur saget,[162] einander selbst aufzufressen verbänden.

Das erste Gesetz, welches Gott jemals dem Menschen vorgeschrieben hat, war das Gesetz, wodurch er einen unbedingten Gehorsam von ihm forderte: ein klarer und deutlicher Befehl, worüber der Mensch nicht lange nachdenken und schwatzen durfte, weil der Gehorsam die eigent-

---

162 Oder, vielmehr der Epikurer Kolotes, wie man aus der Abhandlung sehen kann, die Plutarch wider ihn geschrieben hat. Hiermit kann man vergleichen, was ein anderer Epikurer in einem langen Fragmente saget, welches beym *Porphyr* de Abstinent. L. I. stehet: *Ei de pantes edynanto blepein homoiôs, kai mnêmoneuein to sympheron, ouden an prosedeuonto nomôn.* &c. Wenn alle Menschen die Sachen auf einerley Art betrachteten, und sich erinnerten was das nützlichste sey: so wurden sie keine Gesetze brauchen.

liche Pflicht einer vernünftigen Seele ist, welche einen himmlischen Oberherrn und Wohlthäter erkennet. Aus dem Gehorchen und Folgen entspringen alle Tugenden, wie aus dem Hochmuth alle Laster. Gegentheils bestund die erste Versuchung, in welche der Teufel die menschliche Natur führte, und der erste Gift, den er uns beybrachte, darinnen, daß er uns Wissenschaft und Erkenntniß verhieß. Eritis sicut Dii scientes bonum et malum.[163] Eben so bothen die Syrenen dem Ulysses, bey dem Homer, um ihn zu betriegen, und in ihre gefährliche und verderbliche Stricke zu ziehen, die Wissenschaft zum Geschenke an.[164]

Des Menschen Pest ist die Einbildung, daß er etwas wisse. Deswegen wird uns die Unwissenheit so stark in unserer Religion angepriesen, weil sie ein zum Glauben und zum Gehorsam unentbehrliches Stück ist. Cauete, ne quis vos decipiat per philosophiam et inanes seductiones, secundum elementa mundi.[165]

Alle Philosophen von allen Sekten stimmen darinnen einmüthig mit einander überein, daß das höchste Gut in der Ruhe der Seelen und des Leibes bestehe: allein, wo finden wir dieselbe?

> Ad summum sapiens vno minor est Joue, diues,
> Liber, honoratus, pulcher, rex denique regum
> Praecipue sanus, nisi cum pituita molesta est.[166]

Mich dünket in der That, als ob uns die Natur zum Tröste bey unserm elenden und schlechten Zustande nichts als den Hochmuth zugetheilet hätte. So saget Epiktet,[167] der Mensch hätte sonst nichts eigenes, als den

---

163 Ihr werdet seyn, wie Gott, und wissen, was gut und böse ist. *I. B. Mos. III. 5.*

164 *all' hoge terpsamenos neitai, kai pleiona eidôs.* Homer. Odyss. L. XII. v. 188.

165 Sehet zu, daß euch niemand beraube durch die Philosophie und lose Verführung nach der Menschen Lehre, und nach der Welt Satzungen. *Col. II. 8.*

166 Wenigstens kömmt niemand, als Jupiter, über den Weisen. Er ist reich, frey, edel, schön, mit einem Worte, ein König aller Könige, besonders vollkommen gesund, wenn er nicht den Schnuppen hat. *Horat. L. I. Epist. I. v. 106. u. f.*

167 *Ti oun esti son; chrêsis phantasiôn.* Epist. Enchirid. C. II.

freyen Gebrauch seiner Meynungen. Uns ist nichts, als Wind und Rauch, zu Theile worden. Die Götter haben, wie die Philosophie saget, die Gesundheit wirklich, und die Krankheit der Vorstellung nach: der Mensch im Gegentheil besitzet seine Vollkommenheiten der Einbildung nach, und seine Unvollkommenheiten wirklich. Wir thun wohl, daß wir uns auf die Kräfte unserer Einbildung viel wissen: denn, alle unsere Güter sind nur ein Traum. Man höre einmal das arme und mühselige Thier prahlen. Nichts, sagt Cicero, ist so angenehm, als das Studiren: das Studiren, sage ich, durch welches uns die Unendlichkeit der Dinge, die unermeßliche Größe der Natur, der Himmel noch in dieser Welt, die Erde, und die Meere, entdecket werden. Durch dieses haben wir die Religion, die Mäßigung, die Großmuth gelernet.[168] Eben dasselbe hat unsere Seele aus der Finsterniß gerissen, und ihr alle Dinge, hohe und niedrige, vergangene, zukünftige und gegenwärtige, gezeiget. Das Studiren giebet uns Mittel an die Hand wohl und vergnügt zu leben, und Anleitung unser Leben ohne Mißvergnügen und ohne Verdruß hin zu bringen. Sollte man nicht meynen, er redete von dem lebendigen und allmächtigen Gott? Allein, in der That haben tausend arme Weiber, auf einem Dorfe ein weit ordentlichers, weit vergnügters, und standhafters Leben als er geführet.

> Deus ille fuit Deus, inclute Memmi,
> Qui princeps vitae rationem inuenit eam, quae
> Nunc appellatur Sapientia, quique per artem
> Fluctibus e tantis vitam tantisque tenebris,
> In tam tranquilla et tam clara luce locauit.[169]

168 Philosophia omnium mater artium nos primum ad Deorum cultum, deinde ad ius hominum quod situm est in generis humani societate, tum ad modestiam, magnitudinemque animi eruduit: eademque ab animo, tanquam ab oculis, caliginem dispulit, vt omnia supera, infera, prima, vitima, media videremus. *Cicero* Tusc. Quaest. L. I. C. 26.

169 Berühmter Memmius, ein Gott, ja gewiß ein Gott, hat zuerst die Kunst zu leben erfunden, welche man jezt Weisheit nennet, und durch diese Kunst unser Leben so großer Unruhe und so großer Finsterniß entrissen, und dasselbe so ruhig gemacht und aufgekläret. *Lucret.* L. V. v. 8. u. f.

Dieß sind sehr prächtige und schöne Worte. Allein ein sehr geringer Zufall bringt dieses Mannes Verstand[170] in weit schlechtere Umstände, als sie bey dem geringsten Hirten sind: ungeachtet er diesen Gott zum Lehrmeister hat, und diese göttliche Weisheit besitzet. Eben so unverschämt ist das Versprechen des vom Demokrit geschriebenen Buches: *Ich will von allen Dingen reden,*[171] und der thörichte Titel *sterbliche Götter,*[172] den uns Aristoteles beyleget; und das Unheil, welches Chrysipp fället, *daß Dion eben so tugendhaft wäre, als Gott.*[173] Mein Seneca erkennet zwar, wie er saget, daß ihm Gott das Leben gegeben habe: allein er behauptet eben so wie der andere, daß er sein tugendhaftes Leben von sich selbst habe. In virtute vere gloriamur, quod non contingeret, si id donum a Deo, non a nobis haberemus.[174] »Auch dieser Gedanke ist vom Seneca: der Weise hat eben so viel Stärke, als Gott; allein er hat sie in menschlicher Schwachheit, und übertrift hierinnen Gott.«[175] Nichts ist gewöhnlicher, als daß man dergleichen verwegene Einfälle antritt. Keiner unter uns ärgert sich so sehr, wenn er sich mit Gott vergleichen höret, als wenn er sieht, daß man ihn in die Ordnung der Thiere herunter setzt. Wir sehen also weit mehr auf unsere, als auf unsers Schöpfers

---

170 Des Lucrez, der in den angeführten Versen so prächtig vorn Epikur und seiner Lehre redet. Denn ein Trank, den ihm seine Frau oder seine Liebste gab, brachte ihn dergestalt vom Verstande, daß er kaum zuweilen einige gute Stunden hatte, die er zur Verfertigung seines Buches anwandte: und sich endlich selbst umbrachte. *Eusebii* Chronic.

171 Qui ita sit ausus ordiri, Haec loquor de vniuersis, Nihil excipit, de qua non profiteatur. Quid enim esse potest extra vniuersa? *Cic.* Acad. quaest. L. II. C. 23.

172 Apud *Ciceronem,* De Finib. bon. & mal. L. II. C. 13. *Cyrenaici Philosophi* non viderunt, vt ad cursum, equum, ad arandum, bouem, ad indagandum, canem: sie hominem ad duas res, vt ait Aristoteles, intelligendum et agendum esse natum, quasi mortalem Deum.

173 *Plutarchus* de communibus notitiis aduersus Stoicos C. 30.

174 Wir rühmen uns unserer Tugend mit Rechte. Allein dieses würde nicht geschehen können, wenn wir sie von Gott, und nicht von uns selbst hätten. *Cic.* de Nat. Deor. L III. C. 36.

175 Est aliquid, quo sapiens antecedat Deum. Ille naturae beneficio, non suo, sapiens est. Ecce res magna, habere imbecillitatem hominis, securitatem Dei. *Epist* 53. sub finem.

Ehre. Allein, wir müssen diesen thörichten Stolz unter die Füsse treten, und den lächerlichen Grund, worauf diese falsche Meinungen gebauet sind, mit Gewalt und herzhaft erschüttern. So lange der Mensch noch einige Mittel, und einige Stärke für sich zu besitzen glaubt: so lange wird er nicht erkennen, was er seinem Herrn zu danken hat. Er wird sich allezeit selbst zu helfen suchen. Man muß ihn also bis aufs Hemde ausziehen.

Laßt uns einmal ein preißliches Beyspiel von der Wirkung seiner Philosophie betrachten. Als Possidon von einer so schmerzhaften Krankheit befallen wurde, daß er darüber die Hände rang, und mit den Zähnen knirschete, meynte er dem Schmerzen Trotz zu bieten, wenn er darwider ausriefe: *Mache, was du willst, ich werde doch nicht sagen, daß du ein Uebel bist.*[176] Er empfindet eben die Schmerzen, die mein Bedienter empfindet: allein, er weiß sich damit viel, daß er wenigstens seine Zunge unter dem Gesetze seiner Sekte hält. Re succumbere non oportebat, verbis gloriantem.[177] Als Arcesilas am Zipperlein krank lag, gieng Karneades[178], der ihn besuchet hatte, ganz verdrießlich wieder fort: allein, Arcesilas rief ihn wieder zurück, zeigte ihm seine Füsse und seine Brust, und sagte: *Hieher ist nichts von dort gekommen.* Dieser macht es ein wenig besser. Er erkennet, daß er sich übel befindet, und möchte das Uebel gerne loß seyn: indessen wird doch sein Herz dadurch nicht niedergeschlagen und kleinmüthig gemachet. Jener hingegen bezeigete sich mehr in Worten, als in der That, standhaft. Dionysius aus

---

176 Nihil agis, dolor: quamuis sis molestus, nunquam te esse confitebor malum. *Cic.* Tusc. Quaest. L. II. C. 25.

177 Da er mit Worten so prahlte, so hätte er auch in der That nicht unterliegen sollen. *Cic.* Tusc. Quaest. L. II. C. 13.

178 Cicero berichtet uns, daß dieser Karneades Epikurs sehr guter Freund gewesen sey, *Epicuri perfamiliaris;* Folglich kann er nicht derjenige seyn, der die neue Akademie gestiftet hat. Denn Epikur starb 60 Jahre eher, als Karneades, der Stifter der neuen Akademie, gebohren wurde, Is (Arcesilas) cum arderet podagrae doloribus, visitassetque hominem Carneades, Epicuri perfamiliaris, et tristis exiret: Mane quaeso, inquit, Carneade noster: Nihil illinc huc peruenit. Ostendit pedes et pectus. *Cic.* De Finib. bon. et mal. L. V C. 31.

Heraklea wurde durch einen sehr heftigen Augenschmerz,[179] so gar seine stoischen Entschliessungen fahren zu lassen gezwungen.

Allein, wenn auch die Wissenschaft wirklich dasjenige ausrichtete, was sie fürgeben, und die Heftigkeit der Unglücksfälle, die uns betreffen, minderte und dämpfete: was thäte sie denn anders, als was die Unwissenheit weit vollkommener und augenscheinlicher thut? Als der Philosoph Pyrrho[180] auf der See einen gefährlichen Sturm erlitte, stellte er seinen Reisegefährten, nichts als die Sicherheit eines Schweines, welches auf dem Schiffe war, und diesen Sturm ohne Schrecken ansähe, zur Nachahmung vor. Die Philosophie verweiset uns endlich, wenn sie alle ihre Lehren vorgetragen hat, auf das Beyspiel eines Fechters oder eines Eseltreibers, an welchen man gemeiniglich weniger Empfindlichkeit bey dem Tode, bey den Schmerzen, und bey andern Ungemächlichkeiten, dagegen aber mehr Standhaftigkeit wahrnimmt, als einem die Gelehrsamkeit so leicht geben kann, der nicht durch eine natürliche Fertigkeit dazu gebohren und gefaßt ist. Woher kömmt es sonst, als von der Unwissenheit, daß man an den zarten Gliedern eines Kindes, oder an den Gliedmassen eines Pferdes, weit leichter schneiden und dieselben weit leichter ablösen kann, als bey uns. Wie viele Leute sind nicht bloß wegen ihrer starken Einbildungskraft krank geworden? Wir sehen ja sehr oft Leute, die wegen bloß eingebildeter Krankheiten zur Ader lassen, purgieren, und Arzeney brauchen. Wenn es uns an wahren Uebeln mangelt, so macht uns die Wissenschaft dergleichen. Diese Gesichtsfarbe verkündiget uns einen Fluß; die warme Witterung drohet uns mit einem Anfall vom Fieber; dieser Durchschnitt der Lebenslinie in unserer linken Hand prophezeyet uns eine große und nahe bevorstehende Krankheit. Ja, die Einbildung gehet endlich gerade auf die Gesundheit selbst loß, und spricht: diese Munterkeit und Lebhaftigkeit der Jugend kann keinen Bestand haben, man muß ihr etwas Blut und Kräfte nehmen, damit sie uns nicht selbst schädlich wird. Man vergleiche einmal das Leben eines

---

179 Eb. das. Vobis Heracleotes ille Dionysius flagitiose desciuisse videtur a Stoicis, propter oculorum dolorem. Cicero saget anderwärts, daß dieser Philosoph Nierenschmerzen gehabt, und aus vollem Halse geschrien habe, daß alles, was er ehehin von dem Schmerzen geurtheilet habe, falsch sey. Quum ex renibus laboraret, ipso in eiulatu clamitabat, falsa esse illa, quae antea de dolore ipse sensisset. *Tusc. Quaest.* L. II. C. 25.

180 *Diogen. Laert.* in Vit. Pyrrhon. L. IX. Segm. 69.

Menschen, der solchen Einbildungen nachhängt, mit dem Leben eines Bauers, der seiner natürlichen Begierde nachgehet, die Sachen bloß nach der gegenwältigen Empfindung ohne Wissenschaft und ohne Vorbedeutung abmisset; der von keiner Krankheit weiß, bis er sie wirklich hat, an statt, daß der andere den Stein oft in der Seele hat, ehe er ihn in den Nieren bekommt. Dieser letztere kömmt der Krankheit durch die Einbildung zuvor, und gehet ihr entgegen: nicht anders, als wenn es nicht Zeit genug wäre, dieselbe zu empfinden, wenn er sie wirklich hat.

Was ich hier von der Arzneykunst sage, kann überhaupt zu einem Beyspiele wegen aller Wissenschaften dienen. Daher rührt die alte Meynung einiger Philosophen, die das höchste Gut in der Erkenntniß der Schwäche ihrer Urtheilskraft suchten. Meine Unwissenheit veranlaßt mich eben so wohl zur Hofnung, als zur Furcht. Da ich keine andere Gesundheitsregel habe, als die Beyspiele anderer Leute, und die Zufälle, die sich anderwärts bey ähnlichen Gelegenheiten ereignen: so finde ich deren von allerhand Arten und halte mich an diejenigen, die mir am günstigsten zu seyn scheinen. Ich empfange die freye, ächte, und vollkommene Gesundheit mit offenen Armen, und bemühe mich dieselbe desto besser zu gemessen, je außerordentlicher und seltner sie mir gegenwärtig zu Theil wird: weit gefehlt, daß ich ihre Ruhe und Annehmlichkeit durch den Wermuth einer neuen und gezwungenen Lebensart stören sollte.

Die Thiere zeigen uns deutlich, wie viel Krankheiten uns die Unruhe unseres Gemüths verursachet. Was man uns von den Brasilianern erzählet, daß sie nicht anders als Alters halben gestorben, schreibet man insgemein der Heiterkeit und Stille ihrer Luft zu. Ich hingegen leite es vielmehr von der Stille und Heiterkeit ihres Gemüths her, das von allen Leidenschaften, ängstlichen und mißvergnügten Gedanken und Beschäftigungen, frey war: denn, diese Leute brachten ihr Leben in einer bewundernswürdigen Einfalt und Unwissenheit, ohne Wissenschaften, ohne Gesetze, ohne König, ja so gar ohne alle Religion zu. Und woher kömmt wohl das, was man aus der Erfahrung weiß, das die ungesittesten und ungeschicktesten Leute in Liebeswerken gemeiniglich die dauerhaftesten und besten sind? Woher kömmt es, daß die Liebe eines Eseltreibers oft angenehmer ist, als die Liebe eines Stutzers? Ohne Zweifel daher, daß bey dem letztern die Unruhe seines Gemüths seine Leibesstärke hemmet, bricht, und abmattet: gleichwie sie sich auch gemeiniglich selbst hemmt und ermüdet. Was bringt sie aus der Art, was verwandelt sie öfterer in eine Raserey, als ihre Uebereilung, ihre Hitze, ihre Geschwindigkeit, und endlich ihre eigene Stärke? Woraus entstehet die feinste Narrheit anders, als aus der feinsten Weisheit? Gleichwie aus einer großen Freundschaft eine heftige Feindschaft, und aus einer dauerhaften Gesundheit tödtliche Krankheiten entstehen: so entstehen auch aus seltenen und lebhaften Bewegungen unserer Seele die ausnehmendesten und ungewöhnlichsten Narrheiten. Beyde sind nur einen Messerrücken von einander entfernet. Wir sehen an den Handlungen unsinniger Leute, wie genau die Narrheit mit den allerlebhaftesten Wirkungen unserer Seele übereinkömmt. Wem ist nicht bekannt, was für ein unmerklich kleiner Zwischenraum zwischen der Narrheit und den lustigen Einfällen eines muntern Kopfs ist; und was eine sehr große und außerordentliche Tugend für Wirkungen hat? Plato sagt, die melancholischen Gemüther wären die gelehrigsten und vortreflichsten: allein, keine sind auch so sehr zur Narrheit geneigt.

Unzählige Gemüther verderben sich durch ihre eigene Stärke und Geschicklichkeit. Was für einen Sprung hat nicht erst kürzlich der scharfsinnigste, sinnreichste, und geschickteste Nachahmer[181] der alten und reinen Poesie, der seit langer Zeit unter allen italiänischen Poeten gewesen ist, durch seine eigene Bewegung und Munterkeit gethan? Hat er dieses nicht seiner eigenen mörderischen Lebhaftigkeit zu danken? Seiner Einsicht, die ihn blind gemacht hat? Seiner großen und hochgespannten Vernunft, die ihn der Vernunft beraubet hat? Seinem sorgfältigen und arbeitsamen Bestreben nach der Wissenschaft, welche ihn dumm gemachet hat? Seiner seltenen Geschicklichkeit zu den Gemüthsübungen, die ihn aller Uebung und der Seele selbst beraubet hat? Ich empfand mehr Aergerniß als Mitleiden, da ich ihn zu Ferrara sich in einem so erbärmlichen Zustande selbst überleben sähe, so, daß er weder sich noch seine Werke kannte, die ihm unwissend, und dennoch vor seinen Augen, unverbessert und ungestalt heraus gegeben worden sind.

181 Der berühmte *Torquato Tasso*, welcher das *befreyete Jerusalem* verfertiget hat. Ich weiß nicht, warum der letzte englische Uebersetzer hier den Ariosto an die Stelle des Tasso gesetzet hat. Montagne saget, er hätte diesen berühmten italiänischen Poeten zu Ferrara gesehen. Dieses könnte er aber nicht von dem Ariosto sagen, der im Jahre 1474 gebohren wurde, und 59. Jahr alt war, als Montagne auf die Welt kam, und bis gegen das Jahr 1533 lebte, zu dessen Anfange er starb, wie der Verfasser seines Lebens Johann Baptista Pigna berichtet.

Will man einen Menschen gesund, will man ihn ordentlich, und in einer guten und sichern Verfassung sehen? Man hülle ihn nur in Finsterniß, Müßiggang, und Trägheit ein. Man muß uns erst dumm machen, ehe man uns klug machen kann: man muß uns erst blind machen, ehe man uns auf den rechten Weg leitet. Vielleicht wird man mir einwenden, daß die Bequemlichkeit, welche man von der Kaltsinnigkeit der Begierden, und der Unempfindlichkeit bey Schmerzen und Uebeln hat, die Unbequemlichkeit nach sich ziehet, daß wir auch keinen so feinen und zärtlichen Geschmack: an dem Genüsse des Guten und des Vergnügens finden. Dieses ist freylich wahr. Allein, unser elender Zustand bringet es so mit sich, daß wir nicht so viel zu genießen, als zu fliehen haben; und daß uns die allergrößte Wollust nicht so sehr, als ein geringer Schmerz rühret. Segnius homines bona quam mala sentiunt.[182] Wir empfinden eine vollkommene Gesundheit nicht so sehr, als die geringste Krankheit.

> – – – pungit
> In cute vix summa violatum plagula corpus,
> Quando valere nihil quemquam mouet.
> Hoc iuuat unum,
> Quod me non torquet latus aut pes: caetera quisquam
> Vix queat aut sanum sese, aut sentire valentem.[183]

Unser Wohlsein bestehet bloß in der Abwesenheit der Uebel. Deswegen hat diejenige Sekte[184] der Philosophen, welche die Wollust am meisten erhoben hat, sie dennoch bloß auf die Unempfindlichkeit ein-

---

182 Die Menschen sind nicht so empfindlich bey dem Guten, als bey dem Bösen. *Tit. Liu.* L. XXX. C. 21.

183 Die geringste Verletzung an der Haut schmerzet, da uns gegentheils die Gesundheit nicht sehr rühret. Auf dieses einzige kömmt es an, daß ich weder Seitenstechen noch Zipperlein habe. Außerdem empfindet einer kaum, daß er gesund und munter ist, *Stephani Boetii* Poemata Seite 115. umgewendet, Z. 11. 12. u. f. In allen Ausgaben, wo man die vom Montagne angeführten Stellen hat anzeigen wollen, hat man diese Verse dem Ennius beygeleget. Allein, sie sind aus einer lateinischen Satyre des Stephan de la Boetie, deren Anfang man Th. I. B. I. H. 27. S. 333 Anmerk. (**) findet.

184 Die Epikurische Sekte.

geschränket. Wer kein Uebel an sich hat, hat das größte Gut, das ein Mensch hoffen kann: wie Ennius sagt,

Nimium boni est, cui nihil est mali,[185]

Eben der Kützel und die durchdringende Empfindung bey gewissen Ergötzlichkeiten, die uns über die blosse Gesundheit und Unempfindlichkeit zu erheben scheinet, die rege und thätige, und, ich weiß nicht wie stechende und beissende Wollust selbst, zielet auf keinen andern Zweck, als auf die Unempfindlichkeit. Die Begierde, die uns zum Umgange mit dem weiblichen Geschlechte antreibet, trachtet weiter nach nichts, als die Beschwerlichkeit, welche uns das brennende und rasende Verlangen verursachet, zu vertreiben, zu sättigen, zur Ruhe zu gelangen, und dieses Fieber los zu werden. So gehet es auch mit den andern Begierden. Ich sage also, daß uns die Einfalt, wenn sie uns die Empfindung des Uebels benimmt, in einen sehr glücklichen Zustand versetzet.

Man muß sich nur die Unempfindlichkeit nicht so gar hölzern vorstellen, als wenn sie völlig ohne alle Empfindung wäre. Krantor hatte Ursache,[186] Epikurs Unempfindlichkeit zu bestreiten, wenn man sie so weit trieb, daß man nicht einmal den Anfang und den Ursprung des Schmerzes empfinden sollte. Er sagte mit Rechte: »Ich lobe diese Unempfindlichkeit nicht, die weder möglich, noch zu wünschen ist. Ich bin froh, wenn ich nicht krank bin. Wenn ich aber krank bin, so muß ich auch wissen, daß ich krank bin; und wenn man mich brennet oder schneidet, so muß ich es auch empfinden.« In der That, wer die Empfindung des Schmerzes ausrotten wollte, würde auch zugleich die Empfindung der Wollust ausrotten, und endlich den Menschen völlig vernichten.

---

185 *Ennius* apud Ciceronem de Finib. Bon. et Mal. L. II. C. 13. Montagne erkläret diesen lateinischen Vers, ehe er ihn anführet.

186 Nec absurde *Crantor* - - - Minime, inquit, assentior iis qui istam nescio quam indolentiam magnopere laudant: quae nec potest vlla esse, nec debet. Ne aegrotus sim, inqu it; sed si fuerim, sensus adsit, siue secetur quid, siue auellatur a corpore, *Cic.* Tusc. Quaest. L. III. C. 6.

Istud nihil dolere, non sine magna mercede contingit immanitatis in animo, stuporis in corpore.[187] Das Böse wird mit der Zeit etwas Gutes für den Menschen. Er hat eben so wenig Ursache den Schmerz beständig zu fliehen, als die Wollust allezeit zu suchen.

Es gereicht der Unwissenheit zu besonderer Ehre, daß uns die Wissenschaft selbst ihr in die Arme wirft, wenn sie sich nicht mehr im Stande siehet, uns bey der Last unserer Widerwärtigkeiten zu unterstützen. Alsdenn ist sie gezwungen uns den Zügel schießen zu lassen, und uns die Erlaubniß zu ertheilen in den Schoos der Unwissenheit zu fliehen, und uns unter ihrer Bedeckung vor den Streichen und der Gewalt des Unglückes zu sichern. Denn was will sie anders sagen, wenn sie uns vorprediget, daß wir unsere Gedanken von den Uebeln, die uns befallen haben, abwenden, und mit dem Andenken der vorigen Ergötzlichkeiten beschäftigen sollen; daß wir uns der Erinnerung des vergangenen Guten zum Tröste wider das gegenwärtige Uebel bedienen, und eine verschwundene Lust wider die Unlust, die uns drückt, zu Hülfe nehmen sollen? Leuationes aegritudinum in auocatione a cogitanda molestia, et reuocatione ad contemplandas voluptates ponit.[188] Was ist dieses anders, als daß sie sich einer List bedienet, wenn es ihr an Kräften fehlt: und daß sie dem Gegentheile ein Bein stellet, wenn der Leib und die Arme abgemattet sind? Denn, was ist dieses für eine Art, daß man nicht nur einen Philosophen, sondern überhaupt einen gesetzten Mann, der die schmerzlichen Wirkungen eines hitzigen Fiebers in der That fühlet, mit dem Andenken der Annehmlichkeit des griechischen Weines abweisen will? Auf diese Art macht man es nur immer schlimmer.

Che ricodarsi il ben doppia la noia.[189]

---

187 Die herrlichen Früchte dieser Unempfindlichkeit würden seyn, daß die Seele wild, und der Körper betäubt würde. *Eb. das.*

188 Er sucht die Linderung des Kummers darinnen, daß man die Gedanken von den Beschwerlichkeiten ab, und auf die ehemaligen Wollüste wenden soll. *Cic.* Tusc. Quaest. L. III. C. 15.

189 Das Andenken des genossenen Guten verursachet doppelten Verdruß.

Von eben der Beschaffenheit ist der andere Rath, den uns die Philosophie giebt,[190] wenn sie uns die vergangene Glückseligkeit in dem Gedächtnisse zu behalten, hingegen, die ausgestandene Widerwärtigkeiten daraus zu verbannen befiehlt: nicht anders, als ob wir die Kunst der Vergessenheit in unserer Gewalt hätten. Dieser Rath hilft uns also noch weniger.

Suauis est laborum praeteritorum memoria.[191]

Was? die Philosophie welche mir die Waffen das Unglück zu bestreiten in die Hand geben soll, die mir den Muth stärken soll, damit ich alle menschliche Widerwärtigkeiten unter die Füsse treten kann, begehet die Niederträchtigkeit, und heißt mich durch schimpfliche und lächerliche Ausflüchte Rettung suchen? Das Gedächtniß stellet uns nicht das vor, was wir wünschen; sondern das, was ihm gefällt. Ja, nichts präget uns eine Sache besser in das Gedächtniß ein, als das Bestreben, dieselbe zu vergessen. Es ist falsch.[192] Est situm in nobis, vt et aduersa quasi perpetua obliuione obruamus, et secunda iucunde et suauiter meminerimus. Hingegen ist es wahr,[193] Memini etiam, quae noio: obliuisci non possum, quae volo. Und von wem kömmt dann dieser herrliche Rath[194]? Von demjenigen,[195] qui se vnus sapientem profiteri sit ausus:

---

190 Reuocatio illa quam affert, cum a contuendis nos malis auocat, nulla est. Non est enim in nostra potestate, fodicantibus iis rebus, quas malas esse opinemur, dissimulatio, vel obliuio. *Cic.* Tusc. Quaest. L. III. C. 116.

191 Die Erinnerung der überstandenen Mühe ist angenehm. *Euripid.* apud *Cic.* de Finib. Bon. et Mal. L. II. C. 32.

192 Es stehet bey uns, unser Unglück in eine ewige Vergessenheit zu begraben, und die genossene Glückseligkeit in süssen und angenehmen Andenken zu erhalten. *Cic.* de Fin. Bon. et Mal. L. II. c. 32.

193 Ich erinnere mich auch dererjenigen Dinge, die ich gerne vergessen möchte, und kann das nicht vergessen, was ich will. *Eb. das.*

194 Der Rath, das Widerwärtige in eine ewige Vergessenheit zu stellen.

195 Von dem Epikur, welcher der einzige ist, der das Herz gehabt hat, sich selbst einen Weisen zu nennen, *Cic.* de Finib. Bon. & Mal. L. II. Cap. 3. welcher nach dem Lucrez (L. III. v. 1056) an Verstand alle Menschen übertroffen, und alle verdunkelt hat, wie die aufgehende Sonne die Sterne.

> Qui genus hominum ingenio superauit, et omnes
> Praestrinxit stellas, exortus vti aetherius sol.

Allein, ist die Ausleerung des Gedächtnisses nicht der wahre und eigentliche Weg zur Unwissenheit?

> Iners malorum remedium ignorantia est.[196]

Wir sehen mehrere dergleichen Vorschriften, in welchen man uns erlaubet, von dem Pöbel nichtige Scheingründe zu entlehnen, wann die ächte und starke Vernunft nichts mehr ausrichten kann; woferne sie uns nur zur Beruhigung und zum Tröste dienen können. Wenn sie also die Wunde nicht heilen können, begnügen sie sich, wenn sie nur den Schmerz hemmen, und übeln Folgen vorbeugen, können. Ich glaube sie werden nicht in Abrede seyn, daß sie sich eine Lebensart, welche sich aus Schwachheit und aus einem Fehler des Verstandes vergnügt und ruhig erhält, gar gerne gefallen lassen würden, wenn sie derselben Ordnung und Dauerhaftigkeit zusetzen könnten.

> – – – Potare, et spargere flores
> Incipiam, patiarque vel inconsultus haberi.[197]

Gewiß, viele Philosophen würden des Lykas Meynung seyn. Dieser war sonst ganz wohlgesittet, lebte in seinem Hause stille und friedlich; verabsäumte keine Pflicht weder gegen die Seinigen noch gegen andere Leute, und nahm sich vor allem schädlichen sehr wohl in Acht. Allein, er hatte sich in den Kopf gesetzet, als ob er sich beständig auf Schauplätzen befände, und sich daselbst mit Schauspielen und den schönsten Komödien von der Welt die Zeit vertriebe. Da nun die Aerzte diesem Fehler abgeholfen hatten: so hätte er bald einen Proceß mit ihnen angefangen, daß sie ihn wieder in diese angenehme Einbildung versetzen sollten.

196 Die Unwissenheit ist ein sehr schlechtes Mittel wider die Unfälle, *Senec.* Oedip. Act. III. v. 7.
197 Und mit dem Horaz sagen: Ich will trinken, und Blumenkränze aufsetzen, wenn man mich auch für einen Narren halten sollte. *Horat.* L. I. Ep. 5. v. 14. 15.

pol me occidistis, amici,
Non seruastis, ait, cui sie extorta voluptas,
Et demtus per vim mentis gratissimus error.[198]

Eben so bildete sich Thrasylaus, Pythodors Sohn,[199] ein, alle Schiffe, die in dem Pyräischen Hafen aus und einliefen, stünden ihm allein zu Dienste. Er erfreute sich daher, wenn sie eine glückliche Fahrt gehabt hatten, und empfieng sie frölich.[200] Sein Bruder Krito ließ ihm wieder zu seinem Verstande helfen, allein er bedauerte seinen vormals beglückten Zustand, in welchem er freudig, und von allem Mißvergnügen befreyt, gelebet hatte. Dieses zeiget eben der alte griechische Vers an, welcher sagt, man sey weit glücklicher, wenn man nicht gar zu klug ist.

En tô phronein gar mêden, hêdistos bios.[201]

Und der Prediger spricht:[202] *Wo viel Weisheit ist, da ist viel Grämens: und, wer viel lehren muß, der muß viel leiden.*
Das letzte Mittel, welches die Weltweisheit in allen Nöthen vorschreibet, welches sie durchgängig billiget, ist dieses, daß man seinem Leben, wenn man es nicht mehr ausstehen kann, ein Ende machen soll: Placet? pare: Non placet? quacumque vis exi. - - - Pungit dolor? vel fodiat sane: si nudus es, da iugulum: sin tectus armis Vulcaniis, id est fortitudine, resiste.[203] Die Weltweisen bedienen sich bey dieser Gelegenheit des

198 Ach! meine lieben Freunde, sagte er, was habt ihr gemacht? Ihr habt mich umgebracht, an statt mich gesund zu machen, indem ihr mich eines so süssen Vergnügens beraubet, und mir einen höchst angenehmen Irrthum mit Gewalt entrissen habt. *Horat.* L. II. Ep. v. 138 u. f.
199 Diese ganze Geschichte ist aus dem *Athenäus* L. XII. zu Ende genommen. Sie stehet auch im *Aelian.* Var. Hist. L. IV C. 25. wo man aber für *Thrasylaus, Thrasyllus* findet.
200 *Ho adelphos autou kreitôn* etc. *Athenaeus* Eb. Das.
201 *Sophocles* in Aiace *Mastigophorô* v. 554.
202 C. I. v. 18.
203 In den ersten Worten: Placet? pare. Non placet? quacunque vis, exi: scheinet Montagne folgende Worte des Seneca nachgeahmet zu haben. Placet? Viue. Non placet? licet eo reuerti, vnde venisti. *Epist.* 70. Das übrige: pungitdolor u.s.w. ist aus dem *Cicero* Tusc. Quaest. L. II. C. 14. Hier sind beyde Stellen übersetzet: Gefället dir das Leben? Schicke dich also

griechischen Trinkgesetzes, Aut bibat, aut abeat[204]; welches aber in der Gasconischen Sprache,[205] die das B gerne in V verwandelt, besser als in des Cicero Sprache klinget.

> Viuere si recte nescis, decede peritis.
> Lusisti satis, edisti satis atque bibisti:
> Tempus abire tibi est, ne potum largius aequo
> Rideat, et pulset lasciua decentius aetas.[206]

Allein, was ist dieses alles anders, als ein Bekenntniß ihrer Ohnmacht? Weist sie uns nicht hiedurch zur Unwissenheit, um Schutz bey ihr zu suchen, sondern selbst zur Dummheit, zur Blödsinnigkeit, und zum Nichtsein.

---

darein. Gefällt dirs nicht? verlaß es, durch was für einen Weg du willst. – – – Sticht dich der Schmerz, oder martert er dich gar? Bist du nacket und unbewaffnet? so recke ihm den Hals hin. Bist du mit Vulcanischen Waffen, d.i. mit Herzhaftigkeit versehen, so widerstehe ihm.

204 Er muß trinken, oder weggehen. Diese Anwendung machet Cicero in folgenden Worten: Mihi quidem in vita seruanda videtur illa lex, quae in Graecorum conuiuiis obtinetur: Aut bibat, inquit aut abeat *Tusc. Quaest.* L. V. C. 41. Einige Kunstrichter lesen *obtinet,* an statt *obtinetur,* wie man in der Ausgabe der *Tusculanarum,* welche Herr Davis zu Cambridge besorget hat, sehen kann.

205 Diese Anmerkung von der Gasconischen Aussprache, die gerne das B in V verwandelt, gehet nicht weiter, als auf das Wort bibat. Sonst würde sie sich wegen des Wortes abeat nicht wohl hieher schicken, dessen B, wenn es ein V wäre, den Verstand verderben würde, welchen Montagne und Cicero diesem Sprüchworte geben wollen. Aut bibat, aut abeat.

206 Wenn du nicht zu leben weißt, so mache denen Platz, die zu leben wissen. Du hast genug gespielet, du hast genug gegessen und getrunken. Es ist Zeit, daß du fortgehest, sonst möchte dich die muthwillige Jugend verspotten und mißhandeln, wenn du dich volltränktest. *Horat.* L. II. Ep. 2. v. 213. u. f.

Democritum postquam matura vetustas
Admonuit memorem, motus languescere mentis.
Sponte sua letho caput obuius obtulit ipse.[207]

Antisthenes sagte so,[208] man müßte sich entweder mit Verstande, um die Dinge einzusehen, oder mit einem Stricke, um sich zu hängen, versorgen. Eben so sind die vom Chrysipp angeführten Worte des Poeten Tyrtäus zu verstehen: *Man muß sich der Tugend oder dem Tode nähern.*[209] Und Krates sagte,[210] der Liebe würde durch den Hunger, wenigstens durch die Zeit, abgeholfen: und wenn einem beyde Mittel nicht gefielen, durch den Strang. Eben der Sextius, dessen Seneca und Plutarch mit so vielem Ruhme gedenken, fiel mit Hintansetzung aller Dinge auf die Erlernung der Philosophie: entschloß sich aber endlich sich ins Meer zu stürzen, weil er sähe, daß sein Studiren allzu schläfrig und langsam gienge.[211] Er rannte, in Ermangelung der Wissenschaft, in den Tod. Das hierüber abgefaßte Gesetz lautet folgendermassen: Wenn sich von ungefähr ein grosser Unfall ereignet, dem man nicht abhelfen kann, so ist der Hafen nahe: man kann sich außer dem Leibe, so wie außer einem leckgewordenen Schiffe, mit Schwimmen helfen; denn, die Furcht vor dem Tode, und nicht die Liebe zum Leben, fesselt den Thoren an seinen Körper.

Gleichwie das Leben durch die Einfalt angenehmer wird: so wird es eben dadurch auch unschuldiger und besser, wie ich kurz vorher gesagt habe. Die Einfältigen und Ungelehrten, sagt der H. Paulus, schwingen und dringen sich in den Himmel: wir hingegen stürtzen uns mit aller unserer Wissenschaft in den höllischen Abgrund. Ich will weder den Valentinian, einen abgesagten Feind der Wissenschaften und Künste, noch den Licin, zween Römische Kaiser, welche sie alle beyde den Gift und die Pest eines Staates nannten, und noch weniger den Mahomet

---

207 So bald den *Demokrit* das Alter erinnerte, daß die Gemüthskräfte schwach zu werden anfiengen, reckte er dem Tode selbst den Kopf hin. *Lucret.* L. III. v. 1052. u. f. Edit. Michaël Maittaire. Lond. a. 1713.

208 *Plutarchus* de Stoicorum repugnantiis

209 *Eb. das.*

210 *Laerz* in dem Leben des Krates L. VI. Segm. 36.

211 *Plutarchus* Tr. Quomodo quis suos in virtute paranda profectus sentire possit.

erwähnen, der, wie ich gehöret habe, seinen Leuten die Wissenschaften verbothen hat. Ich berufe mich nur auf das Beispiel des großen Lykurgs, dessen Ausspruch gewiß von großem Nachdruck ist, und auf die göttliche Staatsverfassung der Lacedämonier, die so herrlich, so bewunderswürdig war, die ohne Anweisung und Uebung in den Wissenschaften so lange Zeit in Tugend und Glücke geblühet hat.

Diejenigen, welche aus der neuen Welt zurück kommen, die zu unserer Väter Zeiten von den Spaniern entdecket worden ist, können uns bezeugen, daß diese Völker ohne Obrigkeiten, und ohne Gesetze, weit schöner und weit ordentlicher leben, als bey uns geschieht, ungeacht unter uns mehr obrigkeitliche Personen und Gesetze, als Leute oder Handlungen sind.

> Di cittatorie piene e di libelli,
> D'essamine e di carte, di procure
> Hanno le mani e il seno, egran fastelli
> Di chiose, di consigli, et di letture,
> Per cui le faculta de pouerelli
> Non sono mai ne le citta sicure,
> Hanno dietro e dinanzi e d'ambi i lati,
> Notai, Procuratori, e Auvocati.[212]

Eben so sagt ein gewisser Römischer Rathsherr von den letzten Jahrhunderten der Republik,[213] ihren Vorfahren hätte der Knoblauch aus

212 Sie haben den Busen und die Hände voll Citationen, Bittschriften, Verhöre, Acten, und Vollmachten. Sie sind mit ganzen Säcken Glossen, rechtlichen Bedenken, und Protocollen beladen, die das arme Volk in den Städten niemals in Sicherheit lassen: und sind vorn und hinten, und auf beyden Seiten, mit Notarien, Procuratoren, und Advocaten umgeben, die sie niemals verlassen. *Orlando furioso* di M. Lodouico Ariosto, Cant. XIV. Stanz. 84.

213 Diese Stelle ist aus dem Varro, und man findet sie beym Nonius, unter dem Worte *Cepe* p. 201. Ed. Mercer. Nur wird daselbst keines Römischen Rathsherren gedacht. Hier sind Varrons eigene Worte; Aui et ataui nostri, quum allium ac cepe eorum verba olerent, tamen optume animati erant. Eben so wenig findet man hier auch das nicht, was Montagne dazu setzt! Gegentheils zu seiner Zeit u.s.w. ungeacht es sehr wahrscheinlich ist, daß Varro eben dieses gesaget oder sagen wollen. Sylla, Pompejus, Cäsar,

dem Halse gestunken, aber in dem Magen hätten sie den Muskus eines guten Gewissens gehabt: Gegentheils zu seiner Zeit röchen sie nur auswendig nach Specereyen, stänken aber innerlich nach allen Arten von Lastern. Dieß heißt meines Bedünkens so viel, sie wären zwar sehr gelehrt und geschickt: allein es fehlte ihnen sehr an Redlichkeit. Die Unhöflichkeit, Unwissenheit, Einfalt, und Unerfahrenheit, begleiten gemeiniglich die Unschuld: die Neugierde hingegen, die Spitzfindigkeit, und die Gelehrsamkeit ziehen die Bosheit nach sich. Die Demuth, die Furcht, der Gehorsam, die Frömmigkeit, welches die vornehmsten zur Erhaltung der menschlichen Gesellschaft dienlichen Stücke sind, erfordern eine leere, gelehrige, und bescheidene Seele.

Die Christen wissen am besten, daß die Neugierde ein dem Menschen natürliches und angeerbtes Uebel ist. Die Begierde an Weisheit und Einsicht zu nehmen, war der erste Verderb des menschlichen Geschlechts; durch diesen Weg, hat es sich in die ewige Verdamniß gestürzet. Der Hochmuth ist sein Unglück, und sein Untergang. Der Hochmuth machet, daß der Mensch die gemeinen Meinungen verläßt, daß er Neuerungen suchet, daß er lieber das Haupt eines irrenden, und auf dem Wege der Verdammniß herumschweifenden Haufens ist, daß er lieber ein Lehrer des Irrthums und der Lügen, als ein Lehrling in der Schule der Wahrheit wird, und sich durch eine fremde Hand auf den gebahnten und richtigen Weg führen und leiten läßt. Dieß soll ohne Zweifel der alte griechische Spruch anzeigen, *der Aberglaube folgt dem Hochmuthe, und gehorcht ihm wie seinem Vater. hê deisidaimonia kathaper patri tô typhô peithetai.*[214] Ach! Denken, wie nachtheilig bist du uns!

Da Sokrates die Nachricht erhielt, daß ihm der Gott der Weisheit den Namen eines Weisen beygeleget hätte, erstaunte er darüber.[215] Er durchsuchte und prüfte sich aufs beste, ohne einigen Grund von diesem göttlichen Ausspruche zu finden. Er kannte Leute, die eben so gerecht, eben so mäßig, eben so beherzt, und eben so gelehrt waren, als er: und andere, die beredter, schöner, und ihrem Lande nützlicher waren. Endlich

> Crassus, Augustus, diese geschickten Bösewichter, die Varro sehr wohl kannte, beweisen des Montagne Schluß nur allzuwohl.

214 Dieses ist einer von den sinnreichen Sprüchen des Sokrates, wenn man dem Stobäus glauben darf, der ihm denselben mit eben den Worten beyleget. *Serm.* XXII. p. 189.

215 Man sehe hievon *Platons* Apologiam Socratis. p. 360. 361.

schloß er, daß er in nichts von andern Leuten unterschieden, und nur deswegen weise wäre, weil er sich nicht dafür hielte: sein Gott müßte die Einbildung der Menschen, daß sie gelehrt und weise sind, für eine besondere Dummheit achten; seine beste Wissenschaft wäre die Erkenntniß seiner Unwissenheit, und die Einfalt seine größte Weisheit. Die heilige Schrift erkläret diejenigen unter uns für elend, die sich selbst hoch schätzen. Erde und Asche, saget sie, wessen kannst du dich rühmen? Gott hat den Menschen dem Schatten ähnlich gemachet: wer will davon urtheilen, wenn er wegen Entfernung des Lichts verschwunden ist? Wir sind nichts. Unsere Kräfte können die Hoheit Gottes so wenig begreifen, daß unter allen Werken unsers Schöpfers diejenigen, von denen wir das wenigste verstehen, die meisten ihm eigene Kennzeichen haben, und ihm vor andern zugehören. Die Christen finden allezeit eine Gelegenheit zu glauben, wenn sie etwas unglaubliches antreffen. Eine Sache ist um so viel vernünftiger, je mehr sie der menschlichen Vernunft widerspricht. Käme sie mit der Vernunft überein: so würde sie kein Wunder mehr seyn. Wenn es ähnliche Beyspiele davon gäbe: so würde sie nichts besonderes seyn. Melius scitur Deus nesciendo,[216] saget der *H. Augustin*. Und Tacitus[217] spricht: Sanctius est ac reuerentius de actis Deorum credere, quam scire. Plato hält dafür, es wäre eine Gottlosigkeit, wenn man sich allzu sorgfältig um Gott, um die Welt, und um die ersten Ursachen der Dinge bekümmerte. Atque illum quidem parentem huius vniuersitatis inuenire difficile: et, quum iam inueneris, indicare in vulgus, nefas, sagt Cicero.[218]

Wir reden von Macht, Wahrheit, Gerechtigkeit. Diese Worte bedeuten etwas großes: aber die Sache selbst sehen und begreifen wir nicht. Wir sagen, Gott fürchtet, Gott zürnet, Gott liebet.

---

216 Man erkennet Gott am besten, wenn man demüthig bekennet, daß man nicht weiß, was er ist. *Augustinus* L. II. De ordine. Hier sind seine eigene Worte: Non dico de summo illo Deo, qui scitur melius nesciendo.

217 Es ist weit heiliger und weit ehrerbietiger, wenn man die Werke glaubt, als wenn man denselben nachforschet. *De Morib. German.* C. 34.

218 Es ist schwer, den Vater dieses Ganzen zu finden: und, wenn man ihn gefunden hat, darf man ihn nicht dem gemeinem Haufen zeigen. *Ciceronis* Timaeus, siue de Vniuerso Fragment. C. 2.

> Immortalia mortali sermone notantes.[219]

Alles dieses sind Regungen und Bewegungen, die Gott gar nicht nach unserer Art zukommen können, und die wir uns nicht auf eine ihm anständige Art vorzustellen vermögen. Gott allein ist fähig sich selbst zu erkennen, und seine Werke auszulegen:[220] und thut dieses in unserer Sprache uneigentlich, um sich bis zu uns, die wir an der Erde kleben, zu erniedrigen und herab zu lassen. Wie kann ihm die Klugheit zukommen, die in der Wahl zwischen dem Guten und Bösen bestehet,[221] da bey ihm nichts Böses statt finden kann? Wie kann er die Vernunft und den Verstand besitzen, deren wir uns bedienen, wenn wir durch dunkele Begriffe zu deutlichen gelangen wollen; da für Gott nichts dunkel ist? Wie können wir ihm die Gerechtigkeit beilegen, die jedem, was ihm gebühret, giebt, und nur für die Gesellschaft der Menschen bestimmet ist? Wie können wir ihm die Mäßigung zuschreiben; da diese in der Enthaltung von den fleischlichen Lüsten bestehet, die sich bey Gott gar nicht denken lassen? Die Standhaftigkeit in Erduldung des Schmerzes, der Arbeit, der Gefährlichkeiten, schickt sich eben so wenig für ihn, weil diese drey Dinge Gott nicht betreffen können. Deswegen behauptet Aristoteles,[222] daß Gott sowohl von Tugenden, als von Lastern frey sey.

219 Wir drücken göttliche Dinge mit menschlichen Worten aus. *Lucret.* L. V. v. 122.

220 De noi non inteso, et sol se stesso intende, spricht ein Poet, und zwar vielleicht in diesem Stücke weit vernünftiger, als die tiefsinnigsten Weltweisen, und die gründlichsten Gottesgelehrten.

221 Montagne schreibet hier eine weitläuftige Stelle des *Cicero* ab, ohne ihn zu nennen. Qualem autem Deum intelligere nos possumus! Quid enim? Prudentiamne Deo tribuemus, quae constat ex scientia rerum bonarum et malarum? Cui mali nihil est, nec esse potest, quid huic opus est delectu bonorum et malorum? Quid autem ratione? Quid intelligentia? quibus vtimur ad eam rem, vt apertis obscura assequamur. At obscurum Deo nihil potest esse. Nam iustitia, quae suum cuique distribuit, quid pertinet ad Deos? Hominum societas et communitas iustitiam procreauit. Temperantia autem constat ex praetermittendis voluptatibus corporis: cui si locus in coelo est, est etiam in voluptatibus. Nam fortis Deus intelligi qui potest? in dolore an in labore, an in periculo? quorum Deum nihil attingit. *De Natur. Deor.* L. III. C. 15.

222 *Ethic. Nicom.* VII. I.

Neque gratia neque ira teneri potest, quod quae talia essent, imbecilla essent omnia.²²³

Der Antheil, welchen wir an der Erkenntniß der Wahrheit haben, mag noch so groß seyn: so haben wir denselben doch nicht durch unsere eigene Kräfte erlanget. Gott hat uns dieses genugsam durch Zeugen offenbaret, die er aus dem gemeinen Haufen erwählet hat: durch Einfältige und Unwissende, die uns in seinen bewundernswürdigen Geheimnissen unterrichtet haben. Unser Glaube ist kein von uns erworbenes Eigenthum, sondern ein lauteres Geschenk seiner Freygebigkeit. Wir haben unsere Religion nicht durch unser Nachdenken, oder durch unsern Verstand, sondern auf sein Gebot, und seinen Befehl. Die Schwäche unserer Urtheilskraft hilft uns mehr dabey, als ihre Stärke; und unsere Blindheit mehr, als unsere Scharfsichtigkeit. Wir gelangen eher vermittelst unserer Unwissenheit zu einer Erkenntniß göttlicher Dinge, als vermittelst unserer Wissenschaft. Es ist kein Wunder, wenn unsere natürliche und irdische Mittel diese übernatürliche und himmlische Erkenntniß nicht erreichen können. Wir brauchen, unsers Theils, nichts als Gehorsam und Unterwürfigkeit. Denn, so stehet geschrieben:²²⁴ *Ich will zu nichte machen die Weisheit der Weisen, und den Verstand der Verständigen will ich verwerfen. Wo sind die Klugen? Wo sind die Schriftgelehrten? Wo sind die Weltweisen? Hat nicht Gott die Weisheit dieser Welt zur Thorheit gemacht? Denn, dieweil die Welt durch ihre Weisheit Gott in seiner Weisheit nicht erkannte, gefiel es Gott wohl, durch thörichte Predigt selig zu machen, die so da glauben.*

Allein, ich muß doch endlich auch sehen, ob es in des Menschen Gewalt stehet, das Gesuchte zu finden: und ob ihn das Nachforschen, welches er nun seit so vielen Jahrhunderten fortgesetzet hat, noch mit einem einzigen neuen Vermögen, und mit einer einzigen gründlichen Wahrheit, bereichert hat. Ich glaube, daß er mir, wenn er nach seinem Gewissen reden will, bekennen wird, daß alles, was er durch ein so langes Nachsinnen gewonnen hat, darinnen bestehet, daß er seine Schwäche hat erkennen lernen. Wir haben die uns natürliche Unwissenheit durch unser langes Nachdenken noch bekräftiget und bestätiget.

---

223 Er ist weder des Zorns, noch der Liebe fähig: weil diese Regungen von nichts anders, als von der Schwachheit, herrühren. *Cic.* de Natur. Deor. L. I. C. 17.

224 1 Korinth. I. 19. u. f.

Es ist mit den wahrhaftig gelehrten Leuten eben so gegangen, wie es mit den Kornähren gehet. Diese heben und richten ihre Spitzen so lange gerad und keck empor, so lange sie leer sind: allein, wenn sie zur Zeit ihrer Reife mit grossen Körnern angefüllet werden, fangen sie an sich zu bücken, und nieder zu hängen. Eben so haben sich die Menschen, nachdem sie alles versuchet, alles ergründet, und unter diesem ganzen Haufen von Wissenschaft und Kenntniß so vieler verschiedenen Dinge nichts gründliches und beständiges gefunden haben, ihres Hochmuths entschlagen, und ihre natürliche Beschaffenheit erkannt. Vellejus wirft dem Cotta und dem Cicero vor, *sie hätten von dem Philo weiter nichts gelernet, als daß sie nichts gelernet hätten.*[225] Pherecydes, einer der sieben Weisen schrieb, als er sterben wollte, an den Thales, *Ich habe den Meinigen befohlen, daß sie, wenn sie mich begraben haben, meine Schriften dir überliefern sollen. Wenn sie dir und den andern Weisen gefallen; so gieb sie heraus: wo nicht, so unterdrücke sie. Sie enthalten keine Gewißheit, womit ich selbst zufrieden seyn könnte. Ich rühme mich auch nicht, daß ich die Wahrheit wüßte, oder erreicht hätte. Ich fange vielmehr die Sachen aufzudecken an, als daß ich sie völlig entdecken sollte.*[226] Der weiseste Mann, der jemals gewesen ist,[227] antwortete auf die Frage, was er wüßte. *Er wüßte, daß er nichts wüßte.*[228] Er bestätigte hierdurch, was man saget, daß der größte Theil desjenigen, das wir wissen, der geringste von demjenigen ist, das wir nicht wissen: das ist, daß selbst dasjenige, was wir zu wissen vermeynen, nur ein Theil, und zwar ein sehr kleiner Theil, derer uns unbekannten Dinge ist. Wir wissen die Sachen in der Einbildung, sagt Plato, und wissen sie nicht in der That. Omnes pene veteres nihil cognosci, nihil percipi, nihil sciri posse dixerunt: angustos sensus imbecilles animos, breuia curricula vitae.[229] Cicero selbst, der doch sein

225 Ambo, inquit, ab eodem Philone, nihil scire didicistis. Apud *Cic.* de Natur. Deor. L. I. C. 17. Dieser Philo, ein akademischer Philosophe, lebte zu Cicerons Zeiten, und hatte ihn zum Zuhörer.

226 Dieser Brief, er mag wahr oder untergeschoben seyn, steht beym Laerz. L. I. Segm. 122.

227 *Sokrates.*

228 Nihil se scire, dicebat, nisi id ipsum. *Cic.* Acad. Quaest. L. I. C. 4.

229 Fast alle Alten haben gesagt, wir könnten nichts erkennen, nichts begreifen, und nichts wissen: unsere Sinnen wären zur sehr eingeschränkt, unser Verstand wäre zu schwach, und unser Leben zu kurz. *Cic.* Acad. Quaest. L. I. C. 12.

ganzes Glück der Gelehrsamkeit zu danken hatte, fieng, wie Valerius sagt, in seinem Alter an, die Wissenschaften nicht mehr zu achten.[230]

230 Herr *de la Monnoye* hat mir gemeldet, daß vermuthlich ein übel verstandener Ausdruck des Valerius Maximus den Montagne auf die Gedanken gebracht habe, als hätte Cicero einmal aufgehöret die Wissenschaften hoch zu schätzen. Ich will seine Anmerkung, die sehr artig ist, von Wort zu Wort einrücken. »Anfänglich, saget er, setzt Valerius Maximus (L. II. C. 2. Art. 2) zum voraus, daß es die Römischen Magistratspersonen, ungeachtet sie gelehrt gewesen, für ihre Schuldigkeit erachtet, um das Ansehen ihres Staates zu erhalten, niemals eine andere, als die Römische Sprache zu reden; und suchet hierauf in dem folgenden Artikel die Verachtung zu rechtfertigen, welche Marius gegen die griechische Beredsamkeit blicken ließ, die sich doch bald darnach selbst in den Rath einschlich. Er setzt hinzu, daß der Redner Apollonius Molon unter allen Ausländern zu erst den Vorzug genossen, daß er ohne Dollmetscher angehöret wurde, und es habe viel zur Aufnahme der Beredsamkeit beygetragen, daß Cicero diesen Apollonius zum Lehrmeister gehabt. Hierauf preiset er, etwas ungeschickt, wie es scheinet, die Stadt Arpinum glücklich, daß sie den Marius, den einzigen berühmten Mann, der ein großer Verächter der Wissenschaften gewesen, und den Cicero, eine lebendige Quelle eben dieser Wissenschaften hervorgebracht. Der lateinische Text ist nicht so deutlich, und lautet folgendermassen: Conspicuae felicitatis Arpinum, siue vnicum litterarum gloriosissimum contemtorem, siue abundantissimum fontem intueri velis. Hier kann das Wort *vnicum* Gelegenheit zur Zweideutigkeit gegeben, und veranlasset haben, daß man den Cicero als den einzigen, und als den berühmten Mann von Arpinum angesehen hat, der zugleich eine reiche Quelle der Wissenschaften gewesen ist, und dieselben dennoch verachtet hat. Dieß muß wohl der Verstand seyn, den Montagne des Valerius Worten gegeben hat, und diesem Begriffe kömmt dieses stark zu statten, daß damals in allen Ausgaben an statt *Arpinum, Arpinas* stund, welches Wort, wenn es mit dem fons abundantissimus litterarum verknüpfet wird, den ganzen übrigen Theil der Periode auf die einzige Person des Cicero ziehet. Nachdem ich diese Anmerkung schon geschrieben hatte, fähret Herr *de La Monnoye* fort, habe ich gefunden, daß Agrippa im Anfang seiner Abhandlung: *de vanitate scientiarum,* dem Valerius Maximus eben den falschen Verstand andichtet, und ich glaube nunmehr fast eher, daß Montagne dieses nur aus dem Agrippa genommen hat.« Herr Barbeyrac erkläret die Sache etwas anders; und da seine Anmerkung sehr gegründet scheinet, so soll sie hier ebenfalls folgen. Man findet, spricht er, im Valerius Maximus, wie wir ihn gegenwärtig haben, nicht, daß Cicero jemals die Wissenschaften verachtet habe. Montagne hat dieses aus dem *Joannes Serisberiensis,* einem Schriftsteller des XII. Jahrhunderts, genommen, in

So lang er sie aber trieb, that er es, ohne sich an eine gewisse Parthey zu binden. Er nahm das, was ihm wahrscheinlich vorkam, bald von einer Sekte, bald von der andern an, und blieb immer bey dem Zweifeln der Akademie, Dicendum est, sed ita vt nihil affirmem, quaeram omnia, dubitans plerumque, et mihi diffidens.[231] Ich würde allzu sehr gewonnen Spiel haben, wenn ich den Menschen nach seiner gemeinen Beschaffenheit, und überhaupt, betrachten wollte: und dennoch könnte ich dieses nach seiner eigenen Regel thun, welche die Wahrheit nicht nach dem Gewichte, sondern nach der Anzahl der Stimmen schätzet. Wir wollen also den Pöbel übergehen,

> Qui vigilans stertit, (*Lucret.* L. III. v. 1061)
> Mortua cui vita est prope iam viuo atque videnti (*ibid.* v. 1059.)[232]

sich selbst nicht kennt, welcher sich nicht selbst beurtheilet, welcher den größten Theil seiner natürlichen Kräfte müßig läßt.

Ich will den Menschen in seiner größten Vollkommenheit betrachten. Wir wollen uns also nur die kleine Anzahl vortreflicher und auserlesener Männer vorstellen, welche die schöne und besondere natürliche Stärke, mit welcher sie begäbet gewesen sind, noch durch Studiren, durch Fleis,

> welchem man mehr dergleichen angeführte Stellen findet, die er aus einer vollständiger Abschrift genommen hat. Montagne aber hat hier sein Original nicht richtig abgeschrieben; denn desselben Worte lauten so: Ciceronem refert *Valerius* litteras contempsisse; et in contemtu ipso fuisse fontem abundantissimum litterarum, ob hoc forte quod Studium negotiis praeponebat (oder postponebat, wie am Rande stehet,) nam institit eis, etiam dum contempsit: *Policr.* L. VII. C. 12. p. 594. Ed. Lugd. Bat. 1639. Dieß heißt nicht, daß, nach dem *Valerius Maximus, Cicero* in seinem Alter angefangen habe, die Wissenschaften nicht mehr zu achten; sondern daß er sie schlechterdings verachtet habe, und dieser Verachtung ungeacht eine sehr reiche Quelle der Wissenschaften gewesen sey, weil er die Wissenschaften eben zu der Zeit, da er sie verachtet, getrieben.

231 Ich will dir antworten, *(saget er zu seinem Bruder)* aber ohne etwas gewiß zu behaupten. Ich will allen Dingen nachforschen, aber meistentheils zweifeln, und mir selbst nicht trauen. *Cic. De Diuination.* L. II. C. 3.

232 Welcher wachend schläft, welcher fast lebendig und mit sehenden Augen todt. *Montagne hat diese zween Verse versetzt, damit er sie besser zu seinem Vorhaben hat anwenden können.*

und Kunst vermehret und vergrößert, und auf den höchsten Gipfel der Weisheit gebracht haben, den sie jemals erreichen kann. Sie haben ihre Seele auf alle Art und Weise geübt, sie haben dieselbe mit aller fremden ihr anständigen Hülfe unterstützet und befestiget, und sie mit allen demjenigen bereichert und gezieret, was sie nur in und außer der Welt ihr anständiges haben finden können. Bey ihnen muß man also die größte Hoheit der menschlichen Natur suchen. Sie haben Policeyordnungen und Gesetze in der Welt gemachet. Sie haben dieselbe durch Künste und Wissenschaften, und überdieß noch durch das Beispiel ihrer bewundernswürdigen Sitten, unterrichtet. Nur diese Leute, und ihre Zeugnisse, und ihre Erfahrung, will ich zum Beispiele anführen. Wir wollen sehen, wie weit sie gekommen, und wo sie stehen geblieben sind. Die Schwachheiten und Fehler, die wir bey dieser Gesellschaft antreffen, wird die Welt kühnlich für die ihrigen erkennen können.

Wer etwas suchet, gelanget entweder so weit,[233] daß er saget, er habe das Gesuchte gefunden; oder es könnte nicht gefunden werden, oder er suchte es noch. Die ganze Philosophie theilet sich in diese drey Gattungen. Ihr Endzweck ist, die Wahrheit, die Wissenschaft und die Gewißheit, zu suchen. Die Peripatetiker, Epikurer, Stoiker, und andere haben sich eingebildet, dieselbe gefunden zu haben. Diese haben die Wissenschaften, welche wir haben, aufgebracht, und sie als gewisse Kenntnisse abgehandelt. Klitomachus, Karneades, und die akademischen Philosophen, haben alle Hofnung dieselbe zu finden aufgegeben, und geurtheilet, die Wahrheit könnte nicht durch menschliche Mittelbegriffen werden. Diese bleiben also bey der menschlichen Schwachheit und Unwissenheit stehen; und ihre Parthey hat den größten Beyfall gefunden, und die vornehmsten Anhänger gehabt.

233 Eben so fänget *Sextus Empirikus* ein berühmter Pyrrhonischer Philosoph, von dem Montagne vieles entlehnet hat, seine *Hypotyposes Pyrrhonianas* an: *Tais zêtousi ti pragma ê heureisin epakolouthein eikos ê arnêsin heureseôs kai akatalêpsias homologian, ê epimonên zêtêseôs.* Hieraus schließt er, wie Montagne, daß es überhaupt dreyerley Arten zu philosophiren gäbe, eine dogmatische, eine akademische, und eine skeptische. *Hoi men heurêkenai to alêthes ephasan, hoi de apephênanto mê dynaton einai, touto katalêphthênai, hoi de eti zêtousi. Einige versichern uns, daß sie die Wahrheit gefunden haben; andere sagen, es sey nicht möglich dieselbe zu begreifen; und andere suchen sie noch.*

Pyrrho, und andere Skeptiker oder Epechisten, deren Lehrsätze, wie viele der Alten geglaubt, aus dem Homer, den sieben Weisen, dem Archiloch, und Euripides genommen sind, und denen Zeno, Demokrit und Xenophanes beygepflichtet haben, sagen, sie wären noch die Wahrheit zu suchen beschäftiget. Diese halten dafür, daß diejenigen, welche sich die Wahrheit gefunden zu haben einbilden, gewaltig irren; daß aber auch die andere Gattung allzukühn und stolz ist, wenn sie versichert, die menschlichen Kräfte wären nicht zureichend die Wahrheit zu finden. Sie sprechen, es erforderte schon eine große und außerordentliche Wissenschaft, wenn man das Maas des Vermögens, die Schwierigkeit der Dinge zu erkennen und zu beurtheilen, bestimmen wollte; und sie glauben nicht, daß ein Mensch dazu fähig sey.

> Nil sciri quisquis putat, id quoque nescit,
> An sciri possit, quo se nil scire fatetur.[234]

Die Unwissenheit, die sich selbst kennt, die über sich selbst urtheilet, die sich selbst verdammt, ist keine völlige Unwissenheit: wenn sie es seyn soll, so muß sie sich selbst nicht kennen. Also bestehet der Pyrrhonischen Weltweisen ganzes Werk darinnen, daß sie wanken, zweifeln, und forschen, aber sich von nichts versichern, und sich von nichts überzeugt halten. Sie nehmen von den dreyen Wirkungen der Seelen, der Vorstellung, dem Begehren, und dem Beyfallen, die beyden erstem an. In Ansehung der letztern bleiben sie allezeit unentschlossen und gleichgültig; ohne sich auf eine Seite zu neigen, ohne einem oder dem andern Theile nur im geringsten bey zu stimmen. Zeno drückte die Art, wie er sich diese Eintheilung der drey Vermögen der Seele vorstellete, auf folgende Weise mit Geberden aus. Die ausgestreckte und öffne Hand deutete die Vorstellung eines Dinges an. Die halb geschlossene Hand, und die etwas gekrümmten Finger zeigten den Beyfall an. Die völlig zugedrückte Hand, bezeichnete das Begreifen; und wenn er endlich mit der linken Hand diese Faust noch fester zudrückte, das Wissen.[235]

234 Wer glaubet, man könne nichts gewiß wissen, muß nicht einmal wissen, ob man etwas wissen kann, weil er bekennet, daß er nichts weiß. *Lucret.* L. IV. v. 471.

235 Quum extensis digitis aduersam manum ostenderat, visum, inquiebat, *Zeno,* huiusmodi est: deinde, cum paullum digitos constrinxerat, assensus huiusmodi: tum cum plane compresserat, pugnumque fecerat, comprehen-

Da nun ihre Urtheilskraft so fest und unbeweglich bleibet, und alles, ohne Anwendung und Beystimmung annimmt: so leitet sie dieselben zu der *Ataraxie*. Diese bestehet in einer ruhigen und stillen Lebensart, die von allen heftigen Bewegungen frey ist, welche durch den Eindruck der Meynung und der Wissenschaft, die wir von den Dingen zu haben glauben, verursacht werden, aus welchen hernach die Furcht, der Geitz, der Neid, die unmäßigen Begierden, die Ehrsucht, der Hochmuth, der Aberglaube, die Liebe zu Neuerungen, der Aufruhr, der Ungehorsam, die Hartnäckigkeit, und die meisten Krankheiten des Leibes entstehen. Sie überheben sich hiedurch so gar der eifrigen Vertheidigung ihrer Lehrsätze. Denn sie streiten ganz gelassen. Sie befürchten bey ihrem Disputiren nicht, daß man sich etwa wieder an ihnen rächen möchte. Wenn sie sagen, das Schwere fiele zu Boden: so würde es ihnen sehr leid seyn, wenn man es ihnen glaubte. Sie verlangen, daß man ihnen widersprechen soll, damit Zweifel und Ungewißheit daraus entsteht, welches ihr Endzweck ist. Sie bringen ihre Sätze bloß zu dem Ende vor, um diejenigen zu bestreiten, die wir, ihren Gedanken nach, glauben. Wenn man ihre eigene Sätze annimmt: so werden sie sich eben so gerne das Gegentheil zu behaupten gefallen lassen. Alles ist ihnen einerley: sie wählen gar nicht. Nimmt man an, der Schnee sey schwarz: so beweisen sie dargegen, daß er weiß sey. Saget man, er sey keins von beyden: so müssen sie behaupten er sey beydes zugleich. Glauben wir aus einem gewissen Grunde, daß wir nichts davon wissen: so werden sie darauf bestehen, daß wir es wissen. Ja, wenn man endlich versichert, man zweifele daran: so werden sie darzuthun suchen, man zweifele nicht daran; oder könne nicht urtheilen und behaupten, daß man daran zweiflet. Und durch diesen hohen Grad des Zweifelns, der sich selbst umstößt, theilen und trennen sie sich in verschiedene Meynungen, die alle, aber nur auf verschiedene Art, den Zweifel und die Unwissenheit vertheidigen. Warum soll es uns, sprechen sie, nicht erlaubt seyn, eben so zu zweifeln, wie unter den Dogmatikern, einer eine Sache grün, der andere gelb nennet? Sollte man eine Sache, die uns zu bejahen oder zu verneinen, vorgelegt wird, nicht als zweifelhaft betrachten dürfen? Andere werden entweder durch ihre Landesgewohnheit, oder durch die

sionem illam esse dicebat: cum autem laeuam manum admouerat, et illum pugnum arcte vehementerque compresserat, scientiam talem esse dicebat. *Cic.* Acad. quaest L. IV C. 47.

Erziehung, oder von ungefähr, und gleichsam durch ein Ungewitter, ohne Ueberlegung und ohne Wahl, und so gar oft ehe sie ihren Verstand brauchen lernen, zu einer oder der andern Meynung, zur stoischen oder epikurischen Sekte, gebracht, an welche sie hernach fest gebunden und gleichsam angeheftet bleiben, (ad quamcunque disciplinam, velut tempestate, delati, ad eam, tanquam ad saxum, adhaerescunt.)[236] Warum soll es ihnen also nicht ebenfalls erlaubet seyn, ihre Freyheit zu behaupten, und die Sachen ohne Verbindlichkeit und ohne Sklaverey zu betrachten? Hoc liberiores et solutiores, quod integra illis est iudicandi potestas.[237] Ist dieses nicht schon Vortheil, daß sie sich von dem Zwange, welcher andere im Zaume hält, frey sehen? Ist es nicht besser, unschlüßig zu bleiben, als sich in so viele Irrthümer zu verwickeln, welche die menschliche Einbildung hervor gebracht hat? Ist es nicht besser, mit seinem Beyfalle zurück zu halten, als sich in so viele aufrührerische und zänkische Spaltungen einzulassen? Was soll ich wählen? *Was dir gefällt, wähle nur.* Eine thörichte Antwort: und dem ungeacht scheinet die ganze dogmatische Philosophie dahin zu zielen: weil sie uns nicht erlaubet, das, was wir nicht wissen, nicht zu wissen. Man erwähle die berühmteste Sekte: sie wird niemals so sicher seyn, daß man nicht, wenn man sie vertheidigen will, hundeiterley widerwärtige Partheyen angreifen und bestreiten müßte. Ist es also nicht besser, aus dem Handgemenge zu bleiben? Andern ist es erlaubt, des Aristoteles Meynung von der Ewigkeit der Seele so eyfrig als ihre Ehre und ihr Leben zu vertheidigen, und dem Plato hierinnen zu widersprechen, und ihn eines Irrthums zu beschuldigen: Warum soll es diesen verboten seyn, an derselben zu zweifeln? Wenn es dem Panätius frey stehet, mit seinem Urtheile von den Wahrsagen aus den Opfern, von den Träumen, von den Orakeln, und Prophezeyungen, zurück zu halten,[238] an welchen

---

236 Sie fallen der ersten Sekte bey, die sie finden; gleichwie sich ein Schiffbrüchiger an den ersten Felsen hält, der ihm vorkömmt. *Cic. Acad. Quaest. L. II. C. 3.*

237 Sie sind um so viel freyer, und ungebundener, weil das Urtheil noch völlig in ihrer Gewalt steht. *Eben das.*

238 Dieß ist aus dem *Cicero* genommen, dessen Worte also lauten: »Cum Panaetius princeps prope, meo quidem iudicio, Stoicorum, ea de re dubitare se dicat, quam omnes praeter eum Stoici certissimam putant, vera esse haruspicum auspicia, oracula, somnia, vaticinationes, seque ab assensu sustineat: quod is potest facere de iis rebus, quos illi a quibus ipse didicerit,

Dingen die Stoiker keineswegs zweifeln: warum sollte sich ein Weiser nicht eben das bey allen Dingen unterstehen, was sich dieser bey denen unterfängt, die er von seinem Lehrer gelernet hat, und welche die ganze Sekte, der er anhänget, und zu welcher er sich bekennet, einstimmig für wahr annimmt? Wenn ein Kind urtheilet, so weiß es nicht was es thut: urtheilet aber ein Weiser, so hat er Vorurtheile. Sie haben sich einen bewundernswürdigen Vortheil im Streite vorbehalten, da sie sich der Sorge für ihre Bedeckung entlediget haben. Sie bekümmern sich nicht darum, wenn ihnen der Gegentheil gleich eins versetzt, wenn sie ihm nur wieder einen Streich anbringen können. Sie machen sich alles zu Nutze. Ueberwinden sie; so wankt des Gegners Satz: werden sie überwunden, wankt der ihrige. Mißlingt es ihnen; so beweisen sie die Unwissenheit: mißlingt es dem Gegner; so beweiset er dieselbe. Wenn sie darthun können, daß man nichts gewiß weiß; so ist es gut: Können sie es nicht darthun, so ist es eben so gut. Vt quum in eadem re paria contrariis in partibus momenta inueniuntur, facilius ab vtraque parte assertio sustineatur.[239] Sie machen sich eine Ehre daraus, daß sie leichter finden können, warum eine Sache falsch, als warum sie wahr ist; eher, was nicht ist, als was ist; und was sie nicht glauben, als was sie glauben.

Sie bedienen sich folgender Redensarten: *Ich behaupte nichts gewiß, es ist eben so wenig so, als anders, oder es ist keines von beyden; ich begreife es nicht; das Ansehen ist auf beyden Seiten gleich; man hat eben so viel Ursache die Sache zu bejahen, als zu verneinen; nichts scheinet wahr zu seyn, das nicht auch falsch scheinen könnte.* Ihr Losungswort ist *epechô,* das ist, *ich halte zurück, ich bewege mich nicht.*[240] Diese oder andere dergleichen Reden wiederholen sie gemeiniglich oft, und zeigen hiedurch einen lautern, gänzlichen und recht vollkommenen Aufschub ihres Unheils an. Sie bedienen sich ihrer Vernunft, zum Nachforschen und zum Streiten, nicht zum Entscheiden und zum Wählen. Wer sich ein beständiges Bekenntniß der Unwissenheit, und eine Urtheilskraft einbilden kann, die sich bey keiner Gelegenheit auf eine Seite lenket und neiget, der stellet sich den Pyrrhonismus vor. Ich erkläre diese

certas habuerint, cur id sapiens de reliquis rebus facere non possit?« *Acad. Quaest.* L. II. C. 33.

239 Damit man, wenn sich bey einerley Sache auf beyden Theilen gleich starke Gründe finden, keinem Theile beyfällt. *Cic.* Acad. Quaest. L. I. C. vlt.

240 Ich lasse es dahin gestellet seyn, ich entscheide nichts.

Meynung, so viel mir möglich ist, weil viele glauben, sie wäre schwer zu begreifen; und weil sie die Urheber selbst etwas dunkel und verschiedentlich vorgetragen haben.

Im gemeinen Leben bezeigen sie sich nach der gemeinen Art.[241] Sie folgen den natürlichen Neigungen, dem Triebe und der Gewalt der Leidenschaften, den Verordnungen der Gesetze und Gewohnheiten, und den Vorschriften der Künste, Non enim nos Deus ista scire, sed tantummodo vti voluit.[242] Sie lassen diese Dinge ihre gemeinen Handlungen bestimmen, ohne einer Meynung beyzupflichten, oder zu urtheilen. Deswegen kann ich das, was man gemeiniglich vom Pyrrho saget, nicht wohl mit dieser Vorstellung zusammenreimen. Man malet ihn blödsinnig und unbeweglich ab, als einen Menschen, der ein wildes und ungeselliges Leben geführet, der keinem Wagen ausgewichen, der sich an Orte gewaget, wo er hätte hinunterstürzen können, und der sich nicht nach den Gesetzen richten wollen. Dieß heißt ihm mehr aufbürden, als seine Lehrsätze mit sich bringen. Er hat sich nicht zu einem Steine oder Klotze machen wollen:[243] er hat einen lebendigen, vernünftigen, und nachdenkenden Menschen vorstellen wollen, der alle natürliche Ergötzlichkeiten und Bequemlichkeiten geniesset, und sich aller seiner Leibes- und Seelenkräfte gehörig und ordentlich bedienet. Er hat sich nur der närrischen, eingebildeten, und falschen Vorrechte, die sich der Mensch angemaßet hat, zu regieren, zu verordnen, und feste zu setzen, im Ernste begeben und entschlagen.

Jede Sekte[244] muß ihrem Weisen, wenn er leben will, gezwungen erlauben allerhand mit zu machen, wenn er es gleich nicht einsieht, und

241 Dieses sagt Sextus Empirikus ausdrücklich und mit eben den Worten. *Pyrrh. Hypot.* L. I. C. XI. p. 6.

242 Denn, Gott hat nicht gewollt, daß wir diese Dinge verstehen, sondern daß wir sie gebrauchen sollen. *Cic.* de Diuinat. L. I. C. 18.

243 Montagne, der sich hier öffentlich, und zwar mit Rechte wider die blinde Sinnlosigkeit erkläret, die man dem Pyrrho Schuld gegeben hat, scheinet dieselbe an einem andern Orte zu erkennen, ungeacht sie ihm, wie er spricht, unglaublich scheinet. B. II. C. 29.

244 Montagne übersetzet hier bloß den Cicero: Man darf nur folgendes lesen, so wird man davon überzeuget werden. Etenim is quoque, qui a vobis sapiens inducitur, multa sequitur probabilia, non comprehensa, neque assensa, sed similia veri, quae nisi probet, omnis vita tollatur. Quid enim? Conscendens nauim sapiens, num comprehensum animo habet atque

nicht billiget. Wenn er sich aufs Meer begiebt, so führt er diesen Entschluß aus, ohne zu wissen, ob er ihm nützlich seyn wird: und sieht auf ein gutes Schiff, auf einen geschickten Steuermann, und auf bequemes Wetter, ob schon diese Umstände alle nur wahrscheinlich sind. Er muß sich darnach richten, und dem Scheinbaren folgen, wenn es nur keinen förmlichen Widerspruch in sich fasset. Er hat einen Leib, er hat eine Seele: die Sinne treiben ihn, der Geist setzet ihn in Bewegung. Er findet zwar das eigentliche und besondere Kennzeichen, der Urtheilskraft nicht in sich, und sieht gar wohl ein, daß er mit seinem Beyfalle zurück halten sollte, weil etwas falsches dem Wahren ähnlich seyn kann. Dem ungeacht beobachtet er seine Pflichten vollkommen und bequem. Wie viel giebt es nicht Künste, die ihrem eigenen Vorgeben nach mehr in Muthmaßung, als in Wissenschaft bestehen? die nicht entscheiden, was wahr oder was falsch ist, sondern bloß der Wahrscheinlichkeit nachgehen? Es giebt, sprechen sie, sowohl etwas wahres, als etwas falsches, und wir können dasselbe suchen, aber nicht nach dem Probiersteine bestimmen. Wir thun besser, wenn wir der Ordnung der Welt ohne Prüfung folgen. Eine von Vorurtheilen freye Seele, hat einen gewaltigen Vorsprung zur Gemüthsruhe zu gelangen. Hingegen Leute, die ihre Richter richten und tadeln, unterwerfen sich ihnen niemals pflichtmäßig.

Wie viel gelehriger und gehorsamer bezeigen sich nicht einfältige und mit keinem Vorwitz eingenommene Gemüther gegen die Religions- und Staatsgesetze, als die muntern Gemüther, die sowohl göttliche als menschliche Dinge meistern wollen? Unter allen menschlichen Erfindungen hat nichts so viel Wahrscheinlichkeit und Nutzen, als die Religion. Sie stellet den Menschen nacket und leer vor, so daß er seine natürliche Schwäche erkennet, daß er eine fremde Kraft von oben herab zu emp-

perceptum, se ex sententia nauigaturum? Qui potest? Sed si iam ex hoc loco proficiscatur Puteolos stadia triginta, probo nauigio, bono gubernatore, hac tranquillitate: probabile videatur se illuc venturum esse saluum. Huiusmodi igitur visis consilia capiet, et agendi, et non agendi: - - - et quaecunque res eum sie attinget, vt sit visum illud probabile, neque vlla re impeditum, mouebitur. Non enim este saxo sculptus, aut e robore dolatus. Habet corpus, habet animum: mouetur mente, mouetur sensibus, vt ei multa vera videantur. Neque tamen habere insignem illam, et propriam percipiendi notam: eoque sapientem non assentiri, quia possit eiusdem modi existere falsum aliquod, cuiusmodi hoc verum. *Acad. Quaest.* L. II. C. 31.

fangen bereit ist, daß er zwar aller menschlichen Weisheit beraubet, aber desto geschickter ist die göttliche Weisheit zu fassen; daß er seine Vernunft vernichtet, um dem Glauben desto mehr Raum zu geben; daß er weder ungläubig ist, noch eine den Gesetzen und dem gemeinen Herkommen entgegengesetzte Lehre einführet, sondern sich demüthig, gehorsam, gelehrig, fleißig, und als ein geschworner Feind der Ketzerey bezeigt, und folglich die eiteln und gottlosen durch falsche Sekten eingeführten Meynungen vermeidet. Ein solcher Mensch ist ein weisses Papier, auf welches der Finger Gottes alle ihm beliebige Züge malen kann. Je mehr wir uns Gott ergeben und anvertrauen, und uns selbst verläugnen, desto besser sind wir. Laß dir, sagt der *Prediger*, alles gefallen, was dir von Tage zu Tage begegnet, was für eine Gestalt und was für einen Geschmack es auch haben mag: Dominus nouit cogitationes hominum, quoniam vanae sunt.²⁴⁵

Also bekennen sich zwo von den drey Hauptsekten der Weltweisen ausdrücklich zu den Zweifeln, und zu der Unwissenheit: und man entdecket leicht daß die meisten Dogmatiker, welche die dritte Sekte ausmachen, nur deswegen das Ansehen einer gewissen Versicherung angenommen, weil sie auf diese Art eine bessere Figur zu machen geglaubt haben. Sie haben sich nicht sowohl bemüht, uns zu einer Gewißheit zu verhelfen, als vielmehr uns zu zeigen, wie weit sie der Wahrheit nachgejagt haben,²⁴⁶ quam docti fingunt magis, quam norunt. Timäus will dem Sokrates dasjenige, was er von den Göttern, der Welt, und den Menschen weiß, beybringen: und sagt, er wollte mit ihm, wie ein Mensch mit einem Menschen davon reden;²⁴⁷ und es wäre genug, wenn seine Gründe so wahrscheinlich als eines andern Gründe wären, weil die wahren Gründe weder in seiner, noch in eines andern Sterblichen Gewalt wären. Dieses

---

245 Der Herr weiß die Gedanken der Menschen, daß sie eitel sind. *Psalm* XCIV. 11.

246 Welche die Gelehrten vielmehr erdichten, als kennen.

247 *Ean oun ô Sôkrates, polla pollôn eipontôn peri Theôn kai tês tou pantos geneseôs, mê dynatoi gignômetha pantê pantas an, tous autous autois homologooumenous kai apêkribômenous logous apodounai, mê thaumasês. All' ean ara mêdenos hêtton parechômetha eikotas, agapan chrê. memnêmenon hôs ho legôn, hymeis te hoi kritai, physin anthrôpinên echomen, hôs te peri toutôn ton eikota mython apodechomenous, prepei mêden eti pera zêtein,* Plato in Timaeo. p. 526. G.

159 hat einer seiner Anhänger folgendermassen nachgeahmet,²⁴⁸ vt potero, explicabo: nec tamen vt Pythius Apollo, certa vt sint et fixa, quae dixero: sed, vt homunculus, probabilia coniectura sequens. Und dieses saget er, da die Rede von der Verachtung des Todes ist: von einer Sache, die ganz natürlich und gemein ist. An einem andern Orte hat er bey dergleichen Gelegenheit Platons eigene Worte übersetzet:²⁴⁹ Si forte, de Deorum natura ortuque mundi: disserentes, minus id quod habemus in animo consequimur, haud erit mirum. Aequum est enim meminisse, et me, qui disseram, hominem esse, et vos qui iudicetis: vt, si probabilia dicentur, nihil vitra requiratis. Aristoteles führt gemeiniglich eine große
160 Menge anderer Meinungen und anderer Gedanken an, um sie mit den seinigen zu vergleichen, und uns zu zeigen, wie viel weiter er gegangen, und wie viel näher er der Wahrscheinlichkeit gekommen ist. Denn, die Wahrheit gründet sich nicht auf das Ansehen und Zeugniß eines andern. Daher vermied Epikur sorgfältig, in seinen Schriften dergleichen anzuführen. Jener ist das Haupt der Dogmatiker, und dennoch sagt er, daß das viele Wissen Gelegenheit zum Zweifeln giebt. Man siehet, daß er sich oft wissentlich in eine so dicke und undurchdringliche Finsterniß verhüllt, daß man seine Meynung gar nicht errathen kann. Dieß ist in der That der Pyrrhonismus, und er nimmt nur zum Scheine einen entscheidenden Ton an. Man höre nur einmal, wie Cicero eines andern Meynung durch seine eigene erkläret. Qui requirunt, quid de quaque re ipse sentiamus: curiosius id faciunt, quam necesse est. - - - Haec in Philosophia ratio, contra omnia disserendi, nullamque rem aperte iudicandi, profecta a *Socrate*, repetita ab *Arcesila*, confirmata a *Carneade*,

248 Ich will mich so gut erklären, als ich kann: doch will ich meine Meynungen nicht für so gewisse und ungezweifelte Wahrheiten ausgeben, als wenn sie Apollo zu Delphis gesaget hätte. Ich werde als ein schlechter Mensch reden, der das wahrscheinlichste durch Vermuthungen heraus zu bringen sucht. *Cic.* Tusc. Quaest. L. I. C. 9.

249 Wenn wir von der Natur der Götter und dem Ursprunge der Welt reden, aber unsere Gedanken nicht sattsam ausdrücken können: so ist es kein Wunder, ihr müßt euch erinnern, daß ich, der ich das Wort führe, und ihr, die ihr darüber urtheilet, Menschen sind, damit ihr euch mit Wahrscheinlichkeiten begnüget, und wenn ich euch blosse Wahrscheinlichkeiten vorlege, nichts weiter verlanget. *Ciceronis* Timaeus seu de Vniuerso fragmentum. C. 3. Dieses ist eine sehr genaue Uebersetzung der unmittelbar vorher angeführten Stelle des *Plato*.

vsque ad nostram viget aetatem. – – – Hi sumus, qui omnibus veris falsa quaedam adiuncta esse dicamus, tanta similitudine, vt in iis nulla insit certe iudicandi et assentiendi nota.[250] Warum hat sich nicht nur Aristoteles, sondern auch der größte Theil der Weltweisen, der Dunkelheit beflissen, wenn sie nicht hiedurch ihrer nichtigen Materie ein Ansehen zu geben, und die Neugierde unsers Gemüthes aufzuhalten, gedacht haben, wenn sie ihr statt des Futters dieses hohle und trockne Bein zu nagen gäben? Klitomachus[251] versicherte, daß er aus des Kar-

250 Diejenigen, welche wissen wollen, was ich von jeder Sache denke, gehen mit ihrer Neugierde zu weit! – – – Diejenige Art die Weltweisheit zu treiben, da man über alles disputirt, und nichts gewiß entscheidet, die von dem Sokrates aufgebracht, vom Arcesilas wieder hergestellet, und vom Karneades bestätiget worden ist, hat bis auf unsere Zeiten geblühet. – – – Ich meines Orts, finde ebenfalls Geschmack daran, und halte dafür, daß das Falsche überall dergestalt mit dem Wahren vermischet, und ihm so ähnlich ist, daß man dasselbe aus keinem Merkmaale erkennen und unterscheiden kann. *Cic.* de Natur. Deor. L. I. C. 5.

251 Dieses hat Montagne in folgenden Worten des Cicero zu finden vermeynt: cuius *Calliphontis* sententiam *Carneades* ita studiose defensitabat vt eam probare etiam videretur: quamquam *Clitomachus* affirmabat *nunquam se intelligere potuisse, quid Carneadi probaretur:* Acad. Quaest. L. IV C. 45. Allein, dieses heißt nicht, Klitomachus hätte versichert, er habe aus den Schriften des Karneades niemals begreifen können, welcher Meynung Karneades zugethan gewesen. Es ist hier die Rede nicht von des Karneades Meynungen überhaupt, sondern von dem, was er zur Vertheidigung der besondern Meynung des Kalliphon von dem höchsten Gute des Menschen zu sagen gewohnt gewesen. Karneades war ein Akademiker: folglich konnte er nichts gewisses oder deutlich entscheidendes auf diese wichtige Frage antworten, und deswegen konnte Klitomachus niemals begreifen, was des Karneades Meynung hievon wäre. Kalliphon suchte das höchste Gut in der Wollust und in der Tugend zugleich, voluptatem et honestatem finem esse Callipho censuit. Dieß wollte nun Karneades ebenfalls behaupten, non quo probaret, sed vt opponeret Stoicis, nicht, um die Sache zu entscheiden, sondern nur die Stoiker vewirret zu machen. *Acad. Quaest.* L. IV C. 42. In eben diesem Buche erkläret uns Cicero verschiedene Meynungen des Karneades; und welches sehr merkwürdig dabey ist, er thut dieses bloß nach des Klitomachus Berichte. Iam explicata, saget er, tota Carneadis sententia, Antiochi ista corruent vniuersa. Nec vero quidquam ita dicam, vt quisquam id fingi suspicetur: a Clitomacho sumam, qui vsque ad senectutem cum Carneade fuit, homo et acutus, vt Poenus, et valde Studiosus ac diligens: »Wenn ich alles, was Karneades hievon ge-

neades Schriften niemals habe ersehen können, welcher Meynung er zugethan gewesen wäre. Warum hat Epikur die Leichtigkeit in den seinigen vermieden?²⁵² und warum hat Heraklit aus dieser Ursache den

dacht hat, erkläret haben werde: so werden alle diese Sätze des Antiochus (eines Stoikers) über den Haufen fallen. Damit man mich aber keiner Erdichtung beschuldiget: so will ich alles aus dem Klitomachus nehmen, der bis in sein Alter um den Karneades gewesen, auch als ein Karthaginenser, sehr scharfsinnig, und ein sehr fleißiger und arbeitsamer Mann gewesen ist.« *Acad. Quaest.* L. IV C. 31. Explicaui paulo ante, sagt Cicero, ferner C. 32. Clitomacho auctore quomodo ista Carneades diceret. »Ich habe kurz zuvor nach des Klitomachus Berichte erkläret, wie Karneades dieses gemeynet hat.« Cicero wiederholet dieses hernach, und nimmt es aus einem Buche, welches Klitomachus verfertiget, und dem Poeten Lucilius zugeschrieben hatte: accipe quemadmodum ea dicantur a Clitomacho, in eo libro, quem ad C. Lucilium scripsit Poetam, etc. *ibid.* Wie hätte also Cicero nachgehends den Klitomachus überhaupt können sagen lassen, er habe aus des Karneades Schriften niemals ersehen können, welcher Meynung er zugethan gewesen wäre? In der That hatte Klitomachus des Karneades Schriften nicht gelesen: denn Diogenes Laerz saget, daß außer einigen Briefen an den König Ariarathes in Kappadocien, die unter seinem Namen herum giengen, seine übrigen Gedanken in den Büchern seiner Schüler aufbehalten worden wären, und daß er selbst keine Schriften hinterlassen hätte. *Pherontai de autou epistolai pros Ariarathên ton Kappadokias basilea. Ta de loipa autou mathêtai synegrapsan, autos de katelipe mêden.* In *Vita Carneadis.* L. IV Segm. 65. Eben dieser Geschichtschreiber berichtet, daß Klitomachus, der über vier hundert Bücher geschrieben, sich besonders darauf beflissen habe, des Karneades Meynungen, dessen Nachfolger er war, zu erläutern. *Kai diedexato ton Karneadên kai ta autou malista dia tôn syngrammatôn ephôtisen.* Diog. Laert. in Vita Clitomachi. L. IV. Segm. 67

252 Das heißt: *Warum hat Epikur klar und verständlich zu schreiben vermieden?* pourquoy, heißt es im Französischen, a euité aux siens Epicurus, la facilité u.s.w. Montagne hat uns hier sagen wollen, daß sich Epikur in seinen Werken bemühet habe dunkel zu seyn. Allein, er hat sich selbst auf eine sehr verwirrte Art ausgedrückt: welches desto seltsamer ist, da er in der Edition vom J. 1588. in 4. ganz deutlich gesaget hatte: Warum hat Epikur besorget, daß man ihn verstehen möchte? pourquoy a craint Epicurus qu'on l'entendit? Uebrigens will ich hier nicht untersuchen, ob sich Epikur in der That in seinen Schriften mit Fleiß dunkel hat erklären wollen. Ich will nur so viel erinnern, daß Lucrez das Gegentheil an verschiedenen Stellen seines Gedichtes, besonders aber in den dreyen vom Montagne

Zunamen *skoteinos*²⁵³ bekommen? Die Dunkelheit ist ein Mittel, dessen sich die Gelehrten, wie die Taschenspieler, dazu bedienen, daß man die Nichtigkeit ihrer Kunst nicht entdecken soll; und womit sich die Dummheit der Menschen auch leicht befriedigen läßt.

164

> Clarus ob obscuram linguam magis inter inanes:
> Omnia enim stolidi magis admirantur amantque,
> Inuersis quae sub verbis latitantia cernunt.²⁵⁴

Cicero tadelt einige seiner Freunde,²⁵⁵ daß sie mehr Zeit auf die Sterndeuterkunst, auf die Rechtsgelehrsamkeit, auf die Disputirkunst, auf die Meßkunst wendeten, als diese Künste verdienten, und sie sich hiedurch von nützlichem und wichtigern Lebenspflichten abhalten liessen.²⁵⁶ Die Cyrenaischen Philosophen verachteten sowohl die Naturlehre, als die Disputirkunst. Zeno erkläret gleich zu Anfange seiner Bücher *vom gemeinen Wesen* alle freye Künste für unnütz.²⁵⁷ Chrysipp sagete,²⁵⁸

> angeführten Versen ausdrücklich und sehr deutlich versichert, wo er die dunkle und verwirrte Schreibart des Heraklit nur deswegen so scharf tadelt, um zu zeigen, daß sich sein Lehrmeister, Epikur, vor diesem Fehler in Acht genommen habe. Er ist der erste gewesen, *sagt er ausdrücklich an einem andern Orte,* der ein so glänzendes Licht aus der Finsterniß hervor zu bringen gewußt hat.
> E tenebris tantis tam darum extollere lumen.
> Qui primus potuit.
> L. III. v. 12.

253 *Der Dunkle.*

254 Durch die Dunkelheit seiner Sprache hat er sich (Heraklit) bey den Unwissenden berühmt gemacht: denn die Thoren lieben und bewundern nichts so sehr, als was sie unter einem Haufen verwirrter Worte versteckt finden. *Lucret.* L. I. v. 640. u. f.

255 *De Offic.* L. I. C. 6.

256 *Diogen. Laert.* in vita Aristippi L. II. Segm. 92.

257 *Diogen. Laert.* in vita Zenonis L. VII. Segm. 32.

258 Montagne muß das, was er dem Chrysipp zuschreibet, aus Plutarchs Abhandlung *de repugnantiis stoicorum* genommen haben. Allein, sein Gedächtniß hat ihn hier der Sachen nicht recht mehr erinnert. Denn Plutarch saget daselbst ausdrücklich, Chrysipp hätte erkannt, daß sich Plato und Aristoteles mit ganz besonderm Fleiß auf die Verbesserung der Vernunftlehre

165 Plato und Aristoteles hätten von der Vernunftlehre nur zum Zeitvertreibe geschrieben, und konnte nicht glauben, daß sie von einer so nichtigen Sache sollten im Ernste geredet haben. Plutarch sagt eben dieses von der Metaphysik, und Epikur hatte es auch noch von der Rede, Sprach, Dicht, und Meßkunst, und, die einzige Naturlehre ausgenommen, von allen andern Wissenschaften gesaget: gleichwie es auch Sokrates von allen sagte, und allein diejenigen, welche in die Sitten und das Leben Einfluß haben, ausnahm. Man mochte ihn fragen, was man wollte: so führte er den Fragenden allezeit zuerst darauf, daß er ihm von seiner vorigen und gegenwärtigen Lebensart Antwort geben mußte, die er prüfte und beurtheilte. Denn er hielt dafür, daß alles, was man sonst lernen könnte, diesem nachgienge, und überflüßig wäre. Parum mihi placent eae litterae, quae ad virtutem doctoribus nihil profuerunt.[259] Die meisten Künste sind eben deswegen von den Gelehrten verachtet worden. Allein, sie haben es nicht für undienlich erachtet, ihren Verstand an eben denjenigen Dingen zu üben, die keinen wahren Nutzen schaffen.

166 Uebrigens haben einige den Plato für einen Dogmatiker, andere für einen Zweifler, gehalten: einige aber in gewissen Stücken für einen Dogmatiker, und in gewissen Stücken für einen Zweifler. Sokrates, welcher die Hauptperson in seinen Gesprächen vorstellet, fragt immerfort, und erreget immer Streitigkeiten, legt dieselben aber niemals bey, befriediget niemals, und sagt, er besässe keine andere Wissenschaft, als die Wissenschaft zu widersprechen. Homer, ihr Urheber, hat ohne Unterscheid zu allen Sekten der Weltweisen den Grund gelegt, um zu zeigen, wie gleichgültig es ist, was wir für einen Weg nehmen.

Vom Plato entstunden, wie es heißt, zehen verschiedene Sekten. Und wirklich, wenn sein Vortrag nicht schwankend und nichts versichernd ist: so ist es nimmermehr einer.

Sokrates sagte, die Wehmütter hörten Kinder zu gebähren auf, wenn sie andern bey dem Gebähren an die Hand zu gehen anfiengen. Er, für

> geleget; und folglich sey es nicht wahrscheinlich, daß sie nur spielend und obenhin (*ek parergou kai paizontes*) von dem Ursprunge der Dinge, von dem höchsten Gute, von der Gerechtigkeit und den Göttern sollten geschrieben haben, wie sie Chrysipp ausdrücklich beschuldigte. Diese Anmerkung habe ich von dem Herrn *Barbeyrac*.

259 Diejenigen Wissenschaften gefallen mir nicht, welche die Lehrer nicht tugendhafter gemachet haben. *Sallust.* Bell Iugurthin. in der Rede des *Marius* p. 94. Edit. Maittairianae Lond. 1713.

seine Person, hätte sich zu Folge des ihm von den Göttern ertheilten Titels eines weisen Mannes, bey seiner männlichen und geistigen Liebe des Vermögens zu gebähren ebenfalls entschlagen, und begnügte sich den Gebährenden bey zu stehen und zu dienen, ihre Geburtsglieder zu öffnen, ihre Gänge zu schmieren, dem Kinde den Ausgang zu erleichtern, davon zu urtheilen, dasselbe zu baden, zu säugen, zu stärken, zu wickeln, und zu beschneiden, und sein Werkzeug[260] zu anderer Leute Vortheil oder Schaden zu üben und zu gebrauchen.

So verhält es sich mit den meisten Schriftstellern von dieser dritten Gattung, wie die Alten von den Schriften des Anaxagoras, Demokrit, Parmenides, Xenophanes, und anderer, beobachtet haben. Sie haben durchgängig und vorsätzlich eine zweifelhafte Schreibart gebraucht; und forschen vielmehr, als daß sie unterrichten: ob sie gleich zuweilen mit unter in einem dogmatischen Tone reden. Findet man nicht eben dieses auch bey dem Seneka und Plutarch? Wie vielmals reden sie nicht bald so, bald anders wenn man genau Acht giebt? Und diejenigen, welche die Rechtsgelehrten mit einander vergleichen wollen, möchten erstlich machen, daß dieselben mit sich selbst einig wären. Plato scheint mir die Art durch Gespräche zu philosophiren, mit gutem Bedachte geliebt zu haben, um seine eigenen verschiedenen und veränderlichen Gedanken desto anständiger andern in den Mund zu legen. Wer die Sachen verschiedentlich abhandelt, handelt sie eben so wohl ab, als wer es einförmig thut; und noch besser, nämlich ausführlicher und nützlicher. Wir sehen das Beispiel an uns. Die Urtheile sind das letzte bey einem dogmatischen und entscheidenden Vortrage. Gleichwohl erhalten auch die vortreflichsten, welche unsere Parlamente dem Volke vorlegen, und welche sehr geschickt sind die Ehrerbietung zu erhalten, die es dieser Würde, besonders wegen der Geschicklichkeit der Personen, welche dieselbe bekleiden, schuldig ist, ihre Schönheit nicht von dem Schlüsse, der bey ihnen etwas alltägliches und jedem Richter gemein ist, sondern vielmehr durch die Anführung und Entwickelung der verschiedenen und entgegengesetzten Beweisgründe, welche eine Rechtssache leidet. Die Philosophen nehmen ebenfalls die meiste Gelegenheit einander zu tadeln, von den Widersprüchen und Verschiedenheiten her, in welche sich jeder von ihnen verwickelt findet: entweder vorsätzlich, um zu zeigen wie schwankend der

---

260 Son engin, oder wie man in einer der letzten Ausgabe von 1659. gesetzt hat, son esprit, sein *Gemüth*.

menschliche Verstand bey allen Gegenständen ist; oder ohne sein Vorwissen, durch die Schlüpfrigkeit und Unbegreiflichkeit aller Gegenstände gezwungen. Was bedeutet der so oft gebrauchte Ausdruck: *In einem schlüpferichten und glatten Orte laßt uns unsern Beyfall zurückhalten?*[261] Denn, wie Euripides sagt,

Der Gottheit Werke machen uns
Nur allzu oft verwirrt.[262]

Und Empedokles pflegte, gleichsam aus einem göttlichen Triebe, und durch die Wahrheit gezwungen, oft in seinen Büchern die Worte einzustreuen: *Nein, nein, wir empfinden nichts, wir sehen nichts, alle Dinge sind uns verborgen, wir können von keinem einzigen mit Gewißheit sagen, wie es beschaffen ist.*[263] Eben so wie das Wort Gottes sagt: Cogitationes mortalium timidae, et incertae adinuentiones nostrae, et prouidentiae.[264]

Man darf sich nicht wundern, daß Leute, die etwas habhaft zu werden verzweifelt, nichts destoweniger Vergnügen an der Jagd gefunden haben. Das Studiren ist an und für sich eine sehr angenehme Beschäftigung. Ja, es ist so angenehm, daß die Stoiker, nebst den andern Wollüsten,

261 Das heißt: *was bedeutet der vom Plutarch, Seneka und andern Schriftstellern von diesem Range, so oft gebrauchte Ausdruck?* Montagne hat erst in der letzten bey seinem Leben erschienenen Ausgabe die Worte: *Diejenigen, welche die Rechtsgelehrten,* u.s.w. bis *gezwungen,* eingeschoben, welche sehr geschickt sind, einen Leser gänzlich von der Bahn ab zu bringen. Uebrigens finden sich die Worte: *In einem schlüpfrichten und glatten Orte laßt uns unsern Beyfall zurück halten,* wirklich bey dem *Plutarch* in der Abhandlung de Defectu Oraculorum.

262 Diese Worte sind ebenfalls aus Plutarchs erst angeführter Schrift, und Montagne hat sich Amyots Uebersetzung bedient.

263 – – *Out' epiderkta ta d'andrasin, out' epakousta,*
Oute noô perilêpta.
(Apud *Sext. Empir.* adu. Mathem. p. 160.) welches man bey dem *Cicero,* Quaest. Acad. L. IV c. 5. woraus es Montagne abgeschrieben hat, folgendergestalt übersetzt findet: *Empedocles* quidem, vt interdum mihi furere videatur, exclamat: *Abstrusa esse omnia, nihil nos sentire. nihil cernere, nihil omnino, quale sit, posse reperire.*

264 Der sterblichen Menschen Gedanken sind mißlich, und unsere Anschläge sind fährlich. *Buch der Weisheit.* C. IX. v. 14.

auch diejenige verbothen haben, welche von der Gemüthsübung herkömmt: daher sie verlangen, daß man dieselbe im Zaume halten soll, und das viele Wissen für eine Unmäßigkeit ausgeben.

Als Demokrit bey Tische Feigen gespeiset hatte, welche nach Honig schmeckten, fieng er geschwind nach zu denken an, woher sie diese unge-wöhnlidie Süßigkeit hätten. Er stund daher vom Tische auf, um davon Licht zu bekommen,[265] und um die Gelegenheit des Ortes, wo diese Feigen gewachsen waren, in Augenschein zu nehmen. Seine Magd lachte, als sie die Ursache dieses Aufstands erfuhr; und sagte zu ihm, er möchte sich deswegen keine Mühe machen, denn die Ursache wäre, daß sie dieselben in ein Gefäße gelegt hätte, in welchem Honig gewesen wäre. Er ärgerte sich darüber, daß sie ihm die Gelegenheit zu dieser Untersuchung genommen, und seiner Neugierde den Stoff geraubet hatte. Geh weg, fieng er an, du hast mir einen Verdruß gemacht: indessen will ich doch die Ursache eben so suchen, als wenn sie natürlich wäre. Er würde gerne einen wahren Grund von einer falschen und erdichteten Wirkung gefunden haben. Diese Erzählung von einem großen und berühmten Weltweisen, stellet uns sehr deutlich die Studirsucht vor Augen, die uns Dingen nach zu trachten veranlaßt, welche zu finden wir gar keine Hofnung haben. Plutarch erzählet ein ähnliches Beispiel von einem, welcher wegen einer zweifelhaften Sache kein Licht verlangte, weil er das Vergnügen dasselbe zu suchen nicht verlieren wollte. Eben so wollte sich ein anderer von seinem Arzte nicht die fieberhafte Hitze vertreiben lassen, damit er das Vergnügen, dieselbe durch Trinken zu dämpfen, nicht einbüßete. Satius est superuacua discere, quam nihil.[266]

Gleichwie bey allem Essen öfters weiter nichts, als die Lust ist; und gleichwie nicht alles wohlschmeckende auch nahrhaft und gesund ist: eben so ist das, was unser Gemüth aus der Wissenschaft zieht, zwar allezeit sehr angenehm, aber nicht allezeit zur Nahrung bequem, und

265 *Plutarch.* Quaest. conuiual. L. I. Quaest. 10. Diese Anführung, die ich so gleich in Baylens kritischem Wörterbuche, neuester Ausgabe, in dem Artikel Demokrit Anmerk. T. gefunden habe, ist sehr richtig. Seit der Zeit habe ich vom Herrn de la Monnoye erfahren, daß Montagne dem Amyot und Xilander gefolget, und den Demokrit Feigen essen läßt, daß er gegentheils beym Plutarch *eine Gurke ton sikyon* und nicht *to sykon* eine Feige ißt. Bayle hat dieses Versehen in Amyots Uebersetzung nicht angemerket.

266 Es ist besser entbehrliche Dinge zu wissen, als nichts zu wissen. *Seneca* Epist. 88.

heilsam. Die Weltweisen sprechen: die Betrachtung der Natur ist eine rechte Weyde für unsere Gemüther, sie erhebt und vergrößert uns, und bringt uns gegen die niedern und irdischen Dinge in Vergleichung der höhern und himmlischen Verachtung bey: die Untersuchung verborgener und grosser Dinge ist höchst angenehm, wenn sie auch weiter nichts hilft, als daß man ehrerbietiger und vorsichtiger davon urtheilen lernt. Diese Sprache müssen sie nach ihrer Lebensart führen. Das eitle Bild dieser schädlichen Neugierde findet man noch deutlicher in folgendem Beyspiele, welches sie Ehrenhalber so oft im Munde führen. Eudox[267] wünschte, und bath die Götter, er möchte gerne einmal die Sonne in der Nähe, ihre Gestalt, ihre Größe, und ihre Schönheit sehen; wenn er auch zur Strafe dafür plötzlich verbrannt werden sollte. Er will also mit Verlust seines Lebens eine Wissenschaft erlangen, deren Nutzung und Besitz ihm zugleich genommen werden soll; und wegen dieser schnellen und flüchtigen Erkenntniß alle andere verlieren, die er wirklich besitzt, oder erlangen kann.

Ich kann mich nicht leicht bereden, daß uns Epikur, Plato, und Pythagor, ihre Atomen, ihre Ideen, und ihre Zahlen, im Ernste haben einschwatzen wollen. Sie waren allzu weise, als daß sie ihre Glaubensartikel auf so Ungewisse und streitige Dinge hätten bauen sollen. Jeder von diesen großen Männern hat sich, bey der Dunkelheit und Unwissenheit der Welt, wenigstens ein Bild des Lichtes, es mochte seyn wie es wollte, zu bringen bemühet. Sie haben auf Erfindungen gedacht, die wenigstens dem Ansehen nach angenehm und scharfsinnig wären; und die sich, wenn sie gleich falsch wären, dennoch wider die Einwürfe vertheidigen liessen. Vnicuique ista pro ingenio finguntur, non ex scientiae vi.[268]

Ein Alter, welchem man vorwarf, daß er sich auf die Weltweisheit legte, auf welche er doch im Herzen nicht viel Staat machte, gab zur Antwort, dieses hieße eben die Weltweisheit wahrhaftig treiben. Sie haben alles betrachten, alles erwägen wollen; und diese Beschäftigung, der uns

---

267 *Plutarch.* in Comment. *Ne suauiter quidem vini posse secundum Epicuri decreta.* Man findet das Leben des Eudoxus, eines berühmten Pythagorischen Weltweisen, der mit dem Plato zu einer Zeit gelebt hat, bey dem *Laerz.* L. VIII. Segm. 86. 91.

268 Jeder dichtet dergleichen, nachdem er Witz besitzt, und nicht Kraft seiner Wissenschaft. *M. Seneca* Suasoriarum Lib. vno. Suasor. IV.

von Natur eingepflanzten Neugierde gemäß befunden. Einige Dinge, als ihre Religionen, haben sie zum besten des gemeinen Wesens geschrieben; und in dieser Betrachtung ist es sehr vernünftig gewesen, daß sie über den gemeinen Meinungen nicht so gar sehr gegrübelt haben, um die Unterwürfigkeit gegen die Gesetze und Landesgewohnheiten nicht zu stören. Plato bedienet sich dieses Kunstgriffs ganz unverholen. Wenn er für sich schreibt, schreibt er nichts gewisses vor. Wenn er einen Gesetzgeber vorstellet, nimmt er eine gebieterische und versichernde Schreibart an; mischet aber gleichwohl kühnlich seine tollsten Erfindungen mit ein, die eben so geschickt das Volk zu bereden, als unfähig sind ihn selbst zu überzeugen: denn er wußte gar wohl, wie geneigt wir sind, alle Eindrücke, und vor andern die wildesten und ungeheuersten, an zu nehmen. Daher läßt er sich in seinen *Gesetzen* sehr angelegen seyn, daß man öffentlich keine andern Gedichte singen soll, als in welchen die Fabeln auf einen nützlichen Endzweck abzielen: denn da es so leicht ist, dem menschlichen Gemüthe alle Grillen einzuprägen, so würde es eine Unbilligkeit seyn, wenn man dasselbe nicht vielmehr mit lehrreichen, als mit unnützen und schädlichen Unwahrheiten, abspeisen wollte. Er sagt in seiner *Republik* ganz frey, *man müßte die Menschen ihres eigenen Bestens wegen öfters hintergehen.*[269] Man kann leicht erkennen, daß einige Sekten mehr auf die Wahrheit, andere mehr auf die Nützlichkeit, gesehen haben: und hiedurch haben sich die letztern eben in Ansehen gesetzt. Wir sind in so elenden Umständen, daß öfters dasjenige, was sich unserer Einbildung als das wahrhafteste vorstellet, sich unserm Leben nicht zugleich als das nützlichste vorstellet. Die kühnsten Sekten, die Epikurische, Pyrrhonische, und die neue Akademische, sind dennoch gezwungen, wenn es um und um kömmt, sich den bürgerlichen Gesetzen zu unterwerfen. Es giebt andere Gegenstände, die sie theils rechts, theils links gedrehet haben, und wobey sich jeder bemühet hat, denselben mit Rechte oder Unrechte ein anderes Ansehen zu geben. Sie wollten von allem, und wenn es auch noch so verborgen war, reden: und sahen sich daher gezwungen, öfters schwache und thörichte Muthmaßungen zu erdichten: nicht, als wenn sie selbst darauf gebauet, oder eine Wahrheit fest gesetzet hätten, sondern bloß um sich im Nachdenken zu üben. Non tam id sensisse, quod dicerent, quam exercere ingenia materiae

---

269 *Sychnô tô pseudei kai tê apatê kindyneuei hêmin – – deêsein chrêsthai tous archontas ep' ôreleia tôn archomenôn. De Republ.* L. V. p. 459. C.

difficultate videntur voluisse.²⁷⁰ Wenn man die Sache nicht von dieser Seite betrachtete: wie wollten wir die große Unbeständigkeit, Verschiedenheit, und Nichtigkeit der Meinungen, welche diese vortrefliche und bewundernswürdigen Seelen aufgebracht haben, entschuldigen? Denn, zum Exempel, was kann unbesonner seyn, als von der Gottheit nach unsern Aehnlichkeiten und Vermuthungen zu rathen; verlangen, daß sie, und die Welt, sich nach unserer Fähigkeit und unsern Gesetzen richten soll; uns der wenigen Fähigkeit, die uns Gott verliehen hat, wider ihn selbst zu bedienen; und ihn, weil wir nicht bis in seinen glorreichen Sitz sehen können, hernieder in unser Verderben und Elend ziehen wollen?

Unter allen menschlichen und alten Meynungen, welche die Religion betreffen, scheint mir diejenige die wahrscheinlichste und am ersten zu entschuldigen zu seyn, welche erkennt, daß Gott eine unbegreifliche Macht, die Quelle und Erhalterinn aller Dinge, lauter Güte, lauter Vollkommenheit ist, daß er die Ehren- und Dienstbezeigungen, welche ihm die Menschen leisten, unter was für einer Gestalt, unter was für einem Namen, und auf was für Art es auch geschehen mag, gnädig aufnimmt.

> Juppiter omnipotens rerum, Regumque Deumque
> Progenitor, genitrixque.²⁷¹

Dieser Eifer ist durchgängig von dem Himmel mit gnädigen Augen angesehen worden. Alle Staate haben Vortheil von ihrer Frömmigkeit gehabt. Gottlose Menschen und Handlungen haben allezeit ihren verdienten Lohn bekommen.

Die heydnischen Geschichte erkennen in ihren erdichteten Religionen Anständigkeit, Ordnung, Billigkeit, und zu ihrem Nutzen und Unterrichte angewendete Wunderzeichen und Orakel. Vielleicht hat Gott aus Barmherzigkeit durch diese zeitliche Wohlthaten die zarten Keimen einer

---

270 Sie haben, dem Ansehen nach, nicht so wohl das, was sie sagen, geglaubt, als den Verstand durch schwere Materien üben wollen.

271 *Allmächtiger Jupiter, Vater und Mutter aller Dinge, der Könige und Götter.* Die lateinischen Verse, die vom Valerius Soranus sind, hatte Varro erhalten, aus welchem sie der H. *Augustin* in seinem Werke De ciuitate Dei, L. VII. c. 9. 11. angeführt hat.

ziemlich rohen Erkenntniß, welche ihnen die natürliche Vernunft mitten unter den falschen Bildern ihrer Träume von ihm gab, erhalten wollen. Diejenigen, welche der Mensch aus eigner Erfindung erdichtet hat, sind nicht allein falsch, sondern auch gottlos und lästerlich.

Unter allen Gottesdiensten, welche der H. Paulus zu Athen im Schwange gehend fand, schien ihm derjenige, wo sie eine verborgene und unbekannte Gottheit verehrten, am ersten Entschuldigung zu verdienen.[272]

Pythagor schilderte die Wahrheit am besten ab, und hielt dafür, die Erkenntniß dieser ersten Ursache und des Wesens aller Wesen, müßte unbestimmt, uneingeschränkt, und unerklärt bleiben; sie wäre weiter nichts, als das äußerste Bestreben unsrer Einbildungskraft nach der Vollkommenheit, indem jeder derselben Begrif nach seiner Fähigkeit erweiterte. Allein, wenn sich Numa vorgenommen hat, den Gottesdienst seines Volkes nach diesem Entwurfe einzurichten, und dasselbe an eine Religion, die bloß den Verstand beschäftiget, die keinen bestimmten Gegenstand hat, und mit nichts körperlichen vermischt ist, zu binden: so hat er sich eine sehr vergebliche Sache vorgenommen.

Das menschliche Gemüth kann nicht immerfort unter der unendlichen Menge ungestalter Gedanken herum irren: es muß sich ein gewisses Bild nach seiner Fähigkeit machen. Die göttliche Majestät hat sich auf diese Art uns zu Liebe gewissermaßen in körperliche Schranken bringen lassen. Ihre übernatürliche und himmlische Sacramente haben Kennzeichen unsers irdischen Wesens an sich. Wir verehren sie durch sinnliche Handlungen und Worte: denn es glaubt und betet ein Mensch. Ich übergehe hier die andern Beweisgründe, deren man sich hiebey bedient. Allein, man wird mich schwerlich bereden, daß der Anblick unserer Crucifixe und die Abschilderung dieser erbärmlichen Todesstrafe, daß die Zierrathen und Ceremonien unserer Kirchen, daß die mit der Andacht unserer Gedanken übereinkommende Stimmen, und die Rührung der Sinnen, nicht in der Seele des Volks eine heilige und sehr nützliche Leidenschaft erregen sollten.

Unter denenjenigen, welche bey der allgemeinen Blindheit Körper göttlich verehret haben, würde ich, wie ich glaube, denen am liebsten beygetreten seyn, welche die Sonne angebetet haben,

---

272 *Apost. Gesch.* Cap. XVII. v. 23.

Dieß große Sonnenlicht, dieß Auge aller Welten.
Und legt dem Ewgen man ein sterblich Auge bey:
Wer weiß? ob es nicht dann ihr reges Feuer sey;
Das uns belebt, uns nährt, das unsre Wohlfarth bauet
Und das auf unser Thun von fernen Tiefen schauet:
Die Sonne, die das Jahr in seine Stufen theilt,
Nach den zwölf Zeichen sie in ihrem Lauf durcheilt;
Die selbst dieß weite Rund mit ihrer Kraft erfüllet,
Und dicke Nebel trennt, die unsern Blick verhüllet,
Die Seele dieser Welt, die feurgen Fackeln gleicht
Und täglich ihren Kreis des Himmelsbahn durchstreicht:
Sie, übermäßig groß, rund, fest, stäts im Wanken
Hat unter ihrem Fuß die ganze Welt zu Schranken:
Sie, ruhig ohne Ruh, läuft, mäßig, doch geschwind,
Gebiert den Tag, und ist der Schöpfung erstes Kind.

Denn sie ist außer ihrer Größe und Schönheit, derjenige Theil dieser Maschine, den wir in der größten Entfernung von uns entdecken; und daher so wenig bekannt, daß sie Verzeihung verdienten, wenn sie dieselbe bewunderten und verehrten.

Thales, welcher zu erst dergleichen Materie untersuchte,[273] hielt Gott für einen Geist, der alles aus Wasser machte. Anaximander glaubte,[274] die Götter würden zu verschiedenen Zeiten gebohren, und stürben auch wieder, und dieses wären die der Zahl nach unendliche Welten. Anaximenes[275] hielt die Luft für Gott, und glaubte, sie sey entstanden, unermeßlich, und in stätiger Bewegung. Anaxagoras[276] ist der erste gewesen, welcher dafür gehalten hat, der Entwurf und die Einrichtung aller Dinge käme von der Kraft und Vernunft eines unendlichen Geistes her. Alk-

---

273 *Cicero de* Natura Deorum, L. I. c. 10. *Thales,* – qui primus de talibus rebus quaesiuit, aquam dixit esse initium rerum: Deum autem eam Mentem quae ex aqua cuncta fingeret.

274 *Anaximandri* – – opinio est, natiuos esse Deos, longis interualtis Orientes occidentesque eosque innumerabiles esse mundos. *Cic.* ibid.

275 *Anaximenes* Aera Deum statuit, esseque immensum, et infinitum, et semper in motu. *Id.* ibid.

276 *Anaxagoras* – primus omnium rerum descriptionem et modum Mentis infinitae vi ac ratione designari et confici voluit. *Id.* ibid. c. XI.

mäon[277] hat der Sonne, dem Monde, den Sternen, und der Seele, eine göttliche Natur zugeschrieben. Pythagor[278] hat sich Gott als einen durch die ganze Natur ausgebreiteten Geist vorgestellet, von welchen unsere Seelen Theile sind. Parmenides[279] behauptete Gott sey ein Kreis, welcher den Himmel umgäbe, und die Welt durch die Wärme des Lichts erhielte. Empedokles[280] sagte, die vier Naturen, aus welchen alle Dinge gemacht sind, wären Götter. Protagoras[281] wußte nicht zu sagen, ob es Götter gäbe oder nicht, und was für Eigenschaften sie hätten. Demokrit[282] sagte bald, die sich herumbewegenden Bilder, bald die Natur, von welcher diese Bilder ausfließen, bald unsere Wissenschaft und Erkenntniß, wären Götter. Plato[283] trägt seinen Glauben verschiedentlich vor. In dem Timäus sagt er, der Vater der Welt könnte nicht genannt werden: in den Gesetzen, man dürfte nicht nach seinem Wesen forschen: und anderwärts, in eben diesen Büchern, macht er die Welt, den Himmel, die Sterne, die Erde, und unsere Seelen, zu Göttern, und nimmt überdieß noch diejenigen an, die von alten Zeiten her in jeder Republik angenom-

---

277 Crotoniates *Alcmaeo* Soli Lunae, reliquisque sideribus, animoque praeterea, diuinitatem dedit. *Id. ibid.*

278 *Pythagoras* Deum Animum esse per naturam rerum omnium intentum et commeantem, quo animi nostri carperentur. *Id. ibid.*

279 *Parmenides* – – continentem ardore lucis orbem, qui cingit caelum, appellat Deum. *Cic. ibid.*

280 *Empedocles* – – quatuor naturas, ex quibus omnia constare censet, diuinas esse vult. *Id. ibid. c. XII.*

281 *Protagoras* sese negat omnino de diis habere quod liqueat, sint, non sint, qualesue sint. *Id. ibid.* Er fieng eines von seinen Werken mit folgenden Worten an: *Peri Theôn oute ei eisin, outh' hopoioi tines eisi, dynamai legein. Sext. Empiricus* aduersus Mathemat. L. VIII. p. 310. *Ich weiß nicht ob Götter sind, und was sie sind.* Protagoras war ein Sophiste aus Abdera.

282 *Democritus* tum imagines earumque circuitus in Deorum numero refert: tum illam naturam quae imagines fundat ac mittat: tum scientiam intelligentiamque nostram. *Id. ibid.*

283 De *Platonis* inconstantia longum est dicere; qui in *Timaeo* Patrem uius mundi nominari neget posse; in *Legum* autem libris, quid sit omnino Deus inquiri oportere non censeat. Idem et in *Timaeo* dicit et in *Legibus*. et Mundum Deum esse, et Caelum, et Astra, et Terram, et Animos, et eos, quos maiorum institutis accepimus. *Id. ibid.*

men worden sind. Xenophon[284] zeigt, daß eben solche Unordnung in des Sokrates Lehren gewesen: bald läßt er ihn sagen, man dürfte nicht nach dem Wesen Gottes fragen, bald daß die Sonne Gott ist, und daß die Seele Gott ist: einmal läßt er ihn behaupten, daß nur ein einziger ist; und hernach wieder, daß es deren viele giebt. Speusipp, Platons Neffe,[285] macht Gott zu einer gewissen Kraft, welche die Dinge regiert, und thierisch ist. Aristoteles[286] sagt bald, Gott sey ein verständiges Wesen, bald die Welt sey Gott: bald giebt er dieser Welt einen, andern Herrn; bald macht er Gott zu dem Feuer des Himmels. Xenokrates[287] macht acht Götter; die fünfe, die Planeten genannt werden; der sechste ist aus allen Fixsternen, wie aus Gliedmaßen, zusammengesetzt; der siebende und achte sind die Sonne und der Mond. Heraklides aus Pontus[288] wanket beständig in seinen Meynungen, spricht endlich Gott die Empfindung ab, und läßt ihn eine Gestalt nach der andern annehmen; und hernach sagt er, der Himmel und die Erde sind Gott. Theophrast[289] geht eben so unschlüssig in seinen Gedanken herum, und schreibet bald einem verständigen Wesen, bald dem Himmel, bald den

---

284 Atque etiam Xenophon paucioribus verbis eadem fere peccat: facit enim in iis, quae a Socrate dicta retulit, Socratem disputantem, formam Dei quaeri non oportere: eundemque et Solem et animum dicere, et modo vnum, tum autem plures Deos. *Id.* ibid.

285 *Speusippus* – – vim quandam dicit, qua omnia regantur, eamque animalem. *Cic. De Nat. Deorum. L. I. e. 13.*

286 *Aristoteles* quoque – – multa turbat: – – modo enim menti tribuit omnem diuinitatem: modo Mundum ipsum Deum esse dicit: modo quendam alium praeficit Mundo: tum Caeli ardorem Deum dicit esse. *Id.* ibid.

287 *Xenocrates* – – Deos octo esse dicit: quinque eos qui in Stellis vagis nominantur: vnum, qui ex omnibus Sideribus, quae infixa Caelo sunt, ex dispersis quasi membris simplex sit putandus Deus: septimum, Solem adiungit, octauumque Lunam. *Id.* ibid.

288 *Ponticus Heraclides* – – modo Mundum; tum Mentem diuinam esse putat: errantibus etiam Stellis diuinitatem tribuit, sensuque Deum priuat, et eius formam mutabilem esse vult: eodemque in Libro rursus Caelum et Terram refert in Deos. *Id.* ibid.

289 Nec vero *Theophrasti* inconstantia ferenda est: modo enim Menti diuinum tribuit principatum; modo Caelo: tum autem signis sideribusque coelestibus. *Id.* ibid.

Sternen, die Aufsicht über die Welt zu. Strato[290] sagt, Gott sey die Natur, welche eine Kraft zu zeugen, zu vermehren und zu vermindern besitzt, aber keine Gestalt und Empfindung hat. Zeno[291] hält das natürliche Gesetz, welches das Gute gebietet, und das Böse verbietet, für die Gottheit, welches Gesetz ein belebtes Wesen ist: hingegen verwirft er die gewöhnlichen Götter, den Jupiter, die Juno, und die Vesta. Des Diogenes aus Apollonien[292] Gott war das Alter. Xenophanes[293] macht Gott rund,

290 *Strato* – – omnem vim diuinam in natura sitam esse censet, quae causas gignendi, augendi minuendi habeat, sed careat omni sensu et figura. *Id.* ibid.

291 *Zeno* naturalem Legem diuinam esse censet, eamque vim obtinere recta imperantem prohibenternque contraria: eamque animantem: – – neque Jouem, neque Junonem, neque Vestam, neque quenquam, qui ita apelletur, in Deorum numero habet. *Id.* ibid. c. 14.

292 Ich weiß nicht, woher es Montagne hat, daß das *Alter* (l'aage) des Diogenes aus Apollonien Gott gewesen ist. Er wird uns selbst noch in eben diesem Hauptstücke sagen, daß die *Luft* (l'air) dieses Diogenes Gott gewesen sey. Vielleicht hat man also in einer der ersten Ausgaben der Versuche l'aage statt l'air gesetzt, welcher Fehler sich hernach in alle folgende eingeschlichen hat. Uebrigens versichert Cicero ausdrücklich, daß die *Luft* des Diogenes aus Apollonien Gott ist: *Aer. quo Diogenes Apolloniates vtitur Deo.* de Nat. Deor. L. I. c. 12. Um die Meinung dieses Weltweisen, die hier nur mit so wenigen Worten vorgetragen wird, zu verstehen, muß man wissen, daß er der Luft eine Empfindung zugeschrieben hat, wie der *H. Augustin* in seinem Buche de Ciuitate Dei L. VIII. c. 2. deutlich mit folgenden Worten versichert *Diogenes* – – *Anaximenis* auditor aërem quidem dixit esse rerum materiam, de qua omnia fierent, sed eum esse compotem diuinae rationis sine qua nihil ex eo fieri posset. Bayle schließt hieraus, Diogenes aus Apollonien hätte aus der Luft und der göttlichen Kraft ein ganzes oder zusammengesetztes Ding gemacht, bey welchem die Luft die Materie, die göttliche Kraft aber die Seele oder die Form gewesen sey, und also mußte nach dieses Weltweisen Meynung die mit einer göttlichen Kraft beseelte Luft *Gott* genannt werden. S. in seinem *Wörterbuche* den Artikel *Diogenes aus Apollonien*, wo Bayle zeigt, daß Cicero und Augustin in dem Punkte, *daß die Luft des Diogenes Gott gewesen sey*, vollkommen übereinstimmen. Ausserdem gieng dieser Weltweiser, wenn er der Luft Verstand zuschrieb, von seinem Lehrmeister Anaximenes ab, welcher die Luft für unbeseelt hielt.

293 Hier schreibt Montagne den Diogenes Laerz sehr genau ab, welcher in des *Xenophanes Leben* demselben gerade eben diese Meynungen beylegt,

sehend, hörend, glaubt aber, er schöpfte keinen Athem, und hätte nichts mit der menschlichen Natur gemein. Aristo[294] hält das göttliche Wesen für unbegreiflich, spricht ihm aber die Sinne ab, und weiß nicht ob er ein Leben hat, oder nicht. Kleanthes[295] machte bald die Vernunft, bald die Welt, bald die Seele der Natur, bald das oberste Feuer, welches alles umgiebt und einschließt, zu Gott. Persäus,[296] Zenons Zuhörer, hat dafür gehalten, man hätte diejenigen, welche dem menschlichen Leben einen wichtigen Dienst geleistet, und so gar die nützlichen Dinge, Götter genennet. Chrysipp[297] machte aus allen vorhergehenden Meynungen einen verwirrten Haufen, und rechnet unter die tausenderley Arten von Göttern, die er macht, auch die unsterblich gewordenen Menschen. Diagoras und Theodor[298] läugneten die Götter gerade weg. Epikur[299] sagte, die Götter wären leuchtend, durchsichtig, sie wohneten, wie zwischen zween Wäldern, zwischen zwo Welten, so daß sie nicht getroffen werden könnten, wenn dieselben einfielen; sie hätten eine menschliche Gestalt,

ousian Theou sphairoeidê, mêden homoion echousan anthrôpô; holon de horan, kai holon akouein, mê mentoi anapnein. Lib. IX. Segm. 19.

294 Aristo neque formam Dei intelligi posse censet, neque in Diis sensum esse dicit, dubitatque omnino deus animans nec ne sit. *Cic.* de Nat. Deor. L. I. c. 14.

295 Cleanthes tum ipsum Mundum Deum esse dicit: tum totius naturae menti atque animo tribuit hoc nomen; tum altissimum atque vndique circumfusum et extremum, omnia cingentem atque complexum ardorem, qui aether nominatur, certissimum Deum iudicat; – – – tum nihil Ratione censet esse diuinius. *Id.* ib.

296 Persaeus, Zenonis auditor, eos dicit habitos Deos, a quibus magna vtilitas ad vitae cultum esset inuenta: ipsasque res utiles et salutares Deorum esse vocabulis nuncupatas. *Id.* ibid. c. 15.

297 *Cic.* de Nat. Deorum L. I. e. 15. Der Präsident Bouhier hat bey des Abis Olivet französischen Uebersetzung dieser Bücher tom. I. p. 247. eine sehr gelehrte und scharfsinnige Anmerkung über diese Stelle gemacht.

298 Aperte Deorum naturam sustulerunt. *Cic.* de Nat. deorum. L. I. c. 23. und *Sextus Empiricus* adu. Mathem. L. VIII. p. 217.

299 Deos induxit Epicurus, perlucidos et perflabiles, et habitantes, tanquam inter duos lucos, sic inter duos mundos, propter metum ruinarum: eosque putat habere eadem membra quae nos, nec vllum vsum habere membrorum. *Cic.* de diuinat. L. II. c. 17.

und eben solche Glieder wie wir, welche Glieder ihnen nichts nütze sind.

> Ego Deum genus esse semper duxi, et dicam caelitum,
> Sed eos non curare opinor, quid agat humanum genus.[300]

Traue einer seiner Philosophie: rühme sich einer das rechte Fleck getroffen zu haben, wenn er diesen Lerm so vieler philosophischer Köpfe sieht. Die Verwirrung der weltlichen Dinge hat so viel bey mir ausgerichtet, daß mir die von den meinigen abgehenden Sitten und Meynungen der andern nicht so sehr mißfallen, als zur Lehre dienen; daß sie mich nicht sowohl stolz machen, als demüthigen, wenn ich sie mit einander vergleiche. Jede andere Wahl, als die von der Hand Gottes selbst kömmt, scheint mir eine Wahl zu seyn, die keinen besondern Vorzug hat. Die Staatsverfassungen in der Welt widersprechen einander hierinnen eben so sehr, als die Schulen: woraus wir lernen können, daß das Glück selbst nicht verschiedentlicher und wandelbarer, auch nicht blinder und unbesonnener, als unsere Vernunft ist.

Die unbekanntesten Dinge sind am geschicktesten vergöttert zu werden. Daher ist es die äusserste Thorheit, wenn man, wie das Alterthum gethan hat, aus uns Götter machen will. Eher würde ich denenjenigen gefolget seyn, welche eine Schlange, einen Hund, einen Ochsen, anbeteten: weil uns ihre Natur und ihr Wesen weniger bekannt sind; und weil wir eher gewohnt sind, uns von diesen Thieren alles einzubilden, was wir wollen, und ihnen ausserordentliche Eigenschaften beizulegen. Allein, daß sie Götter von unserm Stande gemacht haben, dessen Unvollkommenheiten wir genugsam erkennen, daß sie ihnen das Verlangen, den Zorn, die Rachgierde, die Heyrathen, die Fortpflanzung des Geschlechts, und die Anverwandschaften, die Liebe, und die Eifersucht, unsere Glieder und unsere Knochen, unsere Fieber und unsere Ergötzlichkeiten, unsern Tod und unsere Begräbnisse, beygeleget haben, dieses muß nothwendig von einer sehr wundersamen Trunkenheit des menschlichen Verstandes herkommen.

---

300 Ich habe allezeit geglaubt, und behaupte noch daß Götter sind, allein, ich halte nicht dafür, daß sie sich um die Handlungen der Menschen bekümmern. – – – *Diese Verse sind vom Ennius*, und werden vom *Cicero* de Diuinat. L. II. c. 50. angeführt.

Quae procul vsque adeo diuino ab numine distant,
Inque Deum numero quae sint indigna videri.³⁰¹

Formae, aetates, vestitus, ornatus, noti sunt: genera, conjugia, cognationes, omniaque traducta ad similitudinem imbecillitatis humanae: nam et perturbatis animis indueuntur: accipimus enim Deorum cupiditates, aegritudines, iracundias.³⁰² Eben so muß man auch davon urtheilen, daß sie nicht allein der Treue, der Tugend, der Ehre, der Eintracht, der Freyheit, dem Siege, der Frömmigkeit, sondern auch der Wollust, dem Betruge, dem Tode, dem Neide, dem Alter, dem Elende, der Furcht, dem Unglücke, und andern Unfällen unsers nichtigen und vergänglichen Lebens, eine göttliche Natur zugeschrieben haben.

Quid iuuat hoc, templis nostros inducere mores?
O curuae in terras animae, et caelestium inanes!³⁰³

Die Egyptier verboten aus einer unverschämten Klugheit bey Strafe des Stranges, daß keiner von ihren Gottheiten Serapis und Isis sagen sollte, daß sie ehedem Menschen gewesen wären: und gleichwohl wußte jedermann, daß sie es wirklich gewesen waren. Ihr mit dem Finger auf dem Munde vorgestelltes Bildniß, deutete, wie Varro³⁰⁴ sagt, ihren Priestern diese geheimnißvolle Verordnung an, ihren sterblichen Ursprung zu verschweigen, gleichsam als ob derselbe nothwendig ihre Verehrung vernichten würde. Weil der Mensch so sehr verlanget hat,

---

301 Dinge, welche weit von der göttlichen Natur entfernt, und unwürdig sind, den Göttern beygezählet zu werden. *Lucret.* L. V. v. 123. 124.

302 Man weiß die verschiedenen Gestalten, Alter, Kleidungen, und Putze der Götter: ihre Geschlechtregister, Heyrathen, Verwandtschaften; denn, man hat in allen eine Aehnlichkeit mit der menschlichen Schwachheit beobachtet. Sie gerathen in allerhand Gemüthsbewegungen: denn wir hören von ihren Begierden, Verdrießlichkeiten und Feindseligkeiten. *Cic.* de Nat. Deorum L. I. c. 28.

303 *Persius* Sat. II v. 61.

304 Man findet *Varrons* Stelle, in welcher alles dieses enthalten ist, beym H. *Augustin* de Ciuitate Dei, L. XVIII. c. 5.

sich Gott gleich zu machen: so hätte er besser gethan, spricht Cicero,[305] wenn er sich die göttlichen Eigenschaften beygeleget, und dieselben herniedergezogen hätte, an statt daß er sein Verderben und sein Elend dort hinauf geschickt hat. Allein, er hat aus einer gleich eiteln Meynung, wenn man es recht betrachtet, auf vielerley Art beydes gethan.

Wenn die Weltweisen die Hierarchie ihrer Götter aus einander setzen, und sich angelegen seyn lassen, ihre Verbindungen, Verrichtungen, und ihre Gewalt zu unterscheiden: so kann ich mir nicht einbilden, daß sie im Ernste reden. Wenn uns Plato Plutons Reich, und die leiblichen Ergötzlichkeiten und Martern, welche uns nach dem Untergange und der Vernichtung unserer Leiber erwarten, beschreibet, und sie nach der Empfindung, die wir in diesem Leben haben, einrichtet:

Secreti celant calles, et myrtea circum
Sylua tegit, curae non ipsa in morte relinquunt:[306]

Wenn Mahomet den Seinigen ein austapezirtes, mit Gold und Edelgesteinen geschmücktes, mit ausnehmend schönen Mädchen bevölkertes, mit Weinen und köstlichen Speisen versehenes Paradis verspricht: so sehe ich wohl, daß sie sich zum Spotte nach unserer Dummheit bequemen, um uns durch diese unsern sterblichen Begierden gemäße Meynungen und Versprechungen anzulocken und an sich zu ziehen. Gleichwohl sind einige der Unsrigen in gleichen Irrthum gefallen, und haben nach der Auferstehung ein irdisches und zeitliches, mit allen weltlichen Ergötzlichkeiten und Bequemlichkeiten begleitetes Leben, gehofft. Glauben wir wohl, daß Plato, der so himmlische Gedanken, und so starken Umgang mit der Gottheit gehabt hat, daß er davon den Zunamen bekommen hat, sich eingebildet, der Mensch, das elende Ge-

---

305 Cicero sagt, wenn er von Homers Fabeln redet, welche den Göttern die menschlichen Schwachheiten und Laster beylegten. Fingebat haec Homerus, et humana ad Deos transferebat: diuina mallem ad nos. *Tusc. Quaest.* L. I. c. 26. Eben dieses hat Montagne hier ausgedrückt, und nach seiner Art umschrieben. Allein, setzt Herr *Barbeyrac,* von dem ich diese Anmerkung habe, hinzu, die Uebersetzung ist, in Vergleichung mit dem Originale, sehr matt.

306 *Aeneid.* L. VI. v. 443.
Das angenehme Thal und der belaubte Wald
Läßt auch im Tode uns die Sorgen nicht empfinden.

schöpf, hätte etwas an sich, das sich zu dieser unbegreiflichen Kraft schickte? und daß er geglaubt hat, unsere matte Vorstellungskraft wäre fähig, und unsere Sinnen wären stark genug, an der ewigen Seligkeit oder Strafe Theil zu nehmen. Man würde ihm von Seiten der menschlichen Vernunft antworten müssen: Wenn die Ergötzlichkeiten, welche du uns in dem andern Leben versprichst, von der Art dererjenigen sind, die ich hier geniesse, so hat dieses nichts mit der Unendlichkeit gemein. Wenn alle meine fünf Sinnen mit Lust erfüllet würden, und diese Seele mit allem Vergnügen, welches sie nur wünschen und hoffen kann, (wir wissen was sie kann) eingenommen wäre: so würde dieses doch noch nichts seyn. Wenn es etwas von dem Meinigen ist: so ist es nichts göttliches. Wenn es weiter nichts ist, als was in dem gegenwärtigen Zustande statt finden kann: so kann es gar nicht in Betrachtung gezogen werden. Alles Vergnügen der Sterblichen, ist sterblich. Kann es uns in der andern Welt noch rühren und kützeln, wenn wir unsere Aeltern, unsere Kinder, unsere Freunde, wieder finden, hängen wir noch dergleichen Freude nach: so gemessen wir nur endliche und irdische Vortheile. Wir können uns die Hoheit dieser großen und göttlichen Verheissungen nicht gehörig vorstellen, wenn wir sie uns einigermassen vorstellen können. Wollen wir uns dieselbe gehörig einbilden; so müssen wir sie uns als uneinbildbar, unaussprechlich, unbegreiflich, und vollkommen anders einbilden, als diejenigen sind, die wir aus unserer elenden Erfahrung kennen. *Es hats kein Auge gesehen, und kein Ohr gehört, und es ist in keines Menschen Herz kommen, was Gott bereitet hat denen, die ihn lieben.*[307]

Wenn man, um uns dazu geschickt zu machen, unser Wesen (wie du sagst, Plato) verbessert und verändert: so muß dieses eine so große und allgemeine Veränderung seyn, daß wir nach der Naturlehre nicht mehr eben dieselben bleiben:

Hector erat tunc quum bello certabat, atille
Tractus ab Aemonio non erat Hector equo.[308]

---

307 1 Korinth. II, v. 9.
308 Als er im Kriege föchte, war er Hektor. Allein, da er von des Achilles Pferden geschleppt wurde, war er nicht mehr Hektor. *Ouid.* Trist. L. III. Eleg. 2. v. 27.

Irgend ein anderes Ding wird diese Belohnungen erhalten.

> Quod mutatur, dissoluitur, interit ergo:
> Traiiciuntur enim partes atque ordine migrant.[309]

Meynen wir wohl, daß bey Pythagors Metempsychosis, oder vermeynten Seelenwanderung, der Löwe, in welchem Cäsars Seele ist, eben die Leidenschaften annimmt, welche Cäsar hegte, und daß er Cäsar ist? Wäre er es noch: so würden diejenigen Recht haben, welche diese Meynung wider den Plato bestritten, und ihm vorwarfen, daß sich, also der Sohn mit der Mutter, wenn sie in dem Körper einer Mauleselinn wäre, vermischen könnte, und dergleichen Ungereimtheiten mehr. Und denken wir dann nicht, daß in den Veränderungen, welche bey den Leibern der Thiere vorgehen, die neuangekommenen andere als ihre Vorgänger sind? Aus der Asche des Phönix, heißt es, wird ein Wurm, und hernach ein anderer Phönix erzeugt: wer kann sich einbilden, daß dieser zweete Phönix nicht ein anderer, als der erste, seyn sollte? Die Würmer, welche uns unsere Seide machen, sterben und vertrocknen erst gleichsam: und aus eben diesem Körper entsteht hernach ein Schmetterling, und von demselben ein anderer Wurm, den man nicht ohne Ungereimtheit noch für den ersten halten kann. Was einmal aufgehöret hat zu seyn, ist nicht mehr:

> Nec si materiam nostram collegerit aetas
> Post obitum, rursumque redegerit, vt sita nunc est,
> Atque iterum data nobis fuerint lumina vitae,
> Pertineat quidquam tamen ad nos id quoque factum,
> Interrupta semel quum sit repetentia nostra.[310]

---

309 Was verändert wird, wird zerstöret, und vergehet also: denn die Theile werden versetzt, und aus der Ordnung gebracht. *Lucret.* L. III. v. 716. u. f.

310 Gesetzt, daß die Zeit nach unserm Tode, unsere Theile wieder zusammen, und wieder in eben die gegenwärtige Lage bringt; gesetzt, daß das Lebenslicht wieder in uns angezündet wird; so wird uns doch dieses alles nichts angehen, wenn unser Bewußtseyn einmal unterbrochen ist. *Lucret.* L. III. v. 819. u. f.

Und wenn du überdieß sagst, Plato, daß der geistige Theil des Menschen die Belohnungen in dem andern Leben gemessen wird: so sagst du uns etwas eben so unwahrscheinliches.

> Scilicet auolsus radicitus vt nequit vllam
> Dispicere ipse oculus rem, seorsum corpore toto.[311]

Auf diese Art, wird dieser Genuß nicht mehr den Menschen, und folglich nicht uns, zu Theile werden. Wir bestehen aus zween Haupt- und wesentlichen Theilen, deren Trennung unser Tod und Untergang ist.

> Inter enim jecta est vitai pausa, vageque
> Deerrarunt passim motus ab sensibus omnes.[312]

Wir sagen ja nicht, daß dem Menschen etwas widerfährt, wenn die Würmer die Gliedmassen, die er lebend gehabt, zernagen, und wenn sie die Erde verzehret.

> Et nihil hoc ad nos, qui coitu coniugioque
> Corporis atque animae consistimus vniter apti.[313]

Weiter, aus welchem Grunde können die Götter ihrer Gerechtigkeit gemäß dem Menschen seine guten und tugendhaften Handlungen vergelten und belohnen, da sie dieselben selbst in uns befördert und hervorgebracht haben? Und warum zürnen sie über ihn, und strafen ihn wegen der lasterhaften, weil sie ihn selbst so fehlerhaft geschaffen haben, und weil sie ihn, wenn sie nur wollen, leicht von den Vergehungen abhalten können? Würde dieses Epikur nicht mit großer Wahrscheinlichkeit nach der menschlichen Vernunft dem Plato einwenden können, wenn

---

311 Ein aus dem Grunde ausgerissenes, und von dem ganzen Körper getrenntes Auge, kann nicht sehen. *Lucret.* ibid. v. 562. u. f.

312 Das Leben ist einmal unterbrochen, und alle von den Sinnen entstehende Bewegungen sind gehemmet. *Id.* ibid. v. 872. u. f.

313 Alles dieses geht uns nichts an, da wir aus einem mit der Seele aufs genaueste vereinigten und verbundenen Körper bestehen. *Id.* ibid. v. 871. etc.

er sich nicht zuweilen mit diesem Satze hülfe, daß man von der unsterblichen Natur durch die sterbliche nichts bestimmen könne? Sie verirret sich allerwegen; aber besonders, wenn sie sich in göttliche Dinge mischet. Wer erkennt dieses besser, als wir? Denn, ob wir ihr gleich gewisse und untrügliche Grundsätze gegeben haben, ob wir ihr gleich mit der Lampe der Wahrheit, die uns Gott mitzutheilen beliebt hat, leuchten: so sehen wir doch täglich, daß sie, wenn sie nur ein wenig von dem gemeinen Wege abkömmt, und die von der Kirche gemachte und gebahnte Strasse verläßt oder verfehlet, sich verirret und verwirret, und in diesem Ungeheuern, unruhigen und wallenden Meere der menschlichen Meynungen, zügelloß und ohne ein gewisses Ziel herum streicht und schwimmt. So bald sie von der gemeinen Landstrasse abkömmt, zeltheilet und zerstreuet sie sich auf tausend verschiedene Wege.

Der Mensch kann nichts anders seyn, als was er ist; und sich nichts anders vorstellen, als was nach seiner Fähigkeit ist. Es ist eine größere Verwegenheit von den Menschen, sagt Plutarch,[314] wenn sie von den Göttern und Halbgöttern reden und disputiren wollen, als wenn ein in der Musik unerfahrner von den Sängern urtheilen wollte, und als wenn einer, der nie zu Felde gewesen ist, von den Waffen und dem Kriege disputiren wollte, in der Einbildung, als ob er durch eine leichte Vermuthung die Werke einer Kunst begriffe, von welcher er keine Kenntniß hat. Das Alterthum dachte, wie ich glaube, die göttliche Hoheit dadurch zu vergrößern, wenn sie dieselbe mit dem Menschen paarte, sie mit seinen Eigenschaften bekleidete, und mit seinen schönen Grillen und schimpflichsten Mängeln beehrte; indem es ihr unsere Speisen zum Essen, unsere Tänze, Mummereyen, und Possenspiele zur Belustigung, unsere Kleider zur Bedeckung, und unsere Häuser zur Wohnung anbot; sie durch den Geruch des Weyhrauchs und durch die Musik, durch Strässer und Kränze, liebkosete; ihre Gerechtigkeit, unsern lasterhaften Leidenschaften gemäß, mit einer unmenschlichen Rache schmäuchelte, und ihr mit dem Untergange und der Vernichtung der von ihr geschaffenen und erhaltenen Dinge eine Lust machte. So ließ Tiberius Sempronius[315] dem Vulcan die kostbare Beute und die Waffen, die er den Feinden in Sardinien abgenommen hatte, und Paulus Aemilius dem

---

314 In libello *De sera numinis vindicta*.
315 *Tit. Uuius* L. XU. c. 16.

Mars und der Minerve,[316] die in Macedonien eroberte, zum Opfer verbrennen.

Als Alexander an dem Indianischen Ocean anlangete,[317] warf er der Thetis zum Besten viel güldene Gefässe ins Meer; und erfüllte über dieß ihre Altäre mit einer Menge nicht allein unschuldiger Thiere, sondern auch Menschen. Eben dieses gieng unter vielen Völkern, besonders unter dem Unsrigen sehr im Schwange: und ich glaube, daß kein einziges ist, welches dieses nicht versucht hat.

> Sulmone creatos
> Quattuor hie iuuenes totidem, quos educat Vfens,
> Viuentes rapit, inferias quos immolet vmbris.[318]

Die Geten halten sich für unsterblich,[319] und ihr Tod ist nichts als der Hingang zu ihrem Gott Zamolxis. Sie schicken alle fünf Jahre einen unter ihnen an denselben ab, der ihn um das Nöthige ersucht. Dieser Abgeordnete wird durch das Loos erwählt. Die Art denselben, nachdem sie ihm seine Verrichtung mündlich aufgetragen, abzuschicken, ist diese, daß drey der Anwesenden ihre Spiesse in die Höhe halten, auf welche ihn die übrigen werfen. Spießt er sich an einem tödtlichen Orte, und stirbt geschwind: so ist dieses ein gewisser Beweis der göttlichen Gnade. Kömmt er davon: so halten sie ihn für einen ruchlosen und abscheuli-

---

316 Und den übrigen Göttern, quibus spolia hostium dicare ius fasque est, sagt *Livius* L. XLV. c. 33.

317 *Arrian* L. VI. c. 19. und *Diodor aus Sicilien* L. XVII. c. 104. sind die einzigen unter Alexanders Geschichtschreibern, welche der in den Ocean geworfenen *güldenen Gefässe* erwähnen: allein sie gedenken nichts von den *Menschenopfern*. Der erste läßt ihn dem Neptun Ochsen opfern: der andere läßt ihn der Thetys und dem Ocean zu Ehren Altäre aufrichten. Ich weiß nicht, ob Montagne dem Buchstaben nicht ein wenig, entweder aus dem Gedächtnisse, oder durch Vermuthung geholfen hat, weil Arrian etwas weiter zurück sagt, daß Alexander, als er an eine Insel angelandet, daselbst andern Göttern, und auf eine *andere Weise* andere Opfer geopfert habe.

318 *Aeneid.* L. X. v. 517. seqq.
Aus Suimo hat er sich vier Knaben hergebracht,
Und noch vier andere, die Ufens Fleiß bewacht,
Nahm er, damit er sie den Schatten opfern möchte.

319 *Herodot.* L. IV. p. 289.

chen Menschen, und schicken noch einen andern auf eben die Art ab. Amestris, des Xerxes Mutter,[320] ließ in ihrem Alter auf einmal einem unterirdischen Gott zu Ehren, der Landesreligion zu Folge, vierzehn Jünglinge aus den besten Persianischen Häusern lebendig begraben. Noch heut zu Tage werden des Themixtitant Götzenbilder mit dem Blute kleiner Kinder getünchet, und lieben nichts als die Aufopferung dieser jungen und reinen Seelen. Eine nach dem Blute der Unschuld begierige Gerechtigkeit!

Tantum relligio potuit suadere malorum.[321]

Die Karthaginenser opferten ihre eigne Kinder dem Saturn; und wer keine hatte, kaufte sie.[322] Indessen waren Vater und Mutter mit einer lustigen und vergnügten Mine bey dieser gottesdienstlichen Handlung gegenwärtig zu seyn gehalten.

Der Einfall war sehr seltsam, daß sie die göttliche Güte mit unserer Pein befriedigen wollten: wie die Lacedämonier, die ihre Diane durch das Martern junger Knaben, die sie ihr zu Gefallen öfters bis auf den Tod mit Ruthen peitschen liessen, zu liebkosen gedachten.[323] Es war eine wilde Art, daß sie dem Baumeister durch Verstörung seines Gebäudes eine Ehre zu erzeigen, und die Schuldigen durch den Tod der Unschuldigen vor der verdienten Strafe zu sichern suchten; und daß die arme Iphigenie in dem Hafen Aulis durch ihren Tod und ihre Aufopferung das griechische Heer bey Gott ihrer begangenen Missethaten entledigen sollte:

320 Oder vielmehr des *Xerxes Gemahlin*, wie *Plutarch* in seinem Werkchen de Superstitione Hauptst. XIII. nach Amyots französischer Uebersetzung berichtet; wo aber Amyot bloß aus Versehen das Wort *Mutter* gesetzt hat. Es ist bekannt, daß Xerxes von der Atossa, des Cyrus Tochter, gebohren war. Und Herodot nennt, wenn er die vom Montagne angeführte Begebenheit erzählt, die Amestris ausdrücklich des Xerxes Gemahlin, *Amêstrin tên Xerxeô gynaika*. L. VIII. p. 477.
321 So viel Böses hat die Religion veranlasset. *Lucret.* L. I. v. 102.
322 *Plutarch.* de Superstitione.
323 *Plutarch.* Apophthegm. Lacon.

> Et casta inceste nubendi tempore in ipso
> Hostia concideret mactatu moesta parentis.[324]

Eben so rannten die zwo schönen und großmüthigen Seelen, die beyden Decier, Vater und Sohn, um die Götter den Römischen Angelegenheiten günstig zu machen, blindlings unter den dicksten Haufen der Feinde, Quae fuit tanta Deorum iniquitas, vt placari populo Romano non possent, nisi tales viri occidissent?[325] Hierzu kömmt noch, daß sich der Missethäter nicht nach seinem Gefallen, und zu der ihm beliebigen Zeit, peitschen lassen darf: da der Richter nichts als die von ihm verordnete Strafe als eine Züchtigung betrachten kann; keinesweges aber das, was mit des Strafbaren guten Willen geschieht, dahin rechnen darf. Die göttliche Rache setzt bey Ausübung ihrer Gerechtigkeit und bey unserer Bestrafung unsern völligen Widerwillen voraus. Der Tyrann von Samos, Polykrates,[326] begieng eine wunderliche Ausschweifung, da er, um den Lauf seines beständigen Glücks zu unterbrechen, und auf Abrechnung gleichsam, sein liebstes und schätzbarstes Kleinod in das Meer warf, um durch diesen freywilligen Verlust der Abwechselung und Veränderung des Glücks genug zu thun. Allein dieses fügte es, um seiner Thorheit zu spotten, so, daß dasselbe in dem Bauche eines Fisches gefunden ward, und ihm wieder in die Hände kam. Wozu dient weiter das Zerfleischen und Zerreissen der Korybanten, Menaden, und zu unserer Zeit der Mahometaner, die sich ihrem Propheten zu Gefallen, das Gesicht, den Bauch, die Gliedmassen zerfetzen: weil die Missethat ihren Sitz in dem Willen, nicht in der Brust, in den Augen, in den Geburtsgliedern, in dem Bauche, in den Schultern, und der Kehle hat? Tantus est perturbatae mentis et sedibus suis pulsae furor, vt sic Dii placentur, quemadmodum

---

324 Die keusche Prinzeßin ward eben in ihren mannbaren Jahren grausamer Weise auf Befehl ihres eigenen Vaters als ein trauriges Opfer geschlachtet. *Lucret.* L. I. v. 99. 100.

325 Waren dann die Götter so unbillig, daß sie mit dem Römischen Volke nicht anders, als durch den Tod solcher Männer, ausgesöhnet werden konnten? *Cic.* de Nat. Deorum. L. III. c. 6.

326 *Herodot.* L. III. p. 201. 202.

ne homines quidem Saeuiunt.³²⁷ Der gegenwärtige natürliche Bau zielt nicht allein auf unsern Nutzen, sondern auch auf den Gott und andern Menschen zu leistenden Dienst. Es ist eben so eine Thorheit, denselben vorsätzlich zu verletzen, als sich aus irgend einer Ursache um das Leben zu bringen. Allem Ansehen nach ist es eine große Feigheit und Untreue, wenn einer die Verrichtungen des Körpers, welche ohne Ueberlegung und ohne Freyheit geschehen, tadelt und hemmt, damit die Seele die Mühe ersparet, dieselben nach der Vernunft zu lenken, Vbi iratos Deos timent, qui sic propitios habere merentur? – – – In regiae libidinis voluptatem castrati sunt quidam; sed nemo sibi, ne vir esset, iubente Domino manus intulit.³²⁸ Auf diese Art erfüllten sie ihren Gottesdienst mit vielen schändlichen Handlungen.

saepius olim
Relligio peperit scelerosa atque impia facta.³²⁹

Keine von unsern Eigenschaften kann auf irgend eine Art mit der göttlichen Natur gepaaret, oder mit derselben verglichen werden, ohne dieselbe mit eben so viel Unvollkommenheit zu beflecken und zu verunstalten. Wie kann die unendliche Schönheit, Macht, und Güte, eine Uebereinstimmung und Aehnlichkeit mit einer so nichtswürdigen Sache, als wir sind, haben, ohne daß ihre göttliche Hoheit ganz ungemein viel dabey leidet und verlieret? Infirmum Dei fortius est hominibus, et stultum Dei sapientius est hominibus.³³⁰ Als der Weltweise Stilpo gefragt wurde, ob die Götter über unsere Ehrenbezeigungen und Opfer eine

---

327 Ein verwirrtes und außer sich gesetztes Gemüth geräth in solche Raserey, daß es die Götter so zu besänftigen sucht, wie die Menschen nicht einmal wüten. *Augustin* De Ciuit. Dei L. VI. c. 10.

328 Wodurch müssen sich diejenigen die Götter zu erzürnen fürchten, welche durch dergleichen Unternehmungen ihre Gnade zu verdienen glauben? – – – Einige sind, um die Wollust der Könige zu befördern, verschnitten worden: allein, keiner hat auf seines Herrn Geheiß Hand an sich gelegt, um kein Mann zu seyn. *Ibid.* e Seneca.

329 Die Religion hat schon vor Alters oft ruchlose und gottlose Thaten ausgeheckt. *Lucret.* L. I. v. 83. 84.

330 Die göttliche Schwachheit ist stärker, denn die Menschen sind; und die göttliche Thorheit ist weiser, denn die Menschen sind. 1 *Korinth.* I. v. 25.

Freude hätten, antwortete er: *Du bist sehr unvorsichtig: Laß uns bey Seite gehen, wenn wir davon sprechen wollen.*[331] Gleichwohl schreiben wir ihr Schranken vor, und schliessen ihre Macht durch unsere Vernunftgründe ein. (Ich nenne unsere Grillen und Träume Vernunft, mit Erlaubniß der Weltweisheit, welche sagt, daß auch der Thor und der Boshafte mit Vernunft rasen, daß dieses aber eine Vernunft von besonderer Art ist.) Wir wollen den, der uns und unsere Erkenntniß gemacht hat, den nichtigen und schwachen Scheingründen unsers Verstandes unterwerfen. Weil nichts aus nichts wird, so hat auch Gott die Welt nicht ohne Materie hervorbringen können? Was? hat uns denn Gott die Schlüssel und letzten Treibfedern seiner Macht in die Hände geliefert? Hat er sich anheischig gemacht, die Schranken unserer Wissenschaft nicht zu überschreiten? Setze einmal den Fall, Mensch, daß du hier einige Spuren seiner Werke hast wahrnehmen können: meynst du dann, daß er alles gethan, was er gekonnt hat? daß er alle seine Formen und Ideen ins Werk gesetzt hat? Du siehst weiter nichts, als die Ordnung und Einrichtung des kleinen Gewölbes, in welchem du dich befindest; wenn du dieselben ja noch siehst. Die Herrschaft seiner Gottheit erstreckt sich unendlich weiter. Dieses Stück ist gegen das Ganze nichts:

– – omnia cum caelo, terraque, marique,
Nil sunt ad summam summai totius omnem.[332]

Du führest ein Gesetz an, das nur in einer einzigen Stadt gilt: das allgemeine ist dir unbekannt. Halt dich an das, was dich anbelangt, und nicht an ihn: er ist nicht dein Mitbruder, oder dein Mitbürger, oder dein Gesell. Hat er sich dir einigermassen vertrauet: so hat er sich doch deswegen nicht bis zu deiner Niedrigkeit herablassen, oder dir von seiner Macht Rechenschaft geben wollen. Der menschliche Körper kann nicht in die Wolken fliegen: das gilt dir. Die Sonne hält ihren gewöhnlichen Lauf; die Meere und die Erde können nicht aus ihren Gränzen gehen; das Wasser ist unstät und ohne Festigkeit; ein fester Körper kann durch keine Mauer dringen, die keinen Riß hat; der Mensch kann nicht in

331 *Diog. Laert.* in Vita Stilponis. L. II. Segm. 117. *peri toutôn mê erôta, anoêta, en hodô, alla monon.*

332 Der Himmel, die Erde, und das Meer, sind zusammen genommen gegen das Ganze nichts. *Lucret.* L. VI. v. 678. u. f.

dem Feuer leben; er kann nicht im Himmel und auf der Erde, und an tausend Oertern, zugleich körperlich seyn. Für dich hat er diese Regeln gemacht: dich betreffen sie. Er hat gegen die Christen bezeiget, daß er sie alle nach Gefallen überschritten hat. In Wahrheit, warum sollte er, da er allmächtig ist, seine Kräfte an ein gewisses Maaß gebunden haben? Wem zu Gefallen sollte er sich seines Vorrechts begeben haben? Deine Vernunft hat nirgends mehr Wahrscheinlichkeit und Grund, als darinnen, daß sie dich von der Vielheit der Welten beredet,

> Terramque et Solem, Lunam, Mare, caetera quae sunt
> Non esse vnica, sed numero magis innumerali.[333]

Die berühmtesten Männer in den alten Zeiten haben sie geglaubt: und viele zu unserer Zeit glauben sie durch scheinbare Vernunftgründe gezwungen noch jetzo. In dem Gebäude, welches wir vor Augen haben, sehen wir nichts, das allein und das einzige in seiner Art wäre,

> – – – quum in summa res nulla sit vna
> Vnica quae gignatur, et vnica solaque crescat.[334]

Alle Arten begreifen eine gewisse Anzahl einzelner Dinge unter sich. Daher scheint es nicht wahrscheinlich zu seyn, daß Gott dieses einzige Werk ohne ein anders seines gleichen gemacht haben sollte; und daß alle Materie von dieser Form bey diesem einzigen einzeln Dinge sollte erschöpfet worden seyn.

> Quare etiam atque etiam tales fateare necesse est,
> Esse alios alibi congressus materiai,
> Qualis hic est auido complexu quem tenet aether.[335]

---

333 Daß die Erde, die Sonne, der Mond, das Meer, und alle übrige Dinge, nicht die einzigen in ihrer Art, sondern in unzählbarer Anzahl, sind. *Lucret.* L. II. v. 1084. u. f.

334 Da durchgängig kein Ding ist, welches das einzige in seiner Art wäre; das einzige, welches erzeugt würde, und das einzige; welches wüchse. *Lucret.* L. II. v. 1076. u. f.

335 Du mußt also nothwendig zugestehen, daß noch andernwärts andere solche Sammlungen von Materie sind, dergleichen hier die Himmelsluft brünstig umfaßt. *Id.* ibid. v. 1063. u. f.

Besonders ist dieses nicht wahrscheinlich, wenn die Welt ein Thier ist, wie ihre Bewegungen sehr glaublich machen, wie Plato auch behauptet,[336] und viele der Unsrigen ebenfalls bejahen, oder sich wenigstens nicht zu läugnen unterstehen: eben so wenig als die alte Meynung, daß der Himmel, die Sterne, und andere Theile dieser Welt, aus Leib und Seele zusammengesetzte Geschöpfe, und zwar in Ansehung ihrer Zusammensetzung sterblich, aber vermöge des Rathschlusses des Schöpfers unsterblich sind. Giebt es nun aber viele Welten, wie Demokrit, Epikur, und fast die sämmtlichen Weltweisen dafür gehalten haben: was wissen wir, ob die Grundsätze und Regeln der gegenwärtigen auch in den übrigen Statt haben? Vielleicht haben sie ein ganz anderes Ansehen, und eine ganz andere Einrichtung. Epikur[337] stellet sich dieselben entweder als ähnliche, oder als unähnliche, vor.

Wir finden in dieser Welt, nur in Ansehung der Oerter, schon unendlich viel Verschiedenheit, und Mannichfaltigkeit. In dem neuen Winkel der Welt, welchen unsere Väter entdecket haben, findet man weder Getraide, noch Wein, noch eins von unsern Thieren: alles ist daselbst ganz anders. Man sehe einmal, in wie vielen Welttheilen man vor Alters nichts, weder von dem Bacchus noch von der Ceres, wußte. Wenn man dem Plinius und Herodot glauben will: so giebt es an gewissen Orten Arten Menschen, die mit der unsrigen wenig Ähnlichkeit haben. Man findet ferner Thiere, welche weder eine menschliche noch viehische Gestalt, sondern von beyden etwas haben. Es giebt Gegenden, wo die Menschen ohne Köpfe gebohren werden, die Augen aber und den Mund auf der Brust haben;[338] wo sie alle Zwitter sind;[339] wo sie auf allen vieren gehen;[340] wo sie nur ein einziges Auge auf der Stirne, und einen Kopf,

---

336 *In Timaeo* p. 527. C. *Kata logon ton eikota dei legein, tonde ton kosmon zôon empsychon ennoun te tê alêtheia, dia tên tou Theou genesthai pronoian.*

337 *Es giebt unendlich viel Welten,* sagte er, *die der unsrigen entweder ähnlich oder unähnlich sind: Kosmoi apeiroi eisin, eith' homoioi toutô, eit' anomoioi. Diog. Laert.* in Vita Epicuri. L. X. Segm. 85.

338 *Herodot.* L. IV p. 324. wo auch von denen geredet wird, deren Kopf einem Hundekopfe ähnlich ist.

339 *Plin.* Hist. Nat. L. VIII. c. 2.

340 *Id.* ibid. Man sieht aus dem, was Plinius daselbst sagt, klärlich, daß er sie für eine Art Affen gehalten hat.

der mehr einem Hundekopfe, als dem unsrigen ähnlich ist, haben;[341] wo sie zur Hälfte unten Fisch sind, und in dem Wasser schwimmen; wo die Weibespersonen in dem fünften Jahre gebähren, und nicht über acht Jahre leben;[342] wo sie einen so harten Kopf, und eine so harte Haut auf der Stirne haben, daß das Eisen nicht daran haften kann, und noch zurück springt; wo die Mannspersonen keinen Bart haben; Völker, die den Gebrauch des Feuers nicht kennen;[343] noch andere, deren Saame schwarz ist.[344] Was soll ich von denen sagen, welche sich natürlicher Weise in Wölfe, in Pferde, und hernach wieder in Menschen verwan-

341 *Herodot.* L. III. p. 234. Allein, er erklärt sich dabey, daß er es nicht glaubt: *peithomai de oude touto* u.s.w.

342 *Plinius* Hist. Nat. L. VII. c. 2. Quinquennes concipere faeminas, octauum vitae annum non excedere.

343 *Id.* L. VI. c. 30. Quibusdam ante Ptolemaeum Lathurum regem Aegypti ignotus fuit vsus ignium. – – – In den Marianischen Inseln, welche Magellan im Jahre 1521 entdeckt hat, hatten die Einwohner, ausser einer Menge anderer Dinge, die wir zum Leben nothwendig zu seyn glauben, die ihnen mangelten, niemals Feuer gesehen. Dieses so nothwendige Element war ihnen gänzlich unbekannt. Sie wußten weder dessen Gebrauch, noch seine Eigenschaften; und niemals bezeigten sie sich erstaunter, als da sie dasselbe bey Magellans Anlandung an ihre Insel das erstemal sahen, wobey er etliche funfzig Häuser verbrannte, um diese Insulaner wegen des ihm gemachten Verdrusses zu strafen. Sie betrachteten das Feuer Anfangs als eine Art von einem Thiere, welches sich an das Holz anhienge, und sich davon nährte. Die ersten, welche sich demselben allzu sehr genähert und sich verbrannt hatten, jagten den andern eine solche Furcht ein, daß sie sich dasselbe nicht anders als von weitem an zu sehen unterstunden, damit sie, wie sie sagten, nicht davon gebissen würden, und damit sie dieses furchtbare Thier nicht durch sein Athemschöpfen verletzte. S. *Histoire des Isles Marianes,* Liv. II. p. 44. 45. welche der *P. Carl le Gobien* im Jahre 1699. heraus gegeben hat. Es ist sehr merkwürdig, und Montagne würde es gewiß angeführt haben, wenn er es gewußt hätte, daß die Einwohner der Inseln, welche Japan gegen Norden, und dem neuen Guinea gegen Mittag liegen, welche durch große Meere, die sie umgeben, von allen andern Völkern abgesondert sind, ganz und gar nicht gewußt, daß es andere Länder gäbe, und sich als die einzigen Menschen in dieser Welt betrachtet haben.

344 *Herodot.* L. III. p. 229. Ein neugieriger und geschickter Zergliederungskünstler hat mich versichert, dieses wäre gänzlich falsch.

deln?³⁴⁵ Und wenn es so ist, wie Plutarch³⁴⁶ sagt, daß an einigen Oertern in Indien Leute ohne Mäuler sind, die sich von dem Geruche gewisser Dinge ernähren: wie viel unserer Beschreibungen sind alsdann nicht falsch? Er³⁴⁷ ist nicht mehr zum Lachen geschickt, und vielleicht nicht einmal zur Vernunft und Gesellschaftfähig. Die Ordnung und Ursache unsers innerlichen Baues würden meistentheils vergeblich seyn.

Überdieß, wie viel wissen wir nicht Dinge, welche wider die schönen Regeln streiten, die wir der Natur gegeben und vorgeschrieben haben? Und wir unterstehen uns, Gott selbst daran zu binden? Wie viel Dinge nennen wir wunderbar und widernatürlich? Dieses geschicht von jedem Menschen, und von jedem Volke, nach dem Maasse seiner Unwissenheit. Wie viel verborgene Eigenschaften und Quintessenzen finden wir nicht?

345 Hier hat Montagne seinen *Plinius* nicht aufmerksam genug gelesen. Dieser sagt, man könnte versichert seyn, es sey falsch, daß Menschen in Wölfe, und hernach wieder in Menschen verwandelt werden, oder man müßte Mährchen glauben, die seit so vielen Jahrhunderten falsch befunden worden wären. Homines in lupos verti, rursumque restitui sibi, falsum esse confidenter existimare debemus, aut credere omnia, quae fabulosa tot saeculis comperimus. *Hist. nat.* L. VIII. c. 22. Nachdem er hierauf noch einige Erzählungen von diesen vorgegebenen Verwandlungen angeführt hat, ruft er aus: Mirum est, quo procedat Graeca credulitas. Nullum tam impudens mendacium est, quod teste careat. »Es ist zu bewundern, wie weit der Griechen Leichtgläubigkeit geht. Es fehlt keiner unverschämten Lügen an Zeugen.«

346 Ich habe Plutarchs Stelle, aus welcher Montagne dieses genommen hat, vergeblich gesucht. Allein ich finde bey dem Plinius, daß an dem äußersten Ende von Indien, nahe bey dem Ursprunge des Ganges, Völker sind, die Astomen heissen, welche kein Maul haben, ganz rauch sind, sich mit Baumwolle bedecken, und nur von dem Geruche, den sie durch die Nase in sich ziehen, leben: Astomorum gentem sine ore, corpore toto hirtam, vestiri frondium lanugine, halitu tantum viuentem, et odore quem naribus trahant. *Hist. Nat.* L. VII. c. 2. Endlich habe ich gefunden, daß Plutarch in dem Werkchen de facie in orbe lunae, auf des *Megasthenes* Wort, gewisser Indianischer Völker erwähnet hat, *welche kein Maul haben, und deswegen Astomen genannt werden, die weder essen noch trinken, sondern eine gewisse Wurzel verbrennen, und sich von deren gutem Geruche ernähren,* hên rizan phêsi Megasthenês mête esthiontas, mête pinontas, all' astomous ontas, apotyphein kai thymian, kai trephesthai tê osmê.

347 Nämlich *der Mensch*.

Denn, *der Natur gemäß geschehen*, heißt bey uns nichts anders, *als unserm Verstande gemäß geschehen*, so weit derselbe gehen kann, und so weit wir etwas davon einsehen; was darüber ist, ist ungeheuer und unordentlich. Allein, auf diesem Fusse wird den Klügsten und Geschicktesten also alles ungeheuer seyn müssen: denn, diese hat die menschliche Vernunft selbst beredet, daß sie nicht einmal festen Fuß und Grund hat, zu versichern ob der Schnee weiß ist, weil Anaxagoras[348] vorgab, derselbe wäre schwarz; ob etwas ist, oder ob nichts ist; ob es Wissenschaft oder Unwissenheit giebt, welches wie Metrodor aus Chius behauptete, der Mensch nicht sagen kann;[349] oder ob wir leben, gleichwie Euripides zweifelt, *ob unser Leben ein Leben ist, oder ob das, was wir Tod nennen, ein Leben ist:*

> *Tis d'oiden ei zên touth' ho keklêtai thanein,*
> *To zên de thnêskein esti;*[350]

Und dieses ist nicht ohne allen Schein. Denn, warum eignen wir uns ein Seyn wegen des Augenblicks zu, der nichts als ein Blitz in einer ewigen Nacht, und eine so kurze Unterbrechung unsers beständigen und natürlichen Zustandes ist, da der Tod alles, was vor und nach diesem Augenblicke ist, und noch dazu einen guten Theil dieses Augenblicks selbst, einnimmt? Andere schwören darauf, daß es keine Bewegung giebt, daß nichts seine Stelle verändert, wie des Melissus Nachfolger.[351] Denn, wenn es nur ein Einziges giebt:[352] so kann ihm weder die Kraisbewegung, noch die Bewegung von einem Orte zum andern dienen,

---

348   *Anaxagoras* niuem nigram dixit esse. *Cic.* Acad. Quaest. L. IV. c. 23.

349   Nego, inquit, scire nos sciamusne aliquid, an nihil sciamus: ne id ipsum quidem nescire aut scire, scire nos: nec omnino, sitne aliquid, an nihil sit. *Id.* ibid. *Sextus Empirikus* hat den Metrodor ebenfalls den ächten Skeptikern beygezählet: *ei esti kritêrion alêtheias.* p. 146.

350   *Plato* in seinem Gorgias p. 300. *Laerz* in Pyrrhons Leben. L. IX. Segm. 73. und *Sextus Empirikus* Phyrr. Hypot. L. III. c. 24. führen diese Verse verschiedentlich, und anders an, als sie hier lauten, ungeachtet in Ansehung des Verstandes kein wirklicher Unterschied ist.

351   *Diogenes Laertius* in Vita Melissi. L. IX. Segm. 24.

352   Dieses behauptet *Melissus:* edokei autô to pan apeiron einai, - - kai hên, homoion heautô. Diog. Laert. ibid.

wie Plato erweiset. Andere sagen, in der Natur entstünde und vergienge nichts. Protagoras behauptete,[353] in der Natur wäre nichts, als der Zweifel; man könnte über alle Dinge gleich disputiren, und sogar darüber, ob man von allen Dingen disputiren könne. Nausiphanes[354] war der Meynung, daß unter den Dingen, welche scheinen, keines mehr ist, als nicht ist; daß nichts anders gewiß ist, als die Ungewißheit. Parmenides sagte, unter den scheinbaren Dingen wäre überhaupt keines wirklich, sondern es wäre nur ein Einziges.[355] Zeno gegentheils meynt, es wäre nicht einmal ein Einziges,[356] und es wäre nichts. Wenn Eins wäre: so würde es entweder in einem andern, oder in sich selbst seyn. Ist es in einem andern: so sind zwey Dinge. Ist es in sich selbst: so giebt es dennoch noch zwey, das Begreifende, und das Begriffene. Diesen Lehren nach ist die Natur der Dinge nichts, als ein entweder falscher oder nichtiger Schatten.

Mir hat es allezeit geschienen, als ob die Redensarten, *Gott kann nicht sterben, Gott kann nicht wiederrufen, Gott kann das oder jenes nicht*

---

353 *Diog. Laertius* in Vita Protagorae L. IX. Segm. 51. Si Protagorae credo, sagt *Seneca,* nihil in rerum natura est, nisi dubium. *Epist.* 99.

354 Ich habe in allen Ausgaben der Versuche, die mir vorgekommen sind, hier Mansiphanes gefunden. Allein, dieses ist ohne Zweifel ein Druckfehler. Nausiphanes war Pyrrhons Schüler und Anhänger, und also mußte er freylich behaupten, *nichts sey gewiß als die Ungewißheit.* Und dieses hat uns Montagne hier ohne Zweifel auf des Seneka Bericht melden wollen, welcher ausdrücklich sagt, Si Nausiphani credo, hoc vnum certum est, nihil esse certi. *Epist.* 88.

355 Vnum esse omnia. Dieser Meynung, welche Cicero dem Xenophanes zuschreibt *Quaest. Acad.* L. IV. c. 37. war auch Parmenides, des Xenophanes Schüler, wenn wir dem Aristoteles darinnen glauben, welcher sagt, (Lib. I. *Metaphys. c.* 5.) Parmenides habe wirklich nicht mehr als ein Ding geglaubt, aber zwey Grundwesen, das Warme und das Kalte, angenommen, um sich nach dem Scheine zu richten. Si *Parmenidi* credo, sagt *Seneca,* nihil est praeter vnum. *Epist.* 88. Und daher hat vielleicht Montagne das genommen, was er uns hier von dem Parmenides sagt.

356 Dieser Zeno muß Zeno von Elea, des Parmenides Schüler seyn. Die Pyrrhonier zählten ihn unter ihre Anhänger. S. *Diog. Laertius* in Vita Pyrrhonis L. IX. Segm. 72. Montagne schreibt auch hier den *Seneca* ab, der nach den Worten, Si *Parmenidi* credo, nihil est praeter vnum, unmittelbar hinzu setzt, si *Zenoni,* ne vnum quidem. *Epist.* 88.

thun, sehr unbescheiden und unehrerbietig wären. Ich halte nicht für gut, die göttliche Macht auf diese Art den Gesetzen unserer Sprache zu unterwerfen. Man sollte das Scheinbare, was diese Sätze an sich haben, ehrerbietiger und gottesfürchtiger ausdrücken.

Unsere Sprache hat ihre Schwachheiten und Fehler, wie alles übrige. Die meisten Gelegenheiten zu den Unruhen in der Welt, laufen auf die Sprachkunst hinaus. Unsere Rechtshändel entstehen bloß von streitigen Auslegungen der Gesetze, und die meisten Kriege kommen daher, weil wir unvermögend sind, die Vergleichspunkte und Verträge der Großen deutlich aus zu drücken. Wie viele und wie wichtige Händel hat nicht die zweifelhafte Bedeutung der Syllbe Hoc veranlaßt? Wir wollen den Schlußsatz nehmen, welchen uns die Vernunftlehre selbst als den klärsten anbietet. Wenn einer sagt: Es ist gut Wetter, und sagt die Wahrheit, so ist also gut Wetter. Ist dieß also nicht eine gewisse Art zu reden? Bey dem allen kann sie uns betrügen. Es sey so, wir wollen dem Beyspiele folgen. Wenn einer sagt: Ich lüge, und sagt die Wahrheit, so lügt er. Die Kunst, der Grund, die Stärke dieses Schlußsatzes, sind dem andern gleich: indessen bleiben wir hier doch stecken.

Ich sehe, daß die Pyrrhonier ihren allgemeinen Begriff durch keine Redensart aus zu drücken wissen: denn, sie müßten eine neue Sprache haben. Die unsrige besteht aus nichts als bejahenden Sätzen, die ihnen alle verhaßt sind. Wenn sie daher sagen, *ich zweifle*: so nimmt man sie gleich bey der Krause, um sie zu dem Geständnisse zu zwingen, daß sie wenigstens dieses versichern, und wissen daß sie zweiflen. Also hat man sie genöthiget, sich mit dem Gleichnisse von der Arzeneykunst zu helfen; ohne welches ihre Meynung gar nicht zu erklären wäre. Wenn sie sprechen, *ich weiß nicht*, oder, *ich zweifle*: so sagen sie, dieser Satz schmisse sich selbst zugleich mit dem übrigen um; eben so wie die Rhabarber, welche die bösen Säfte forttreibet, zugleich selbst mit weg geht.[357] Dieser Gedanke läßt sich noch besser frageweise ausdrücken: *Was weiß ichs?* wie ich bey einer Wage zur Ueberschrift führe.[358] Man

---

357 Eben dieser Vergleichung waren sich die Pyrrhonier zu bedienen gewohnt: *Diog. Laert.* in Vita *Kat' ison tois kathartikois, ha tên hylên proekkrinanta, kai auta hypekkrinetai kai exapollytai.* Pyrrhonis L. IX. Segm. 76.

358 Man findet diese in vielen Ausgaben der Versuche, unter des Montagne Bildnisse. Und sie ist auch bey der gegenwärtigen Uebersetzung, unter des Montagne Bildnisse seinem Wappen zur Seite.

sehe einmal, wie man diese so unehrbietige Redensart[359] mißbraucht. In unsern gegenwärtigen Religionsstreitigkeiten, werden die Gegner, wenn man allzu sehr in sie dringt, ganz frey sagen, es stünde nicht in Gottes Gewalt, zu machen, daß sein Leib in dem Paradiese und auf der Erde, und an vielen Orten zugleich seyn könnte. Und wie macht sich dieses der alte Spötter[360] zu Nutze, welcher spricht: »Wenigstens ist es kein geringer Trost für den Menschen, wenn er sieht, daß Gott nicht alles thun kann. Denn, er kann sich nicht umbringen, wenn er auch wollte, welches der größte Vortheil ist, den wir bey unsern Umständen haben: er kann die Sterblichen nicht unsterblich, die Todten nicht wieder lebendig machen, und es nicht so weit bringen, daß einer der gelebt hat, nicht gelebt hätte, daß einer, der Ehrenämter gehabt hat, keine gehabt hätte, weil er über das Vergangene kein anderes Recht, als das Recht der Vergessenheit hat. Und, damit endlich diese Gesellschaft zwischen dem Menschen und Gott noch durch lustige Beyspiele geschlossen wird, er kann nicht machen, daß zweymal zehen nicht zwanzig sind.« Dieß sind seine Worte, die ein Christe billig nicht in den Mund nehmen sollte. Hingegen scheinen die Menschen, umgekehrt, diese thörichte Verwegenheit der Ausdrücke recht mit Fleiße zu suchen, um Gott nach ihrem Maasse einzuschränken.

> Cras vel atra
> Nube polum Pater occupato,
> Vel sole puro, non tamen irritum
> Quodcumque retro est efficiet, neque

359 Von welcher Montagne vorher geredet hat, nämlich *Gott kann dieß oder jenes nicht thun.*

360 *Plinius*, der sich folgendermassen ausdrückt: Imperfectae vero in homine naturae praecipua solatia, ne Deum quidem posse omnia. Namque nec sibi potest mortem consciscere, si velit; quod homini dedit optimum in tantis vitae poenis: nec mortales aeternitate donare, aut reuocare defunctos: nec facere, vt qui vixit non vixerit; qui honores gessit, non gesserit. Nullumque habere in praeterita ius, praeterquam obliuionis: atque (vt facetis quoque argumentis societas haec cum Deo copuletur) vt bis dena viginti non sint. *Hist. Nat.* L. II. c. 7. In der ersten Ausgabe der Versuche, die im Jahre 1580. erschienen ist, und in der, welche bey *Abel l'Angelier* in 4. 1588. herausgekommen ist, hatte Montagne frey gesagt: *Und wie macht sich dieses der Spötter Plinius zu Nutze.*

Diffinget infectumque reddet
Quod fugiens semel hora vexit.[361]

Wenn wir sagen, die unendliche Anzahl sowohl der vergangenen als zukünftigen Jahrhunderte sey für Gott nur ein Augenblick; seine Güte, Weisheit, Macht, wären einerley mit seinem Wesen: so saget dieses zwar unser Mund; aber unser Verstand begreift es nicht. Dem ungeacht, will unsere Verwegenheit die Gottheit nach unserer Elle messen. Daher entspringen alle Träume und Irrthümer, von welchen die Welt eingenommen ist, weil sie eine von ihrem Gewichte so weit abgehende Sache, nach ihrer Wage abwiegen will. Mirum, quo procedit improbitas cordis humani, paruulo aliquo inuitata successu.[362] Wie höhnisch werfen es nicht die Stoiker dem Epikur vor, daß er glaubt, nur Gott allein besässe eine vollkommene Güte und Glückseligkeit, die Weise aber hätte nichts, als einen Schatten, und eine Aehnlichkeit davon! Wie verwegen haben sie Gott an das Schicksal gebunden! (es wäre zu wünschen, daß einige, die sich Christen nennen, dieses nicht noch heute zu Tage thäten). Und Thales, Plato, und Pythagor, haben ihn der Nothwendigkeit unterworfen. Die Verwegenheit, daß man Gott mit unsern Augen entdecken will, hat verursachet, daß ein großer Mann unter den Unsrigen Gott eine körperliche Gestalt beygelegt hat, und veranlaßt uns täglich, Gott die wichtigen Begebenheiten auf eine besondere Art zu zu schreiben. Weil sie für uns von Wichtigkeit sind: so scheinen sie auch für ihn von Wichtigkeit zu seyn; und es hat das Ansehen, als ob er mit desto mehr Achtsamkeit und Aufmerksamkeit darauf sähe, als auf die Begebenheiten welche für uns gering, oder von gewöhnlichen Folgen sind, Magna Dii curant, parua negligunt.[363] Man höre nur sein Beyspiel; er giebt Gründe davon an:

---

361 Morgen mag Jupiter den Himmel mit schwarzen Wolken, oder mit reinem Sonnenlichte überziehen: deswegen wird er doch nicht machen können, daß das Vergangene nicht geschehen wäre, und daß das, was die flüchtige Zeit einmal fortgeführet hat, rückgängig würde. *Horat.* L. III. Od. 29. v. 43. u. f.

362 Es ist zu verwundern, wie weit die Bosheit des menschlichen Hertzens gehet, wenn sie ein kleines Glück dazu veranlaßt. *Plin.* Hist. Nat. L. II. c. 23.

363 Die Götter sorgen für die großen Dinge, und bekümmern sich nicht um Kleinigkeiten. *Cic.* De Nat. Deorum L. II. c. 66.

Nec in regnis quidem reges omnia minima curant.³⁶⁴ Als wenn es diesem Könige mehr Mühe kostete ein Reich, als ein Baumblatt, zu bewegen: und als ob sich seine Vorsicht auf andere Art äußerte, wenn er den Ausschlag eines Treffens neigt, als wenn er den Sprung eines Flohes lenkt. Seine Hand erstreckt sich über alles auf einerley Weise: es ist allerwegen einerley Stärke, einerley Ordnung. Unser Vortheil trägt nichts dazu bey. Unsere Bewegungen und Maaßregeln rühren ihn nicht, Deus ita artifex magnus in magnis, vt minor non sit in paruis.³⁶⁵ Unser Hochmuth bringt uns immer auf diese gotteslästerliche Vergleichung. Weil uns unsere Beschäftigungen zur Last werden: so hat Strato die Götter aller Pflichten frey gesprochen, gleichwie ihre Priester auch davon frey sind. Er läßt alle Dinge von der Natur hervorbringen und erhalten, setzt die Theile der Welt durch derselben Gewichte und Bewegungen zusammen, und entledigt also die menschliche Natur der Furcht vor den göttlichen Gerichten, Quod beatum aeternumque sit, id nec habere negotii quicquam, nec alteri exhibere.³⁶⁶ Der Natur nach muß zwischen ähnlichen Dingen auch ein ähnliches Verhältniß seyn. Also folgt aus der unendlichen Anzahl der Sterblichen, daß auch die Unsterblichen in unendlicher Anzahl sind. Die unendliche Anzahl von Dingen, welche umbringen und vernichten, setzt eben so viele voraus, welche erhalten und Nutzen haben. Gleichwie die Seelen der Götter ohne Zunge, ohne Augen, ohne Ohren, einander sämmtlich verstehen, und unsere Gedanken erkennen: eben so errathen, weissagen, und sehen die Seelen der Menschen, wenn sie durch den Schlaf oder eine Entzückung von dem Körper frey und loß sind, Dinge, welche sie, so lange sie mit dem Körper vermischt sind, nicht sehen können. *Die Menschen, sagte der H. Paulus, sind zu Narren worden, da sie sich für weise hielten, und haben verwandelt die Herrlichkeit des unvergänglichen Gottes in ein Bilde, gleich dem vergänglichen Menschen.*³⁶⁷ Man betrachte nur einmal das Gaukelspiel der alten Vergötterungen. Nach der großen und herrlichen Pracht des

---

364 Bekümmern sich doch auch in Königreichen, die Könige nicht um alle Kleinigkeiten. *Id.* ibid. L. III. c. 35.

365 Gott ist ein so großer Künstler in großen Dingen, daß er in den kleinen kein kleinerer ist, *D. Augustinus* De Ciuitate Dei L. XI. c. 22.

366 Was selig und ewig ist, hat für sich nichts zu schaffen, und macht andern nichts zu schaffen. *Cic.* De Nat. Deorum. L. I. c. 17.

367 *Röm.* I. v. 22. 23.

Begräbnisses liessen sie,[368] wenn das Feuer die Spitze der Pyramide und das Bette des Verstorbenen ergriff, zu gleicher Zeit einen Adler fliegen, welcher sich in die Höhe schwung, und andeutete, daß die Seele in das Paradies gienge. Wir haben tausend Münzen, und besonders von der ehrbaren Frau, der Faustine, wo dieser Adler vorgestellet wird, wie er diese vergötterte Seelen auf dem Rücken in den Himmel trägt.[369] Es ist erbärmlich, daß wir uns mit unsern eignen Possen und Erfindungen betrügen:

Quod finxere timent,[370]

eben so, wie sich die Kinder vor dem Gesichte ihres Spielgesellen fürchten, welches sie selbst beschmiert und schwarz gemacht haben. Quasi quicquam infelicius sit homine, cui sua figmenta dominantur.[371] Es ist weit gefehlt, daß wir denjenigen, der uns gemacht hat, ehren sollten, wenn wir das, was wir gemacht haben, ehren. August hatte mehr Tempel als Jupiter, und wurde mit größerer Andacht und Ueberzeugung von seinen Wunderwerken verehrt. Die Thasier berichteten den Agesilaus, zur Vergeltung für die von ihm erhaltenen Wohlthaten, daß sie ihn kanonisirt hätten. *Hat dann euer Volk* gab er ihnen zur Antwort, *die Macht, wen es will, zum Gott zu machen? Macht zur Probe einen von euch dazu, und wenn ich werde gesehen haben, wie es ihm gefällt, so will ich euch für euer Anerbieten sehr danken.*[372] Der Mensch ist sehr unbesonnen. Er kann nicht eine Milbe machen, und macht ganze Dutzend Götter. Man höre nur einmal wie Trismegist unsere Geschicklichkeit lobt: Unter allen bewundernswürdigen Dingen ist nichts wunderba-

---

368 Alles dieses beschreibt *Herodian,* L. IV. umständlich.

369 à la chevremorte heißt es im Französischen: nämlich so, daß derjenige, welcher auf dem Adler saß, demselben auf den Rücken lag, desselben Hals umfaßte, und mit den Schenkeln und Schienbeinen an dessen Körper anschloß.

370 Sie fürchten sich vor dem, was sie selbst gedichtet haben. *Lucan.* L. I. v. 786.

371 Als ob etwas unglücklicher seyn könnte als der Mensch, den seine eignen Erdichtungen beherrschen.

372 *Plutarch,* Apophthegm. Lacon.

rer, als daß der Mensch die göttliche Natur hat finden und machen können. Hier sind Beweisgründe selbst aus der Schule der Weltweisheit,

> Nosse cui Diuos et caeli numina soli,
> Aut soli nescire datum.[373]

Wenn Gott ist: so ist er ein Thier.[374] Wenn er ein Thier ist: so hat er Sinnen: Wenn er Sinnen hat: so ist er der Verwesung unterworfen. Wenn er ohne Körper ist: so ist er ohne Seele, und folglich unthätig. Und wenn er einen Körper hat: so ist er vergänglich. Ist dies nicht ein herrlicher Sieg? Wir können unmöglich die Welt gemacht haben: es muß daher ein vortreflichers Wesen geben,[375] welches dabey Hand angeleget hat. Es würde ein thörichter Hochmuth seyn, wenn wir uns für das vollkommenste Ding in der Welt hielten. Es giebt also noch ein besseres. Dieses ist Gott. Wenn einer eine herrliche und prächtige Wohnung sieht: so wird er, wenn er gleich nicht weiß, wer derselben Eigenthumsherr ist, doch nicht sagen, daß sie für Ratten gemacht sey.[376] Und haben wir also nicht Ursache zu glauben, daß der göttliche Bau, den wir an dem Himmelspallaste wahrnehmen, der Aufenthalt eines größern Herrn ist, als wir sind? Ist das höchste nicht allezeit das vortreflichste?[377] Und wir befinden uns am niedrigsten. Kein unbeseeltes und unvernünftiges Wesen kann ein der Vernunft fähiges Thier hervorbringen.[378] Die Welt bringt uns hervor. Also hat sie eine Seele und Vernunft. Jeder Theil von uns, ist kleiner als wir. Wir sind Theile der Welt. Die

---

373 *Lucan.* L. I. v. 452. u. f.
374 *Cic.* De Nat. Deorum. L. III. c. 13. 14.
375 *Id.* ibid. L. II. c. 6.
376 *Id.* ibid. An vero si domum magnam pulcramque videris, non possis adduci, vt, etiamsi dominum non videas, muribus illam et mustelis aedificatam putes: tantum vero ornatum mundi, tantam varietatem pulchritudinemque rerum coelestium, tantam vim, et magnitudinem maris atque terrarum, si tuum, ac non Deorum immortalium putes, nonne plane desipere videare?
377 An ne hoc quidem intelligimus, omnia supera esse meliora? terram autem esse infimam etc. *Id.* ibid.
378 *Id.* ibid. c. 8.

Welt besitzt also Weisheit und Vernunft;³⁷⁹ und zwar mehr als wir. Eine große Herrschaft ist etwas schönes: die Herrschaft der Welt ist also einem glückseligen Wesen eigen.³⁸⁰ Die Sterne fügen uns keinen Schaden zu: sie sind also voll Güte. Wir haben Nahrung nöthig: folglich auch die Götter;³⁸¹ und sie erhalten sich von den Dämpfen, die von hier unten in die Höhe steigen. Die weltlichen Güter sind keine Güter für Gott: also sind sie auch keine Güter für uns. Beleidigen und beleidiget werden, sind beydes Beweise der Schwachheit: also ist es eine Thorheit, sich vor Gott zu fürchten. Gott ist seiner Natur nach gut: der Mensch aber durch seinen Fleiß; welches mehr ist. Die göttliche Weisheit ist von der menschlichen in weiter nichts unterschieden, als darinnen, daß diese letztere ewig ist. Allein die Dauer setzt der Weisheit nichts zu. Also sind wir Mitgenossen. Wir haben Leben, Vernunft und Freyheit, wir schätzen die Güte, die Liebe, und die Gerechtigkeit: also besitzt die Gottheit diese Eigenschaften. Kurz, der Mensch sieht bloß auf sich, wenn er eine Gottheit macht oder vernichtet, oder ihr gewisse Eigenschaften beyleget. Was für ein Muster und Vorbild! Laßt uns die menschlichen Eigenschaften länger ziehen, austreiben, und vergrößern, so sehr wir wollen. Blase dich auf, armer Mensch, und immer noch mehr und mehr,

non si te ruperis, inquit.³⁸²

---

379 *Cic.* De Nat. Deorum. L. II. c. 12. Vt nulla pars corporis nostri est, quae non sit minor quam nosmet ipsi sumus, sie mundum vniuersum pluris esse necesse est, quam partem aliquam vniuersi. Quod si ita est, sapiens sic mundus necesse est.

380 *Id.* ibid. c. 11.

381 *Id.* ibid. c. 16. Quin etiam cibo, quo vtare, interesse aliquidad mentis aciem putant. Probabile est igitur praestantem intelligentiam in sideribus esse, quae et aetheream mundi partem incolant, et marinis terrenisque humoribus longo interuallo extenuatis alantur.

382 Und wenn du platztest, wirst du es nicht so weit bringen. *Horat.* L. II. Sat. 3. v. 319.

Profecto non Deum, quem cogitare non possunt, sed semetipsos pro illo cogitantes; non illum, sed seipsos, non illi, sed sibi comparant.[383] Bey den natürlichen Dingen stellen die Wirkungen ihre Ursachen nur halb vor. Wie steht es mit dieser hier? Sie ist über die Ordnung der Natur. Sie ist allzu hoch, allzu entfernt, allzu mächtig, als daß sie sich durch unsere Schlüsse binden und fesseln liesse. Durch uns gelanget man nicht dahin: dieser Weg ist allzu niedrig. Wir sind auf dem Berge Senis dem Himmel nicht näher, als in dem Abgrunde des Meers; man darf nur das Astrolabium dabey zu Rathe ziehen. Sie bringen Gott so weit, daß er sich wie vielmal, und in vielen Geschlechtern, so gar mit den Weibespersonen, fleischlich vermischt. Paulina, des Saturnius Ehegattin, eine Frau, die zu Rom in großem Ansehen stund,[384] dachte bey dem Gott Serapis[385] zu schlafen; befand sich aber durch das Kuppeln der Priester dieses Tempels in den Armen eines ihrer Liebhaber. Varro, der scharfsinnigste und gelehrteste lateinische Schriftsteller, schreibt in seinen theologischen Büchern,[386] daß des Herkules Küster, mit einer Hand für sich, mit der andern für den Herkules, das Loos geworfen, und mit ihm um eine Abendmahlzeit und ein Mädchen gespielet: wenn er gewann, von den Opfern; wenn er verlohr, auf seine Kosten. Er verlohr, und bezahlte seine Abendmahlzeit und sein Mädchen. Sie hieß *Laurentine*, und sahe die Nacht diesen Gott in ihren Armen, der ihr noch überdieß sagte, daß ihr der erste, welchen sie den Morgen darauf antreffen würde, himmlisch ihren Lohn bezahlen würde. Dieses war Taruntius,[387] ein junger reicher Mensch, der sie zu sich nahm, und mit der Zeit zu seiner Erbinn einsetzte. Sie ihres Theils dachte diesem Gott eine Gefälligkeit zu erzeigen, und setzte das Römische Volk zu ihrem

383 Gewiß, die Menschen denken sich selbst, statt Gottes, den sie nicht denken können, und vergleichen nicht ihn, sondern sich selbst, nicht ihm, sondern sich. D. *Augustin.* de Ciuitate Dei, L. XII. c. 15.

384 *Joseph* erzählt diese Begebenheit umständlich *Antiquit. Jud.* L. XVIII. c. 4.

385 Oder *Anubis*, nach Josephs Berichte.

386 D. *Augustinus* De Ciuitate Dei. L. VI. c. 7.

387 Oder *Tarutius,* iuuenis ditissimus. *ibid.* Allein, nach dem *Plutarch,* der eben diese Begebenheit in dem *Leben des Romulus* erzählet, war die erste Mannsperson, welche Larentia (denn, so nennt er sie) antraf, *Tarutius, ein Mann, der bereits in hohem Alter war.*

Erben ein, weswegen man ihr göttliche Ehre erwies. Man hielt zu Athen für gewiß, (als ob es nicht genug gewesen wäre, daß Plato von beyden Seiten ursprünglich von den Göttern abstammete, und den Neptun zum gemeinschaftlichen Stammvater seines Geschlechtes hatte), daß Ariston,[388] als er die schöne Periktione umarmen wollen, nicht gekonnt habe, sondern im Traume von dem Gott Apollo erinnert worden,[389] daß er sie unbefleckt und unberührt lassen sollte, bis sie niedergekommen wäre. Diese[390] waren Platons Vater und Mutter. Wie viel dergleichen Erzählungen finden wir nicht, da die Götter den armen Menschen Hörner aufgesetzet haben? Und wie viel Männer sind nicht ihren Kindern zum besten in ein schimpflich Gerede kommen? Unter den Mahometanern finden sich, wie der Pöbel glaubt, ziemlich viel Merline; nämlich Kinder ohne Vater, geistige und in den Leibern der Jungfrauen göttlich erzeugte Kinder: und sie führen auch einen Namen, der dieses in ihrer Sprache bedeutet.

Wir müssen beobachten, daß jedem Dinge nichts lieber und nichts werther ist, als sein Wesen; (der Löwe, der Adler, der Delphin, schätzen nichts höher als ihre Art) und daß jedes die Eigenschaften aller andern Dinge mit seinen eigenen vergleicht. Wir können diese zwar ausdehnen und zusammen ziehen: allein dieses ist es auch alles. Ohne diese Vergleichung und diesen Grundsatz, kann unsere Einbildung nicht fort, und keine andere errathen; es ist ihr unmöglich, darüber hinaus und weiter zu gehen. Daher entspringen die alten Schlüsse:[391] »Unter allen Gestalten ist die menschliche die schönste. Also hat Gott diese Gestalt. Ohne Tugend kann keiner glücklich seyn. Die Tugend aber kann nicht ohne Vernunft seyn; und die Vernunft kann nicht anders als in menschlicher Gestalt wohnen. Also ist Gott mit einer menschlichen Gestalt bekleidet.«

---

388   *Diog. Laert.* in Vita Platonis. L. III. Segm. 2. *Athênêsin ên logos, hôraian ousan tên Periktionên biazesthai ton Aristôna, kai mê tynchanein.*

389   *Plutarch.* in Quaest. conuiualibus L. VIII. Quaest. I.

390   *Ariston und Periktione waren* u.s.w.

391   *Cic.* De Nat. Deor. L. I. c. 18. Quodsi omnium animantium formam vincit hominis figura, Deus autem animans est: ea figura profecto est, quae pulcherrima sit omnium. Quoniamque Deos beatissimos esse constat, beatus autem esse sine virtute nemo potest, nec virtus sine ratione constare, nec ratio vsquam inesse sine hominis figura: hominis esse specie Deos confitendum est.

Ita est informatum anticipatumque mentibus nostris, vt homini, quum de Deo cogitet, forma occurrat humana.³⁹² Daher sagte Xenophanes im Scherze,³⁹³ daß die unvernünftigen Thiere, wenn sie sich Götter dichten, wie sie dann wahrscheinlicher Weise thun, dieselben ganz gewiß sich gleich dichten, und sich eben so viel einbilden, als wir. Warum sollte eine junge Gans nicht auch sagen können: »Alle Theile der Welt beziehen sich auf mich, die Erde dient mir zum Gehen, die Sonne mir zu leuchten, die Sterne mir ihre Einflüsse mitzutheilen. Ich habe den Nutzen von den Winden, und den von dem Wasser. Keinem ist dieses Gewölbe vortheilhafter, als mir. Ich bin der Liebling der Natur. Schafft mir nicht der Mensch Futter und Wohnung, und dient mir? Für mich säet und mählt er. Frißt er mich gleich: so macht er es doch wohl auch mit dem Menschen, seinem Gesellen, nicht anders; und dafür bringe ich Würmer hervor, die ihn tödten und fressen.« Eben so würde auch ein Kranich reden können, und noch prächtiger, wegen seines freyen Flugs, und weil er die schöne und hohe Gegend inne hat: Tam blanda conciliatrix, et tam sui est lena ipsa natura.³⁹⁴

Auf eben diesen Fuß ist das Schicksal und die Welt unserwegen da. Unser wegen leuchtet und donnert es. Der Schöpfer und die Geschöpfe, alles ist unserwegen. Dieses ist das Ziel und der Zweck, worauf dieses Ganze gerichtet ist. Man betrachte einmal das Verzeichniß, welches die Weltweisheit zweytausend Jahre, und noch länger, über die Himmelsbegebenheiten gehalten hat. Die Götter haben alles des Menschen wegen gethan und geredet. Sie eignet ihnen sonst keine Berathschlagung und Verrichtung zu. Bald führen sie wider uns Krieg.

    domitosque Herculea manu
    Telluris iuuenes, vnde periculum

---

392 Es ist unsern Gemüthern angebohren, daß dem Menschen, wenn er an Gott gedenkt, gleich die menschliche Gestalt vorkömmt. *Cic.* De Nat. Deorum L. I. c. 27.

393 *Eusebius,* Praeparat. Euangel. L. XIII. c. 13.

394 So einnehmend ist die Natur, und so gut kann sie sich einschmeicheln. *Cic.* de Nat. Deorum. L. I. c. 27.

> Fulgens contremuit Domus
> Saturni veteris.³⁹⁵

Bald nehmen sie an unsern Unruhen Theil, um uns Gleiches mit Gleichem zu vergelten, weil wir so oft an den ihrigen Theil nehmen.

> Neptunus muros magnoque emota tridenti
> Fundamenta quatit, totamque a sedibus vrbem
> Eruit: hic Juno Scaeas saeuissima portas Prima tenet.³⁹⁶

Die Caunier hielten so sehr über der Herrschaft ihrer eignen Götter, daß sie den Tag ihres Gottesdienstes Waffen auf die Schultern nahmen, und so weit ihre Gränzen giengen, herumliefen, mit ihren Schwerdtern hie und da Luftstreiche thaten, und also die fremden Götter mit allem Eifer verfolgten, und aus ihrem Gebiete verbanneten.³⁹⁷

Ihre Macht wird nach unsern Bedürfnissen eingeschränkt. Einer heilet die Pferde, der andere die Menschen: einer die Pest, der andere den faulen Huf, der dritte den Husten, der vierte eine gewisse Art von Krätze, und der fünfte wieder etwas anders: adeo minimis etiam rebus praua religio inserit Deos.³⁹⁸ Einer bringt die Weintraube hervor, der andere die Gartengewächse. Einer hat die Aufsicht über die Hurerey, ein anderer über die Kaufmannschaft. Jedes Handwerk hat seinen eignen Gott. Einer hat seine Herrschaft und sein Ansehen in den Morgenländern, der andere in den Abendländern.

> hic illius arma
> Hie currus fuit.³⁹⁹

---

395 Die von dem Herkules überwundenen Söhne der Erde, welche den schimmernden Pallast des alten Saturns in Schrecken setzen. *Horat.* L. II. Od. 12-v. 6. u.f.

396 *Aeneid.* L. II. v. 610. u. f.

397 *Herodot.* L. I. p. 79.

398 So sehr mischt eine verderbte Religion die Götter auch mit in die geringsten Dinge. *Tit. Liv.* L. XXVII. c. 3.

399 *Aeneid.* L. I. v. 20. 21. sagt Virgil, wenn er von Karthago redet: Hier sah man ihren Spieß und ihren Götterwagen.

O sancte Apollo, qui vmbilicum certum terrarum obtines!⁴⁰⁰
Pallada Cecropidae, Minoia Creta Dianam,
Vulcanum tellus Hipsipylaea colit:
Iunonem Sparte, Pelopeiadesque Mycenae,
Pinigerum Fauni Maenalis ora caput.
Mars Latio venerandus.⁴⁰¹

Einer hat nur einen Flecken oder eine Familie im Besitze. Einer wohnt ganz allein: der andere ist entweder freywillig oder gezwungen in Gesellschaft.

Junctaque sunt magno templa nepotis auo.⁴⁰²

Es giebt so geringe und gemeine Götter (denn ihre Anzahl steigt bis sechs und dreyßig tausend) daß man deren fünf bis sechs zusammennehmen muß, wenn eine Kornähre hervorkommen soll: und daher bekommen sie auch ihre verschiedene Namen. Vor einer Thür sind deren drey: einer bey den Bretern, der andere bey der Angel, der dritte bey der Thürschwelle. Ein Kind hat deren viere, welche über das Wickeln, über sein Trinken, über sein Essen, und über sein Säugen, die Aufsicht haben. Es giebt gewisse, aber auch Ungewisse und zweifelhafte. Einige gelangen noch nicht in das Paradies.

Quos, quoniam coeli nondum dignamur honore,
Quas dedimus certe terras habitare sinamus.⁴⁰³

---

400 O heiliger Apollo, der seinen Sitz in dem Mittelpunkte der Welt hat. *Cic. de Diuinat.* L. II. c. 56.

401 Athen verehrt die Pallas, die Insel Creta Dianen, und Lemnos den Vulkan. Faun wird auf des Mänalus fichtenreicher Spitze, und Mars in dem Lateinerlande, angebetet. *Ouid. Fast.* III. v. 81. etc.

402 Der Neffe wohnt mit seinem erlauchten Großpater in einem Tempel. *Id.* ibid. L. I. v. 294.

403 Wir wollen ihnen doch wenigstens die ihnen von uns geschenkten Länder auf der Erde zur Wohnung lassen, weil wir ihnen noch nicht die Ehre erweisen, sie in den Himmel aufzunehmen. *Ouid. Metamorph.* L. I, Fab. VI. v. 32.33.

Es giebt physikalische, poetische, und bürgerliche. Einige sind von einer mittlern Art zwischen der göttlichen und menschlichen Natur, Mittler und Unterhändler zwischen uns und Gott. Sie werden in einem niedrigern und kleinern Grade der Anbetung angebetet, und haben unendlich viel Titel und Aemter. Einige darunter sind gut, andere böse. Es giebt alte und abgesetzte unter ihnen, ja einige sind so gar sterblich. Denn Chrysipp[404] hielt dafür, daß in dem letzten Brande der Welt alle Götter, bis auf den Jupiter, umkommen würden. Der Mensch dichtet tausend artige Gesellschaften zwischen Gott und sich. Ist er nicht sein Landsmann?

Jouis incunabula Creten.[405]

Scävola der Oberpriester, und Varro, ein großer Gottesgelehrter zu seiner Zeit, entschuldigen sich in Ansehung dieser Sache damit, es wäre nöthig, daß das Volk viele wahre Dinge nicht wüßte, und viele falsche glaubte. Quum veritatem, qua liberetur, inquirat, credatur, ei expedire, quod fallitur.[406] Die menschlichen Augen können die Dinge nicht anders sehen, als nach ihrer Art der Erkenntniß. Wir erinnern uns nicht, was Phaethon für einen Sprung gethan hat, da er sich seines Vaters Pferde mit sterblichen Händen zu regieren unterfangen. Unser Gemüth fällt eben so tief herunter, es zerschlägt und zerschmettert sich eben so durch seine Verwegenheit. Fragt man die Weltweisheit, aus was für Materie die Sonne besteht: was wird sie antworten, als aus Eisen, aus Steine, oder einem andern ihr bekannten Stoffe? Erkundigt man sich bey dem Zeno was die Natur ist? Ein künstliches Feuer, giebt er zur Antwort,

---

404 *Plutarch.* de communibus notitiis aduersus Stoicos.
405 Kreta, Jupiters Geburtsort. *Ouid.* Metamorph. L. VIII. Fab. I. v. 99.
406 Weil es der Wahrheit aus keiner andern Absicht nachforscht, als um sich dadurch in Freyheit zu setzen: so glaubt man, es sey ihm nützlicher, wenn es betrogen wird. D. *Augustinus* de Cluitate. Dei L. IV. c. 31. wo man diese Worte des Varro findet, welche Montagne sehr getreulich übersetzt hat; Multa esse vera, quae non modo vulgo scire non sit vtile, sed etiam, tametsi falsa, aliter existimare populum expediat. M. *Terentius Varro* De Cultu Deorum.

welches zur Zeugung geschickt ist, und ordentlich geht.[407] Archimedes, ein Meister in der Wissenschaft, welcher sich vorzüglich vor allen andern der Wahrheit und Gewißheit rühmt, spricht, die Sonne wäre ein Gott von brennendem Eisen. Ist dieses nicht eine schöne Vorstellung, die von der unvermeidlichen Nothwendigkeit der geometrischen Beweise herkömmt? Indessen ist sie doch nicht so unvermeidlich und nützlich, daß Sokrates nicht geglaubt haben sollte, es wäre genug, wenn man so viel davon verstünde, daß man das Feld, welches man bekäme oder weggäbe, messen könnte;[408] und daß Polyän, der ein berühmter und angesehener Lehrer darinnen gewesen war, sie nicht als eine mit Falschheit und sichtlicher Eitelkeit erfüllte Wissenschaft verachtet haben sollte, als er die süssen Früchte aus Epikurs wollüstigen Gärten genossen hatte.[409] Sokrates sagt beym Xenophon,[410] wegen des Anaxagoras Meynung, welcher, wie das Alterthum glaubte, von göttlichen und himmlischen Dingen mehr als alle andere Dinge verstanden hat, er wäre im Kopfe verrückt worden, wie alle Leute die sich unmäßig nach Kenntnissen bestreben, welche über ihre Kräfte sind. Er besann sich nicht, da er die Sonne zu einem glüenden Steine machte, daß ein Stein im Feuer nicht leuchtet, und was das schlimmste ist, sich darinnen verzehrt: desgleichen, wenn er aus der Sonne und dem Feuer eins machte, daß das Feuer diejenigen, die ihm entgegen stehen, nicht schwarz macht;[411] daß wir dasselbe starr ansehen können; daß das Feuer den Pflanzen und

407 *Zeno – – – ita naturam definit, vt eam dicat ignem esse artificiosum ad gignendurn progredientem via.* Cic. de Nat. Deorum. L. II. c. 22.

408 *Geômetrian mechri men toutou ephê dein manthanein, heôs hikanos tis genoito, eipote deêseie, gên metrô orthôs paralabein, ê paradounai.* Xenoph. Memorabil. L. IV. §. 7. c. 2.

409 Cic. Acad. Quaest. L. IV. c. 33. *Poliaenus, qui magnus Mathematicus fuisse dicitur, postquam Epicuro assentiens totam Geometriam falsam esse credidit.*

410 *Xenophon.* Memorabilium L. IV. c. 7. §. 6. 7.

411 Sokrates war kein großer Naturkündiger, wenn man nach demjenigen urtheilen darf, was er hier von der Sonne im Gegensatze mit dem Feuer sagt. Denn, wer weiß nicht, daß das Feuer einen schwarz macht, wenn man lange nahe dabey steht? Daß man es in einer sehr kleinen Entfernung nicht starr ansehen kann? Daß es den Pflanzen und Kräutern in einer gehörigen Entfernung zuträglich ist?

Kräutern schädlich ist. Nach des Sokrates, und auch nach meiner Meynung, urtheilet man am weislichsten von dem Himmel, wenn man nicht davon urtheilet. Plato sagt in dem Timäus, wenn er auf die Dämonen zu reden kömmt: *Dieses Unternehmen ist über unsere Kräfte. Man muß den Alten hierinnen glauben, welche ihrem Vorgeben nach von denselben erzeugt sind. Es würde unvernünftig seyn, wenn man den Götterkindern nicht glauben wollte, gesetzt, daß auch ihr Vorgeben weder auf nothwendigen noch wahrscheinlichen Gründen beruhet, weil sie uns versichern, daß sie von ihren eignen und ihnen am besten bekannten Umständen reden.*[412]

Wir wollen einmal sehen, ob wir etwas mehr Licht in der Erkenntniß der menschlichen und natürlichen Dinge haben. Ist es nicht ein lächerliches Unternehmen, daß wir denenjenigen Dingen, welche unsere Wissenschaft, wie wir selbst bekennen müssen, nicht erreichen kann, einen andern Körper andichten, und ihnen eine falsche Gestalt von unserer eigenen Erfindung zuschreiben? So schreiben wir der Bewegung der Planeten, ungeacht unser Verstand nicht so weit reichen, und sich ihren natürlichen Lauf nicht vorstellen kann, aus unserm Gehirne materialische, grobe, und körperliche Treibfedern zu:

temo aureus, aurea summae
Curuatura rotae, radiorum argenteus ordo.[413]

Man sollte glauben, wir hätten Kutscher, Zimmerleute, und Maler gehabt, die dort oben Maschinen, von verschiedentlichen Bewegungen verfertiget, das Räderwerk und die Zusammensetzung der Himmelskörper in Ordnung gebracht, und bunt angestrichen hätten.

412 *Meizon ê kath' hymas* etc. In *Timaeo* p. 530. F
413 Die Deichsel ist von Gold, die Räder sind von Gold, und die Speichen von Silber. *Ouid.* Metamorph. L. II. Fab. I. V. 106. u. f. Montagne wird uns in den folgenden gleich sagen, daß sich die alten Weltweisen ein wenig allzusehr auf bloß poetische Zeugnisse verlassen haben. So weit hat er Grund. Allein, ich begreife nicht, warum er sich wider die Naturforscher einiger Zeugnisse von dieser Art bedient, die nie für etwas anders als für willkührliche Gemählde, und für Erfindungen, die mehr die Einbildungskraft belustigen, als den Verstand unterrichten können, gehalten worden sind.

Mundus domus est maxima rerum
Quam quinque altitonae fragmine Zonae
Cingunt, per quam limbus pictus bis sex signis,
Stellimicantibus, altus in obliquo aethere, lunae
Bigas acceptat.[414]

Alles dieses sind Träume, und schwärmerische Possen. Warum gefällt es doch nicht einmal der Natur, uns ihren Busen zu öffnen, uns die eigentlichen Mittel und die Ausführung ihrer Bewegungen sehen zu lassen, und unsere Augen dazu geschickt zu machen? Großer Gott, was für Falschheit, was für Irrthümer, würden wir in unserer armen Wissenschaft finden! Ich müßte mich sehr irren, wenn sie eine einzige Sache bey dem rechten Punkte faßt; und ich will, wenn ich von hier gehe, ehe alle andere Dinge, als meine Unwissenheit, nicht wissen.

Habe ich nicht beym Plato den göttlichen Spruch gelesen,[415] *daß die Natur nichts als ein räthselhaftes Gedicht sey*? Vielleicht will er hiemit sagen, ein verhülltes und dunkeles Gemählde, auf welches unendlich vielerley falsches Licht fällt, um unsere Muthmassungen zu üben. Latent ista omnia crassis et occulta et circumfusa tenebris: vt nulla acies humani ingenii tanta sit, quae penetrare in caelum, terram intrare possit.[416] Und

414 Die Welt ist ein großes Haus, welches mit fünf Gürtelstrichen umgeben, und durch welches schief ein mit den zwölf gestirnten Zeichen bemahlter Streif geht, in welchen des Mondes Pferde kommen. – – – Diese Verse sind von dem Varro, und werden von dem Sprachlehrer Valerius Probus in seinen Anmerkungen über Virgils sechste Ekloge angeführt. Allein in dem ersten stehet *maxima homulli,* und in dem letzten *Bigas solisque receptat.* Ich habe die Anmerkung vom Herrn Barbeyrac.

415 Montagne hat hier den Plato sehr unrecht verstanden. Dieser sagt: *esti te physei poiêtikê hê sympasa ainigmatôdês.* in *Alcibiade* II. p. 42. C. Dieses heißt, *alle Gedichte sind ihrer Natur nach räthselhaft.* Plato sagt dieses bey Gelegenheit eines Verses aus dem Homer, welchen er erklärt, und welcher in der That etwas räthselhaft ist. Entweder hat Montagne diese Stelle in dem Plato nicht selbst gesehen, oder wenigstens nicht genau geprüft. Die Natur ist für uns gewiß ein Räthsel: allein man sieht nicht in welchem Verstande man sie ein räthselhaftes Gedicht nennen kann. Montagne selbst, dem dieser Ausdruck so göttlich dünkt, erklärt es uns nicht deutlich.

416 Alles dieses ist mit einer dicken Finsterniß bedeckt und umhüllt; so daß auch der scharfsichtigste Verstand weder in dem Himmel noch in die Erde dringen kann. *Cic.* Acad. Quaest. L. IV c. 39.

gewiß, die Weltweisheit ist nichts als ein verfälschtes Gedicht. Wo nehmen alle die alten Schriftsteller die Zeugnisse, welche sie anführen, anders her, als aus Dichtern? Ja, die ersten waren selbst Dichter, und handelten sie ihrer Kunst gemäß ab. Plato ist nichts anders, als ein getrenntes Gedicht. Alle übermenschliche Wissenschaften putzen sich mit der poetischen Schreibart. Gleichwie sich die Weibespersonen elfenbeinerner Zähne bedienen, wenn ihnen die natürlichen fehlen; gleichwie sie sich statt ihrer wahren Gesichtsfarbe mit einer fremden Materie bestreichen; sich Schenkel von Tuche und von Filze, und einen Bauch von Baumwolle machen, und sich wie jedermann weiß, mit einer falschen und entlehnten Schönheit schmücken: eben so macht es die Wissenschaft (und unser Recht selbst hat, wie es heißt, gesetzmäßige Erdichtungen, auf welche sich die Wahrheit seiner Gerechtigkeit gründet.) Sie setzt Dinge, die, wie sie gesteht, von ihr selbst erfunden sind, voraus, und weiset uns damit ab. Denn die Astrologie giebt die Epicyclen, die eccentrischen und concentrischen Zirkel, deren sie sich die Bewegung der Sterne zu bestimmen bedient, für das beste aus, was sie hiebey hat erfinden können. Eben so zeigt uns auch in andern Stücken die Weltweisheit nicht das, was ist, oder was sie glaubt, sondern das scheinbarste und artigste unter ihren Erdichtungen. Plato sagt,[417] wenn er auf den Zustand unsers Körpers und des Körpers der Thiere zu reden kömmt: Ob das, was wir sagen, wahr ist, wollen wir alsdann versichern, wenn wir dessen Bekräftigung durch ein Orakel haben. So viel versichern wir nur, daß wir nichts wahrscheinlichers zu sagen gewußt haben.

Sie schickt ihr Seilwerk, ihre Winden, und ihre Räder, nicht allein in den Himmel: wir wollen doch ein wenig sehen, was sie von uns selbst und von unserm eigenen Baue sagt. Es ist kein Zurückgehen, kein Zittern, keine Näherung, keine Entfernung, keine Bedeckung, bey den Sternen und Himmelskörpern mehr, die sie nicht auch in dem armen kleinen menschlichen Körper erdichtet haben. Wahrhaftig auf diese Art haben sie ihn mit Rechte *die kleine Welt* genannt: so viel Stücke, und so vielerley Arten, denselben zu mauern und zu bauen haben sie dabey gebraucht. In wie viel Stücke haben sie nicht unsere Seele getheilt, um die Bewegungen, die sie in dem Menschen sehen, und die verschiedenen Verrichtungen und Vermögen, die wir in uns spüren, zu erklären? Wie vielerley Sitze haben sie ihr angewiesen? In wie viel Ordnungen und

---

417 In *Timaeo* p. 72. D.

Stände haben sie den armen Menschen außer den natürlichen und sichtlichen vertheilt? Wie vielerley Pflichten und Verrichtungen haben sie ihm nicht aufgelegt? Sie machen daraus eine eingebildete Republik. Mit diesem Gegenstande handthieren sie beständig. Man läßt ihnen alle Freyheit denselben nach Belieben zu zertrennen, in Ordnung zu bringen, zusammen zu setzen und aus zu stafiren: und dennoch kennen sie ihn noch nicht recht. Sie können ihn in der That, ja, auch nicht einmal im Traume, nicht in eine solche Verfassung bringen, daß ihrer Baukunst, so ungeheuer sie auch ist, und aus so viel tausend falschen und phantastischen Stücken sie auch bestehet, nicht hie und da ein Fall, (cadence) oder ein Ton entwischen sollte. Man hat gar keinen Grund sie zu entschuldigen. Wir verzeihen es den Malern, wenn sie den Himmel, die Erde, die Meere, die Berge, die entfernten Inseln malen wollen, und uns nur ein kleines Merkmaal davon angeben: wir begnügen uns, weil es unbekannte Dinge sind, wenn sie dieselben nur etwas entwerfen und vorstellen. Allein, wenn sie uns, oder einen andern Gegenstand, der uns bekannt und gemein ist, nach dem Leben malen wollen, verlangen wir, daß sie die Züge und Farben vollkommen und genau treffen sollen; und verachten sie, wenn sie hierinnen etwas versehen. Ich bin sehr wohl mit dem Milesischen Mädchen[418] zufrieden, welches, da es sahe, daß sich der Weltweise Thales beständig mit Betrachtung des Himmelsgewölbes beschäftigte, und die Augen in der Höhe hatte, ihm etwas in den Weg legte, damit er darüber fiel, um ihn zu erinnern, es sey alsdann erst Zeit, seine Gedanken mit denen in den Wolken befindlichen Dingen zu beschäftigen, wenn er die vor seinen Füssen liegenden in Acht genommen hätte. Gewiß, sie gab ihm einen guten Rath, daß er eher sich selbst, als den Himmel betrachten sollte. Denn, wie Demokrit durch Cicerons Mund sagt,

---

418 Dieses Mädchen war des Thales Magd, und aus Thracien gebürtig, nicht aber aus Milet, *Thratta therapainis,* wie Plato sagt, aus welchem diese Erzählung genommen ist. Plato sagt nicht, daß dieses Mädchen dem Thales etwas in den Weg gelegt hätte, damit er gefallen wäre, sondern daß Thales, weil er gen Himmel gesehen, um die Sterne zu betrachten, in einen Brunnen gefallen sey. *Thalên astronomounta kai anô bleponta, pesonta eis phrear, Thratta tis emmelês kai chariessa therapainis aposkapsai legetai* etc. in *Theaetetop.* 127. G.

Quod est ante pedes, nemo spectat: coeli scrutantur plagas.[419]

Allein, wir sind in solchen Umständen, daß die Kenntniß dererjenigen Dinge, welche wir in den Händen haben, eben so weit von uns entfernt, und eben sowohl über den Wolken ist, als die Kenntniß der Sterne; so, wie Sokrates bey dem Plato sagt,[420] daß man jedem, der sich in die Weltweisheit mischt, eben den Vorwurf machen kann, den diese Weibesperson dem Thales machte, daß er das, was vor ihm ist, nicht sieht. Jeder Weltweise weiß nicht, was sein Nachbar macht: ja, nicht einmal was er selbst macht. Er weiß nicht, ob sie beyde Thiere oder Menschen sind. Haben nicht die Leute, welche des Sebonde Gründe für allzuschwach halten, welchen nichts unbekannt ist, welche die Welt regieren, welche alles wissen:

Quae mare compescant causae, quid temperet annum:
Stellae sponte sua, iussaeue vagentur et errent:
Quid premat obscurum lunae, quid proferat orbem:
Quid velit et possit rerum concordia discors.[421]

in ihren Büchern zuweilen die Schwierigkeiten geprüft, welche sie finden, wenn sie sich selbst kennen lernen wollen? Wir sehen zwar, daß sich der Finger bewegt, daß sich der Fuß bewegt, daß sich einige Theile ohne unsern Willen regen, und daß wir andere durch unsere Verordnung in Bewegung setzen; daß wir über einer gewissen Vorstellung roth, und über einer andern blaß werden; daß eine Einbildung bloß in die Milz, eine andere in das Gehirn wirkt; daß uns eine zu lachen, die andere zu

---

419 Niemand sieht auf das, was ihm vor den Füssen liegt: man durchforscht die Himmelsgegenden, *Cic. de Diuinat. L. II. c. 13.*

420 *Tauton te archei skômma epi pantas isoi en philosophia diagousi; tô gar onti ton toiouton ho men plêsion, kai ho geitôn lelêthen, ou monon hoti prattei, all' oligou kai ei anthrôpos estin, ê ti allo thremma. Ti de pot' estin anthrôpos, - - - zêtei te kai pragmat' echei diereunômenos. Plato in Theaeteto p. 127. G.*

421 Was das Meer in seinen Gränzen hält; was die Jahrszeiten ordnet; ob die Sterne eine eigene Bewegung haben, oder gezwungen herumirren; was das Abnehmen und Zunehmen des Mondes verursacht; was aus der Vereinigung der widrigen Elemente erfolgt. *Horat. L. I. Epist. 12. v. 16. u. f.*

weinen macht; daß noch eine andere unsere Sinne betäubt, und die Bewegung unserer Gliedmassen hemmet; daß sich bey einem Gegenstande der Magen, bey einem andern ein niedriger Theil erhebt. Allein, wie ein geistiger Eindruck in einem groben und festen Körper so viel ausrichten kann, und die Natur der Verbindung und Vereinigung dieser bewundernswürdigen Triebfedern, hat nie kein Mensch gewußt. Omnia incerta ratione, et in naturae maiestate abdita, sagt Plinius.[422] Und der H. Augustin spricht, Modus, quo corporibus adhaerent Spiritus, omnino mirus est, nec comprehendi ab homine potest: et hoc ipse homo est.[423]

Und deswegen zweifelt man doch nicht daran: denn, die Meynungen der Menschen gründen sich auf das Ansehen anderer, und auf das, was man vor Alters geglaubt hat, eben so als ob sie eine Religion oder Gesetze wären. Man nimmt die gemeinen Meynungen an, wenn man sie gleich nicht versteht. Man nimmt eine solche Wahrheit, mit ihrem ganzen Gebäude und Gespanne von Schlüssen und Beweisen, als einen festen und wohlgegründeten Körper an, den man nicht weiter wankend zu machen sucht, und nicht weiter beurtheilt. Jeder sucht es vielmehr dem andern zuvor zu thun, und den eingeführten Glauben zu übertünchen und zu bevestigen, so gut es seiner Vernunft, welche ein biegsames, bewegliches, und alle Gestalten anzunehmen geschicktes Werkzeug ist, möglich fällt. Auf diese Art wird die Welt mit Possen und Unwahrheiten angefüllet und überzogen.

Daß man an wenig Dingen zweifelt, kömmt daher, weil man die gemeinen Eindrücke niemals prüfet. Man geht niemals auf den Stamm des Fehlers oder der Schwachheit. Man greifet nur die Zweige an. Man fragt nicht, ob etwas wahr ist; sondern ob es so oder so verstanden

---

422 Alles dieses ist der menschlichen Vernunft unbekannt, und in der Majestät der Natur verborgen. *Plin.* Hist. Nat. L. II. c. 37.

423 Die Art des Zusammenhangs der Körper und Geister, ist gewiß höchst wunderbar, und dem Menschen unbegreiflich: und dieses ist der Mensch selbst. D. *Augustinus* De spiritu et anima.
An statt des Werks des H. *Augustins,* de Spiritu et Anima, welches ich vorher angeführt hatte, weil ich mich auf ein Exemplar von den *Versuchen* verlassen, welches dem berühmten D. Barrow zuständig gewesen ist, wo diese Anführung dazu geschrieben war, hat mir Herr Barbeyrac gemeldet, daß man *De Ciuitate Dei* L. XXI. c. 10. setzen muß. *Augustins* Worte lauten folgendermassen: Quia et iste alius modus, quo corporibus adhaerent spiritus et animalia fiunt, omnino mirus est. &c.

worden ist. Man fragt nicht, ob Galen etwas gescheutes gesagt hat; sondern, ob er so oder anders gesagt hat. Wahrhaftig, es war auch sehr nöthig, daß sich diese Bezäumung und dieser Zwang unserer Freyheit zu denken, und die strenge Beherrschung unserer Meynungen, so gar bis über die Schulen und Künste erstreckte. Aristoteles ist der Gott der scholastischen Wissenschaft. Man untersteht sich seine Verordnungen eben so wenig, als zu Sparta Lykurgs seine, zu bestreiten. Seine Lehre dient uns statt eines meisterlichen Gesetzes; und ist doch vielleicht eben so falsch, als eine andere.

Ich weiß nicht, warum ich nicht eben so gern entweder Platons Ideen, oder Epikurs Atomen, oder Leucipps und Demokrits Volles und Leeres, oder des Thales Wasser,[424] oder Anaximanders Unendlichkeit der Natur, oder des Diogenes Luft,[425] oder Pythagors Zahlen und Symmetrie, oder das Unendliche des Parmenides, oder das Eins des Musäus, oder Apollodors Luft und Feuer, oder des Anaxagoras ähnliche Theile,[426] oder des Empedokles Zwietracht und Freundschaft, oder Heraklits Feuer, oder irgends eine andere Meynung, (aus dem unendlichen Haufen von Einfällen und Urtheilen, welche die schöne menschliche Vernunft durch ihre Gewißheit und Scharfsichtigkeit allezeit hervorbringt, wenn sie sich in etwas mischet) als des Aristoteles Meynung wegen der Grundwesen der natürlichen Dinge, annehmen sollte. Diese Grundwesen schmiedet er aus drey Stücken, aus der Materie, der Form, und der Beraubung. Allein, was kann unbedachtsamer seyn, als die Vernichtung selbst zu einer Ursache der Hervorbringung der Dinge zu machen? Die Beraubung ist etwas verneinendes: wie hat er also darauf fallen können, sie zur Ursache und zum Ursprunge der wirklichen Dinge zu machen? Gleichwohl untersteht man sich dieses nicht anders, als zu einer Uebung in der Logik, wankend zu machen. Man bestreitet nichts, um es zweifelhaft zu machen; sondern um den Stifter der Schule gegen fremde Einwürfe zu vertheidigen. Sein Ansehen ist das Maal, über welchem man weiter nach nichts fragen darf.

Auf die angenommenen Gründe kann man sehr leicht alles bauen, was man will. Denn so, wie dieser Anfang gemacht ist, lassen sich die übrigen Theile des Gebäudes ohne Schwierigkeit ausführen. Durch diesen

---

424 Apud *Sextum Empiricum* Pyrrh. Hypot. L. III. c. 4. p. 115.
425 Des Diogenes aus Apollonien ap. *Sextum Empiricum,* ibid.
426 *homoiomereias. Sext. Empiricus,* ibid.

Weg finden wir unsere Vernunft sehr wohl gegründet, und schließen immer auf Gerathewohl fort. Unsere Lehrmeister setzen sich schon zum voraus bey uns in so großes Ansehen, und nehmen uns dergestalt ein, daß sie hernach nach Art der Meßkünstler aus den zugestandenen Grundsätzen alles schliessen können, was sie wollen. Unser Beyfall und unsere Einstimmung geben ihnen freye Hand, uns rechts und links zu ziehen, und nach Belieben herum zu drehen. Derjenige, dessen angenommene Sätze wir glauben, ist unser Herr und Gott. Er wird eine so geraume und bequeme Fläche zum Grunde nehmen, daß er uns von denselben, wenn es ihm beliebte, bis in die Wolken führen kann. Wir haben bey dieser Handlung und diesem Gewerbe mit Wissenschaft, Pythagors Worte, *daß man jedem Erfahrnen in seiner Kunst glauben muß*, für richtig angenommen. Der Dialektiker verläßt sich auf den Sprachlehrer, wegen der Bedeutung der Wörter. Der Rhetor borgt von dem Dialektiker die Oerter der Beweisgründe: der Dichter von dem Tonkünstler das Syllbenmaaß: der Geometer von dem Rechenkünstler die Verhältnisse. Die Metaphysiker legen die physikalischen Muthmassungen zum Grunde. Jede Wissenschaft setzt ihre eigene Grundsätze voraus, wodurch die menschliche Urtheilskraft auf allen Seiten im Zaume gehalten wird. Wenn man wider diese Schranken verstößt, in welchen der hauptsächlichste Irrthum liegt: so rufen sie einem gleich den Spruch zu: *Man muß mit denjenigen, welche die Grundsätze läugnen, nicht streiten.* Allein, die Menschen können keine Grundsätze haben, wenn sie ihnen die Gottheit nicht offenbaret hat. Der Ausgang, und der Anfang, und das Mittel, und das Ende, ist durchgängig nichts als ein Traum und ein Dunst. Diejenigen, welche durch Voraussetzungen streiten, sollten vielmehr eben den Grundsatz voraussetzen, über welchem disputirt wird. Jede menschliche Voraussetzung, und jeder Satz gilt eben so viel als ein anderer, wenn die Vernunft keinen Unterscheid darinnen macht. Also muß man sie insgesammt auf die Wage legen: und zwar vornehmlich die allgemeinen, und diejenigen, welche Tyranney über uns ausüben. Die Ueberredung von der Gewißheit ist ein gewisses Kennzeichen von Thorheit, und der äußersten Ungewißheit. Es giebt keine thörichtern Leute, und keine, die weniger Weltweisen sind, als Platons Philodoxen.[427]

> 427 *Leute, welche sich den Kopf mit Meynungen anfüllen, von welchen sie keinen Grund wissen, welche hartnäckicht auf gewissen Worten bestehen, welche nichts als den Schein der Dinge lieben und sehen.* So hat sie Plato zu Ende des V. Buchs De Republica, umständlich beschrieben.

Man muß wissen, ob der Schnee weiß ist, ob das Feuer warm ist, ob wir etwas weiches oder hartes kennen.

Die Antworten, mit welchen man sich von Alters her trägt, als, daß man zu einem, welcher die Wärme in Zweifel gezogen, gesagt hat, er sollte ins Feuer springen, und demjenigen, welcher geläugnet, daß das Eiskalt wäre, dasselbe in den Busen stecken geheissen hat, sind einem Weltweisen unanständig. Wenn sie uns nicht aus unserm natürlichen Zustande gebracht hätten: wenn sie nicht gemacht hätten, daß wir uns die äußerlichen Dinge ganz anders vorstellen, als sie sich uns durch die Sinnen darstellen; wenn sie uns unsern einfältigen Begierden, welche der Beschaffenheit unserer Geburt gemäß sind, hätten nachhängen lassen: so könnten sie mit Rechte diese Sprache führen. Allein, von ihnen haben wir gelernt uns zu Richtern der Welt auf zu werfen. Von ihnen sind wir auf die Einbildung gebracht worden, daß die menschliche Vernunft Oberaufseherinn über alles ist, was sich außer und innerhalb des Himmelsgewölbes befindet, daß sie alles begreift, alles vermag, und daß man vermittelst derselben alles weiß und erkennt. Diese Antwort würde den Cannibalen anständig seyn, welche die Glückseligkeit eines langen, ruhigen und vergnügten Lebens, ohne des Aristoteles Lehrsätze, und ohne die Naturlehre, auch nur dem Namen nach zu kennen, genießen. Diese Antwort wäre vielleicht besser, und hätte mehr Bestand, als alle andere, die sie von ihrer Vernunft und ihrer Erfindung entlehnen könnten. Zu dieser würden, nebst uns, alle Thiere, und alles was noch dem unverfälschten und einfältigen Gesetze der Natur folgt, fähig seyn. Allein, sie haben sich derselben begeben. Sie dürfen nur nicht sagen, es ist wahr, denn du siehst und empfindest es so. Sie müssen mir sagen, ob ich das, was ich zu empfinden denke, auch wirklich empfinde; und wenn ich empfinde, so müssen sie mir hernach sagen, warum ich es empfinde, und wie, und was. Sie müssen mir den Namen, den Ursprung, die Gränzen der Wärme und Kälte, die Eigenschaften des Wirkenden und Leidenden, sagen; oder sich nicht mehr rühmen, daß sie nichts anders, als durch den Weg der Vernunft, annehmen und billigen. Dieses Probirsteins müssen sie sich bey allen Gelegenheiten bedienen.

Allein gewiß, dieser Probirstein ist voll Falschheit, Irrthum, Schwachheit, und Mängel. Wodurch wollen wir ihn besser versuchen, als durch sich selbst? Darf man der Vernunft nicht glauben, wenn sie von sich selbst redet: so wird sie kaum geschickt seyn, von fremden Dingen zu urtheilen. Wenn sie etwas kennt: so wird es wenigstens ihr

Wesen und ihr Sitz seyn. Sie ist in der Seele, und ein Theil oder Wirkung derselben. Die wahre und wesentliche Vernunft, deren Namen wir betrüglich rauben, wohnt in Gott. Hier ist ihr Lager und ihr Aufenthalt. Von hier kömmt sie, wenn es Gott gefällt, uns einen Strahl von ihr sehen zu lassen: wie Pallas aus ihres Vaters Haupte sprang, um sich den Menschen bey zu gesellen.

Wir wollen doch einmal sehen, was uns die menschliche Vernunft von sich und von der Seele gelehrt hat: nicht von der Seele überhaupt, welche fast die ganze Weltweisheit den Himmelskörpern, und den ersten Körpern gemeinschaftlich beyleget; nicht von der, welche Thales,[428] durch die Betrachtung des Magnets veranlaßt, auch selbst denenjenigen Dingen zugeschrieben hat, die man für leblos hält: sondern von der, welche uns eigen ist, die wir besser kennen müssen.

> Ignoratur enim, quae sit natura animai,
> Nata sit, an contra nascentibus insinuetur,
> Et simul intereat nobiscum morte dirempta,
> An tenebras Orci visat, vastasque lacunas,
> An pecudes alias diuinitus insinuet se.[429]

Dem Krates und Dicäarch,[430] daß es gar keine gäbe, sondern daß sich der Körper von Natur so bewegte.[431] Dem Plato, daß sie eine Substanz sey, die sich von sich selbst bewegt.[432] Dem Thales, daß sie eine Natur

---

428 *Diog. Laertius* in Vita Thaletis. L. I. Segm. 24.

429 Wir kennen die Natur der Seele nicht, ob sie gebohren ist, oder ob sie zur Geburtszeit in den Körper kömmt, und zugleich mit uns in dem Tode vernichtet wird: ob sie in Plutons weites und düsteres Reich gehet, oder auf göttlichen Geheiß in andere Thiere fährt. *Lucret.* L. I. v. 113. u. f.

430 Das heißt, *dem Krates und Dicäarch hat die menschliche Vernunft gelehrt u.s.w.*

431 *Sextus Empiricus* Pyrrh. Hypot. L. II. c. 5. p. 57. et *adu.* Mathem. *peri anthrôpou* p. 301. - - Dicaearchus - - Pherecratem quendam Phthiotam senem - - - disserentem inducit, nihil esse omnino animum, &c. Cic. Tusc. Quaest. L. I. c. 10

432 *Plato* De Legibus L. X. p. 668. F. G.

sey, die nie ruhet.[433] Dem Asklepiades, daß sie eine Uebung der Sinnen. Dem Hesiod und Anaximander, daß sie ein aus Erde und Wasser zusammengesetztes Ding. Dem Parmenides, daß sie aus Erde und Feuer bestünde.[434] Dem Empedokles, daß sie aus Blute bestünde:[435]

Sanguineam vomit ille animam.[436]

Dem Poßidon, Kleanthes,[437] und Galen, daß sie eine Wärme, oder warme Leibesbeschaffenheit.[438]

Igneus est ollis vigor et caelestis origo.[439]

Dem Hippokrates, daß sie ein durch den Leib ausgebreiteter Geist.[440] Dem Varro, daß sie eine durch den Mund eingezogene, in der Lunge erwärmte, in dem Herzen verdünnte, und durch den ganzen Leib ausge-

---

433 Das heißt, wie sich Plutarch erkläret, *die sich von sich selbst bewegt, autokinêton. De Placitis Philosophorum.* L. IV. c. 2.

434 Dieses ist aus dem *Macrobius:* Empedocles et Critias (dixerunt Animam) *Sanguinem;* Parmenides *ex terra et igne.* In Somn. Scip. L. I. c. 14.

435 Empedocles Animum esse censet, cordi suffusum sanguinem. *Cic.* Tusc. Quaest. L. I. c. 9.

436 *Aeneid.* L. IX. v. 349.
Es fährt von ihm die blutge Seele weg.

437 *Diog. Laert.* L. VII. S. 156. Dieser Schriftsteller legt dem Zeno und Poßidon die Meynung bey, *pleuma enthermon einai tên psychên,* und führt unmittelbar darauf den Kleanthes wegen der Dauer der Seele an.

438 Man führt deswegen die Abhandlung an, *Quod animi mores sequantur corporis temperamentum.* Allein, Nemes *De natura hominis* c. 2. p. 57. *Edit. Oxon.* führt eine Stelle aus dem Galen an, wo sich dieser Arzt erkläret, daß er sich von der Natur der Seele nichts gewisses zu bestimmen getrauet; und man hat in den Anmerkungen zu der Oxforder Ausgabe viele Stellen angeführt, welche eben dieses klärlich beweisen: – – *Diese Anmerkung habe ich vom Herrn Barbeyrac.*

439 *Aeneid.* L. VI. v. 730. Ihr Eifer gleicht dem Feuer, ihr Ursprung ist von Himmel.

440 Hippocrates Spiritum tenuem per corpus omne dispersum. *Macrobius* in Somnio Scipionis L. I. c. 14.

breitete Luft sey.[441] Dem Zeno, daß sie die Quintessenz der vier Elemente.[442] Dem Heraklides aus Pontus, daß sie das Licht.[443] Dem Xenokrates, und den Egyptiern, daß sie eine bewegliche Zahl.[444] Den Chaldäern, daß sie eine Kraft ohne bestimmte Form sey:

---

441   *Varro* ita definit: Anima est aër conceptus ore, deferuefactus in pulmones, temperatus in corde, diffusus in corpus. *Lactant.* de Opificio Dei c. 17. n. 5.

442   Ich weiß nicht woher Montagne dieses hat. Allein, Cicero sagt ausdrücklich, diese Quintessenz sey des Aristoteles Erfindung, der die Seele daraus zusammensetzt, und nach Zenons Meynung sey die Seele von Feuer. Zenoni Stoico Animus ignis videtur. *Cic.* Tusc. Quaest. L. I. c. 9. Aristoteles - - quintam quandam naturam censet esse, e qua sit Mens. *Id.* ibid. c. 10. Hierauf setzt Cicero noch hinzu, Aristoteles nennete den Geist *Entelechie,* welches ein ganz neues Wort wäre, und eine fortgehende und beständige Bewegung bedeutete: Sic ipsum Animum *entelechian* appellat nouo nomine, quasi quandam continuam motionem et perennem. Ob gleich Montagne diese letzte Worte bey Gelegenheit dessen, was er uns von dem Aristoteles sagen wird, abgeschrieben hat: so tadelt er ihn doch deswegen, daß er nichts von dem Ursprunge und der Natur der Seele erwähnet. Allein, er hätte nur die Augen auf das, was Cicero ein wenig vorher sagt, werfen dürfen: so würde er gesehen haben, daß Aristoteles sich hat angelegen seyn lassen, sich wegen des Ursprungs der Seele zu erklären, ehe er ihre Wirkung angiebt. Hat er hierdurch noch nicht gut genug gezeigt, was sie für eine Natur hat: so unterrichtet uns Zeno ebenfalls nicht viel besser davon, wenn er spricht, Animus ignis videtur. Es würde auch leicht zu zeigen seyn, daß die übrigen Weltweisen in diesem Stücke nicht viel glücklicher, als Zeno und Aristoteles, gewesen sind.

443   *Hêrakleidês phôtoeidê tên psychên hôrisato. Stob.* Eclog. Phys. L. I. c. 40. p. 93.

444   Xenocrates *numerum se mouentem. Macrob.* in Somn. Scipionis L. I. c. 14. Dieses ist eben Pythagors Erklärung, von welchem Xenokrates vieles entlehnet hatte. *Pythagoras arithmon auton kinounta Plutarch.* de Placitis Philosoph. L. IV. c. 2. Er redet daselbst auch von der *Entelechie,* welche Aristoteles für das Wesen der Seele annahm, wie Montagne nach dem *Cicero* erkennt.

> Habitum quendam vitalem corporis esse
> Harmoniam Graeci quam dicunt.⁴⁴⁵

Wir dürfen den Aristoteles nicht vergessen, welcher sie für das hält, was den Körper natürlicher Weise in Bewegung setzt, und was er Entelechie nennt. Eine Erfindung die so elend, als keine andere ist: denn er redet weder von dem Wesen noch von der Natur der Seele, sondern bemerkt nur eine von ihren Wirkungen. Lactanz,⁴⁴⁶ Seneca,⁴⁴⁷ und die meisten Dogmatiker, haben gestanden, daß sie nichts davon verstünden. Cicero sagt, nachdem er alle diese Meynungen hergezählet hat: Harum sententiarum quae vera sit, Deus aliquis viderit.⁴⁴⁸ Ich erkenne, sagt der H. Bernhard,⁴⁴⁹ durch mich selbst, wie unbegreiflich Gott ist, weil ich so gar die zu meinem Wesen gehörigen Stücke nicht begreifen kann. Heraklit, welcher behauptete, daß alles mit Seelen und Dämonen erfüllt wäre, bestund nichts destoweniger darauf, man könnte in der Erkenntniß der Seele nicht so weit gehen, daß man dazu gelangen könnte, so verborgen wäre ihr Wesen.⁴⁵⁰

Man kann sich eben so wenig vergleichen, und streitet eben so sehr darüber, wo sie ihren Sitz hat. Hippokrates und Hierophil⁴⁵¹ setzen sie in die Höhle des Gehirns. Demokrit und Aristoteles⁴⁵² hingegen in den ganzen Leib:

445 Eine gewisse zum Leben erforderliche Beschaffenheit des Körpers, welche die Griechen Harmonie nennen. *Lucret.* L. III. v. 100.
446 Quamquam percipi ratio ejus *(animae)* et natura non possit. *De Opif. Dei* c. 17. init.
447 *Nat. Quaest.* L. VII. c. 24. Quid sit Animus ille rector dominusque nostri, non magis tibi quisquam expediet, quam vbi sit.
448 Welche von diesen Meynungen die wahre ist, das weiß Gott. *Cic.* Tusc. Quaest. L. I. c. II.
449 Ex me intelligo, quam sit incomprehensibilis Deus, quoniam me ipsum intelligere non possum, quem ipse fecit. *Lib. de Anima seu Meditat, deuotiss.* C. I. p. 1048. Ed. Par. 1640. Diese Stelle hat mir Herr Barbeyrac angezeigt.
450 *Diog. Laert.* in Vita Heracliti. L. IX. Segm. 7.
451 *Plutarch.* De Placitis Philosophorum. L. IV. c. 5.
452 *Hoi de (elexan autên periechesthai) en holô tô sômati, kathaper tines kata Dêmokriton Sextus Empiricus* adu. Mathem. p. 211.

>   Vt bona saepe valetudo cum dicitur esse
>   Corporis, et non est tamen haec pars vlla valentis.[453]

Epikur sucht sie in dem Magen.[454]

>   Hic exultat enim pauor ac metus, haec loca circum
>   Laetitiae mulcent.[455]

Die Stoiker setzen sie um das Herz herum, und darein.[456] Erasistrat setzt sie nahe bey der Hirnschalenhaut,[457] Empedokles, in das Blut:[458] wie auch Moses thut; welches die Ursache war, warum er das Essen des Blutes der Thiere, in welchem ihre Seele ist, verbot. Galen hat gemeynt, jeder Theil des Körpers hätte seine Seele. Strato hat ihr ihren Sitz zwischen den zwoen Augenbraunen angewiesen,[459] Qua facie quidem sit animus, aut vbi habitet, ne quaerendum quidem est, sagt Cicero.[460] Ich lasse diesen Mann gerne selbst reden. Denn, würde ich mich wohl beredter aus zu drücken fähig seyn? Hiezu kömmt noch, daß nicht viel dabey zu gewinnen ist, wenn man ihm den Stoff seiner Erfindungen nimmt: denn sie sind nicht gar häufig, nicht gar wichtig, und nicht sehr unbekannt. Allein, ich darf auch die Ursache nicht vergessen, warum Chrysipp, wie die andern von seiner Sekte, schließt, sie sey um das Herz herum. Deswegen, sagt er,[461] weil wir, wenn wir etwas versichern wollen, die Hand auf den Magen legen; und wenn wir *egô*, das heist *Ich*, sprechen wollen, den Unterkinnbacken gegen den Magen zu beugen. Wir

---

453 Gleichwie man dem Körper oft Gesundheit zuschreibt, ungeacht sie kein Theil des Gesunden ist. *Lucret.* L. III. v. 103. u. f.

454 Media regione in pectoris haeret. *Lucret.* L. III. v. 141.

455 Denn hier erhebt sich Furcht und Schrecken, diese Oerter werden mit der Freude angefüllt. *Id. ibid.* v. 142. 143.

456 *Plutarch.* De Placitis Philosophorum. L. IV. c. 5.

457 *Id. ibid.*

458 *Id. ibid.*

459 *Id. ibid.*

460 Was für eine Gestalt die Seele hat, und wo sie wohnet, darnach darf man nicht einmal fragen. *Tusc. Quaest.* L. I. c. 28.

461 Apud *Galenum*, L. II. de Placitis Hippocratis et Platonis. c. 2.

dürfen diese Stelle nicht übergehen, ohne die Eitelkeit eines so großen Mannes zu bemerken. Denn, ohne zu gedenken, daß diese Betrachtungen an und für sich von ganz und gar keinem Gewichte sind: so beweiset die letztere weiter nichts, als daß die Griechen ihre Seele an diesem Orte haben. Kein menschlicher Verstand ist so munter, daß er nicht zu weilen schlummern sollte. Was scheuen wir uns zu sagen? Hier sind die Stoiker, die Väter der menschlichen Klugheit,[462] welche dafür halten, daß die Seele eines durch ein eingefallenes Gebäude erschlagenen Menschen, da liegt, und sich lange Zeit quälet, ehe sie fortkömmt, weil sie sich, wie eine in der Mäusefalle gefangene Maus, der Last nicht entledigen kann. Einige glauben, die Welt sey gemacht worden, damit die Geister, welche die ihnen anerschaffene Reinigkeit durch ihre eigene Schuld verlohren haben, in Körper hätten gesteckt werden können; anfangs wären gar keine Körper geschaffen worden; und sie würden in mehr oder weniger muntere oder plumpe Körper gewiesen, nachdem sie sich mehr oder weniger von ihrer geistigen Natur entfernt hätten. Daher käme die Verschiedenheit so vieler erschaffener Materie. Allein der Geist, der zur Strafe mit dem Sonnenkörper bekleidet worden ist, muß eine sehr seltene und sonderliche Veränderung erlitten haben.

Die äußersten Enden unserer Untersuchungen sind alle mit Dunkelheit bedecket, wie Plutarch von dem Anfange der Geschichte sagt, daß nach Art der Landkarten die Gränzen der bewohnten Länder mit Morästen, dicken Wäldern, Wüsten, und unbewohnbaren Oertern umgeben sind. Dieses ist die Ursache, warum diejenigen, welche die erhabensten Sachen abhandeln, und am weitesten darinnen gehen, in die gröbsten und kindischten Fehler verfallen, und sich in ihrer Neugierde und Einbildung vertiefen. Das Ende und der Anfang der Wissenschaft laufen auf gleiche Dummheit hinaus. Man betrachte einmal den Plato, wenn er sich in seinen poetischen Wolken in die Höhe schwingt. Man betrachte einmal bey ihm das kauderwälsche Geplauder der Götter. Allein, wo dachte er dann hin, da er den Menschen als *ein zweyfüßichtes Thier ohne Federn*[463] beschrieb? Er gab hiedurch denenjenigen, die ihn zu verspotten geneigt

---

462 Qui existimant, animam hominis magno pondere extriti permeare non posse, et statim spargi, quia non fuerit illi exitus liber. Seneca Epist. 57.

463 *Diog. Laert.* in Vita Diogenis Cynici, L. VI. Segm. 40. *Anthrôpos esti zôon dipoun, apteron.*

waren, eine schöne Gelegenheit: denn, sie rupften einen Kapaun lebendig, und nannten denselben einen platonischen Menschen.

Und was für eine Einfalt war es nicht, daß die Epikurer anfangs sich einbildeten, ihre Atomen, die sie für Körper, die einiges Gewicht und eine natürliche Bewegung niederwärts hätten, ausgaben, hätten die Welt erbauet; bis sie endlich von ihren Gegnern erinnert wurden, nach dieser Beschreibung wäre es nicht möglich, daß sie zusammen kämen, und sich an einander anhiengen, weil sie auf diese Art gerade und senkrecht herunterfielen, und allerwegen Parallellinien beschrieben? Sie sahen sich hiedurch genöthiget, noch eine ungefähre Bewegung nach der Seite anzunehmen, und ihren Atomen krumme und gebogene Schwänze bey zu legen, damit sie dieselben geschickt machten, sich an einander an zu hängen, und sich mit einander zu verbinden. Und wie sauer machen es ihnen nicht diejenigen, welche sie wegen dieser andern Betrachtung verfolgen? Wenn die Atomen zufälliger Weise so vielerley Figuren gebildet haben, warum hat es niemals getroffen, daß sie ein Haus oder einen Schuh gemacht haben? Warum glaubt man nicht auch, daß aus einer unendlichen Menge griechischer Buchstaben, wenn sie unter einander auf einen Platz hingeschüttet würden, einmal eine Ilias entstehen könnte?

Was zur Vernunft fähig ist, ist besser als das, was nicht dazu fähig ist.[464] Nun ist nichts besser, als die Welt. Also ist dieselbe zur Vernunft fähig. Cotta macht sie durch eben diesen Schluß zu einer Meßkünstlerinn. Ja, er macht sie zur Tonkünstlerinn und Organistinn, durch folgenden Schluß, der ebenfalls vom Zeno ist: Wir sind zur Weisheit fähig, und Theile der Welt. Also ist sie weise.[465] Man findet eine unendliche Menge dergleichen Beyspiele, von nicht bloß falschen, sondern ungereimten Beweisen, die keinen Stich halten, und ihre Urheber nicht so wohl der Unwissenheit, als der Thorheit, verdächtig machen, an den Vorwürfen, welche die Weltweisen einander wegen der Verschiedenheit ihrer Meynungen und Sekten zu machen pflegen. Wer einen Haufen der Eselsstreiche, welche die menschliche Vernunft begeht, zusammenbrächte, würde Wunderdinge sehen. Ich sammle gerne dergleichen, gleichsam zur Probe; und glaube, daß dieses eben so nützlich ist, als die gemäßigtem Unterweisungen. Wir können hieraus urtheilen, was wir

---

464 *Cic.* de Nat. Deorum, L. III. c. 9.
465 *Cic.* De Nat. Deorum L. II. c. 12.

von dem Menschen, von seinem Verstande, und seiner Vernunft zu halten haben, da die größten Männer, und diejenigen, welche die menschliche Geschicklichkeit so hoch getrieben haben, in so sichtliche und grobe Fehler gefallen sind.

Ich, meines Theils, will lieber glauben, daß sie sich nur zufälliger Weise der Wissenschaft, wie eines Spielwerks mit beyden Händen bedienet, daß sie mit der Vernunft, als mit einem eiteln und schlechten Werkzeuge, Kurzweil getrieben, und alle Arten von Erfindungen und Einfällen, bald gute, bald schlechte, vorgebracht haben. Eben der Plato, welcher den Menschen wie ein Huhn beschreibt, sagt anderswo dem Sokrates nach,[466] er wüßte in der That nicht, was der Mensch sey, und er gehörte unter diejenigen Theile der Welt, die am schwersten zu erkennen sind. Durch diese Verschiedenheit und Unbeständigkeit der Meynungen, führen sie uns, gleichsam bey der Hand, stilleschweigend zu dem Entschlüsse, eben so wie sie unschlüßig zu bleiben. Sie stellen sich, als ob sie ihre Meynung nicht allezeit frey und klärlich vortrügen. Sie haben dieselbe bald unter dem fabelhaften Schatten der Dichtkunst, bald unter einer andern Larve versteckt. Unsere Unvollkommenheit bringt auch dieses mit sich, daß das rohe Fleisch unserm Magen nicht allezeit zuträglich ist, und daß es getrocknet, verändert, und verderbt werden muß. Eben so machen sie es ebenfalls. Sie verdunkeln, zuweilen ihre wahren Meynungen und Gedanken, verfälschen dieselben, um sich nach dem gemeinen Gebrauche zu richten. Sie wollen die Unwissenheit und Schwachheit der menschlichen Vernunft nicht frey bekennen, um die Kinder nicht zu fürchten zu machen: allein, sie entdecken uns dieselbe genugsam, unter dem Scheine einer verwirrten und unbeständigen Wissenschaft.

Ich rieth in Italien einem, dem die Italiänische Sprache schwer wurde, daß er sich, wenn er weiter nichts suchte, als seine Gedanken zu erklären, und sich nicht sonst darinnen hervor thun wollte, nur der ersten Wörter, die ihm in den Mund kämen, sie möchten Lateinisch, Französisch, Spanisch, oder Gasconisch seyn, bedienen, und denselben eine italiänische Endung geben sollte, denn auf diese Art würde er allezeit gewiß eine landübliche Mundart, entweder die toscanische, oder römische,

---

466 Vielmehr nöthiget Sokrates den Alcibiades dieses zu gestehen. *Socr. Ti pot' oun ho anthrôpos Alcib. Ouk echô legein.. Sokr. Was ist dann also der Mensch? Alcib. Ich kann es nicht sagen.* I. Alcib. p. 129. E.

oder venetianische, oder piemontische, oder neapolitanische, treffen. Eben dieses sage ich auch von der Weltweisheit. Sie hat so vielerley Gestalten und so viel Mannichfaltigkeit, und hat so viel gesagt, daß sich alle unsere Träume und Grillen, mit darunter finden. Die menschliche Einbildung kann sich nichts, es sey gut oder böse, vorstellen, was sich nicht mit darunter befände. Nihil tam absurde dici potest, quod non dicatur ab aliquo Philosophorum.⁴⁶⁷ Ich mache meine Einfälle darinnen desto freyer bekannt: weil ich, ungeacht sie von mir selbst herstammen, und nach keinem Muster gemacht sind, gewiß weiß, daß sie eine Aehnlichkeit mit den Gedanken irgend eines Alten haben werden, und daß einer oder der andere ohne Zweifel sprechen wird: daher hat er sie genommen. Meine Sitten sind natürlich. Ich habe dieselben ein zu richten keine Beyhülfe einiger Anweisung gebraucht. Allein, so mangelhaft sie auch sind: so habe ich sie doch allezeit, wenn mir die Lust angekommen ist, sie bekannt zu machen, und wenn ich es, um sie ein wenig erbarer unter die Leute zu bringen, für meine Schuldigkeit erachtet habe, sie mit Gründen und Beyspielen zu unterstützen, voll Verwunderung mit so vielen philosophischen Beyspielen und Gründen einstimmig gefunden. Ich habe erst, da meine Lebensart fix und fertig war, erkannt, unter was für ein Regiment sie gehörte. Eine neue Art! Unvorsätzlicher und zufälliger Weise ein Philosoph zu werden!

Es ist wahrscheinlich, um wieder auf unsere Seele zu kommen, daß Plato, wenn er die Vernunft in das Gehirne, den Zorn in das Herz, und die Begierde in die Leber gesetzt hat,⁴⁶⁸ hiedurch vielmehr die Regungen der Seele hat erklären, als dieselbe, wie einen Körper in viele Theile theilen und absondern wollen. Die wahrscheinlichste unter ihren Meynungen ist, daß sie allezeit eine Seele ist, die vermöge der ihr eigenen Kraft schließt, sich erinnert, begreift, urtheilt, begehret, und alle ihre andere Wirkungen vermittelst verschiedener Werkzeuge des Körpers verrichtet: eben so wie der Steuermann sein Schif nach seiner erlangten Erfahrung regiert, bald ein Tau anspannt oder nachläßt, bald die Segelstange aufrichtet, oder das Ruder braucht, und auf diese Art durch ein einziges Vermögen vielerley bewerkstelliget. Es ist auch wahrscheinlich, daß sie ihren Sitz in dem Gehirne hat: welches daraus erhellet, weil die

---

467 **Man kann nichts so ungereimtes sagen, das nicht irgend ein Weltweiser gesagt hätte.** *Cic.* **De Diuinat. L. II. c. 58.**
468 *Diog.* Laert. L. III. §. 67.

Wunden und Zufälle, welche diesen Theil verletzen, so gleich die Kräfte der Seele hindern. Man kann hernach füglich annehmen, daß sie sich von hieraus durch den ganzen Körper ergießt:

> – – – medium non deserit vnquam
> Caeli Phoebus iter; radiis tamen omnia lustrat:[469]

gleichwie die Sonne vom Himmel ihr Licht und ihre Kräfte ausgießt, und die Welt damit erfüllt.

> Caetera pars animae per totum dissita corpus,
> Paret, et ad numen mentis nomenque mouetur.[470]

Einige haben gesagt, es gäbe eine allgemeine Seele, wie einen großen Körper. Alle einzelne Seelen flössen von derselben aus, kehrten wieder in dieselbe zurück, und vermischten sich allezeit wieder mit dieser allgemeinen Materie.

> – – – Deum namque ire per omnes
> Terrasque tractusque maris caelumque profundum.
> Hunc pecudes, armenta, viros, genus omne ferarum
> Quemque sibi tenues nascentem arcessere vitas,
> Scilicet huc reddi deinde, ac resoluta referri
> Omnia, nec morti esse, locum.[471]

---

469 Die Sonne verläßt niemals die Mittelstrasse am Himmel, und erleuchtet dennoch alles mit ihren Strahlen. *Claudian.* De sexto consulatu Honorii. v. 411. 412.

470 Der andere Theil der Seele, der sich durch den ganzen Leib erstreckt, gehorcht, und richtet sich in seinen Bewegungen nach dem Willen und Winke des Geistes. *Lucret.* L. III. v. 144. 145.

471 Gott durchdränge die Erde, das Meer, und den ganzen Umfang des Himmels. Das Vieh, die Menschen, und alle Arten wilder Thiere, bekämen hievon in dem Augenblicke ihrer Geburt ihr junges Leben; alles ergösse sich aber auch hernach wieder dahinein, und verlöhre sich darinnen, daß also kein Tod Statt fände. *Virg.* Georg. L. IV. v. 321. u. f.

Andere haben behauptet, daß sie sich nur mit derselben wieder vereinigten und verbänden: noch andere: daß sie aus der göttlichen Substanz entstünden, wieder andere, daß sie durch die Engel aus Feuer und Luft hervorgebracht würden. Einige glauben, daß sie von je her gewesen sind: andere, daß sie erst zur Stunde, wenn sie nöthig sind, hervorgebracht werden. Einige lassen sie aus der Mondkugel herabsteigen, und wieder dahin kehren. Die meisten Alten aber meynen sie würden vom Vater zum Sohne, auf eben die Art, wie alle andere natürliche Dinge, hervorgebracht und erzeugt. Sie schliessen dieses aus der Aehnlichkeit zwischen den Kindern und Vätern:

> Instillata patris virtus tibi.
> Fortes creantur fortibus et bonis:[472]

desgleichen daraus, weil nicht allein die Leibesmäler, sondern auch eine Aehnlichkeit der Gemüthsarten und Neigungen der Seele, von den Vätern auf die Kinder fortgepflanzet werde.

> Denique cur acris violentia triste leonum
> Seminium sequitur, dolus vulpibus, et fuga ceruis
> A patribus datur, et patrius pauor incitat artus.
> – – –
> – – –
> Si non certa suo quia semine seminioque
> Vis animi pariter crescit cum corpore toto?[473]

Hierauf gründet sich, ihrer Meynung nach, die göttliche Gerechtigkeit, wenn sie die Sünde der Väter an den Kindern strafet, weil der Gift der

---

472 Dir ist die Tugend deines Vaters eingeflößet. Tapfere Kinder werden nur von tapfern und rechtschaffenen Vätern erzeuget. *Horat.* L. IV. Od. 4. v. 29. *Ich weiß nicht, wo der erste Vers her ist.*

473 Warum behält endlich der Löwe die seiner Art eigene Grausamkeit, warum erben die Füchse die List, und die Hirsche die Furcht von ihren Vätern – – – wenn es nicht daher rührt, weil der Leib und die Seele von einerley Saamen herkommen, und weil die Seele zugleich mit dem Leibe wächst? *Lucret.* L. III. v. 741. 742. 743-746. 747.

väterlichen Laster auch der Seele der Kinder gewissermassen anhängt, und weil die Unordnung ihres Willens diese auch betrifft.

Ueberdieß, wenn die Seelen anders wo her, als in einer natürlichen Folge, kämen, und etwas anders außer dem Körper gewesen wären: wo würden sie ihres Zustandes noch eingedenk seyn, weil ihnen das Vermögen zu urtheilen, zu schliessen, und sich zu erinnern, natürlich ist.

> – – si in corpus nascentibus insinuatur,
> Cur super anteactam aetatem meminisse nequimus,
> Nec vestigia gestarum rerum vlla tenemus?[474]

Denn, um den Stand unserer Seelen so hoch zu erheben, als wir wollen, muß man voraussetzen, daß sie, wenn sie sich in ihrer natürlichen Einfalt und Reinigkeit befinden, sämtlich Wissenschaft besitzen. Folglich würden sie diese besessen haben, da sie von dem leiblichen Gefängnisse, eben so wohl ehe sie hineingekommen, frey gewesen sind; als sie, wie wir hoffen, dieselbe besitzen werden, wenn sie daraus gegangen sind. Kraft dieser Wissenschaft nun müßten sie sich, wenn sie noch in dem Körper wären, wie Plato sagte,[475] erinnern, daß das, was wir lernen, nur eine Erinnerung desjenigen ist, was wir gewußt haben: eine Sache, deren Falschheit jeder durch seine eigene Erfahrung beweisen kann. Denn erstlich, erinnern wir uns gerade an nichts anders, als was man uns lehrt; und das Gedächtniß würde uns doch, wenn es das Seinige vollkommen thäte, wenigstens auf eins und das andere außer dem Gelernten bringen. Zweytens war das, was die Seele wußte als sie in ihrer Reinigkeit war, eine wahre Wissenschaft; denn sie erkannte durch ihre göttliche Einsicht, die Dinge wie sie sind: da man ihr hingegen hier die Unwahrheit und das Laster beybringt, wenn man sie darinnen unterrichtet; wobey sie ihre Erinnerung nicht anwenden kann, weil sie niemals dergleichen Vorstellungen und Bilder gehabt hat. Wollte man sagen, das Gefängniß des Körpers erstickte ihre natürliche Vermögen dergestalt, daß sie darinnen gänzlich verlöschen: so ist dieses erstlich der andern Meynung entgegen, da man ihre Kräfte für so groß erkennt, und die

---

474 Wenn die Seele in dem Augenblicke der Geburt erst in den Körper kömmt, warum können wir uns der vorigen Zeit nicht erinnern, warum kennen wir keine Spuren der vergangenen Dinge? *Lucret.* L. III. v. 671. u. f.

475 In Phaedone p. 382. et seqq.

Wirkungen, welche die Menschen in diesem Leben davon spüren, für so wunderbar hält, daß man daraus diese Göttlichkeit und vergangene Ewigkeit so wohl, als die zukünftige Unsterblichkeit, geschlossen hat.

> Nam si tantopere est animi mutata potestas,
> Omni vt actarum exciderit retinentia rerum,
> Non (vt opinor) ea ab letho iam longior errat.[476]

Ferner müssen wir die Kräfte und Wirkungen der Seele hier bey uns, und nicht anderswo, betrachten: so vergeblich und unnütze sind ihr ihre übrigen Vollkommenheiten. Ihre ganze Unsterblichkeit muß nach dem gegenwärtigen Zustande geschätzet und beurtheilet werden, und man muß sie bloß nach dem Leben des Menschen rechnen. Es würde eine Unbilligkeit seyn, wenn ihr ihre Mittel und Vermögen genommen worden wären, wenn sie entwafnet worden wäre, damit man wegen der Zeit ihrer Sklaverey und ihrer Gefangenschaft, ihrer Schwachheit und Krankheit, wegen der Zeit da. sie gezwungen und gebunden ist, ein Verdammungsurtheil von unendlicher und stetswährender Dauer über sie fällen könnte: wenn man bey der Betrachtung einer so kurzen Zeit stehen bliebe, welche vielleicht eine oder zwo Stunden, oder, wenn es aufs schlimmste geht, ein Jahrhundert beträgt (welches eben so wenig als ein Augenblick ein Verhältniß zu der Unendlichkeit hat) um wegen dieser augenblicklichen Zeitfrist über ihr ganzes Daseyn zu sprechen, und das Endurtheil zu fällen. Es würde eine sehr unbillige Ungleichheit seyn, wenn man auf eine so kurze Lebenszeit eine ewige Belohnung setzen wollte. Plato sucht sich aus dieser Schwierigkeit zu helfen, und behauptet, daß die zukünftigen Vergeltungen auf eine Zeit von hundert Jahren, beziehungsweise auf die menschliche Lebenszeit, eingeschränket sind:[477] und viele unter den Unsrigen haben ihnen zeitliche Gränzen

---

476   Denn, wenn das Vermögen der Seele eine so große Veränderung erlitten hat, daß sie alles Andenken des Vergangenen verlohren hat: so ist sie, (dächte ich) nicht mehr weit vom Tode entfernt. *Lucret.* L. III. v. 674. u. f. In dem *Lucrez* steht, Non, vt opinor, id ab letho iam longiter errat.

477   Platons Gedanke verliehrt hier vieles von seiner Stärke. Plato behauptet, so viel böse Handlungen man begangen, und so viel Personen man dadurch beleidiget hätte, so viel zehenmal zehen Jahre, das ist, so viel hundert Jahre, welche die Dauer des menschlichen Lebens sind, würde man dafür gestraft, *de Republ.* L. X. p. 615.

gesetzt. Demnach hielten sie dafür, sie würde eben so, wie alle menschliche Dinge erzeuget. Eben so ist es, nach Epikurs und Demokrits Meynung, welche den meisten Beyfall gefunden hat, mit ihrem Leben beschaffen. Diese gründeten sich auf die schönen Wahrscheinlichkeiten: man sähe, daß sie zu eben der Zeit gebohren würde, wenn der Körper dazu fähig wäre; man sähe, daß ihre Kräfte, eben so wie die körperlichen, wüchsen; man bemerkte bey ihr die Schwachheit ihrer Kindheit, und mit der Zeit ihre Munterkeit und Reife, hernach die Abnahme ihrer Kräfte und ihr Alter, und endlich das hohe Alter.

> gigni pariter cum corpore, et vna
> Crescere sentimus, pariterque senescere mentem.[478]

Sie beobachteten, daß sie verschiedener Leidenschaften fähig ist, und von vielen beschwerlichen Regungen beunruhiget wird, wodurch sie in Müdigkeit und Schmerz verfällt; daß sie sich verschiedentlich verändert, bald munter, bald schläfrig und matt, und verschiedenen Krankheiten und Verletzungen ausgesetzt ist, eben so wie der Magen oder der Fuß.

> – – – mentem sanari, corpus vt aegrum,
> Cernimus, et flecti medicina posse videmus.[479]

Daß sie durch die Stärke des Weins verblendet und verwirrt gemacht, durch die Dünste eines hitzigen Fiebers aus der Ruhe gebracht, durch einige Arzeneyen eingeschläfert, durch andere wieder aufgeweckt wird.

> – – – corpoream naturam animi esse necesse est,
> Corporeis quoniam telis ictuque laborat.[480]

---

478 Wir sehen, daß die Seele zugleich mit dem Körper gebohren wird, wächset, und auch altert. *Lucret.* L. III. v. 446. u. f.

479 Wir sehen, daß das Gemüth, eben wie der kranke Leib, gesund gemacht, und durch die Arzneykunst wieder hergestellet werden kann. *Lucret.* L. III. v. 509. u. f.

480 Die Seele muß nothwendig körperlich seyn, weil sie, wenn der Körper verwundet wird, ebenfalls darunter leidet. *Lucret.* L. III. v. 176. 177.

Man sieht, daß alle ihre Kräfte durch den Biß eines einzigen tollen Hundes gehemmet und niedergeschlagen werden: daß sie keine Stärke der Vernunft, keine Geschicklichkeit, keine Tugend, keine philosophische Herzhaftigkeit, kein Anstrengen ihrer Kräfte, vor diesen Zufällen sichern kann. Ein elender Rüd kann, wenn er des Sokrates Hand begeifert, alle seine Weisheit und alle seine großen und regelmäßigen Gedanken zu Boden werfen, und so vernichten, daß nicht die geringste Spur seiner ersten Erkenntniß übrig bleibt:

> Vis – – – animai
> Conturbatur, et – – – diuisa seorsum
> Disiectatur, eodem illo distracta veneno.[481]

Dieser Gift findet in dieser Seele nicht mehr Widerstand, als in der Seele eines vierjährigen Kindes. Er ist im Stande, die ganze Weltweisheit, wenn sie eingefleischt wäre, unsinnig und rasend zu machen: so, daß Cato, der selbst den Tod und das Glück überwand, vor Furcht und Entsetzen, weder Spiegel noch Wasser würde ansehen können, wenn er von einem tollen Hunde angestecket in die Krankheit verfiele, welche die Aerzte Wasserscheu nennen.

> – – – vis morbi distracta per artus
> Turbat agens animam, spumantes aequore salso
> Ventorum vt validis feruescunt viribus vndae.[482]

Allein, was diesen Punkt anbetrift, hat die Weltweisheit zwar den Menschen zur Erdultung aller andern Zufälle entweder mit Geduld, oder wenn sie allzu schwer fällt, mit einem unfehlbaren Hülfsmittel, mit der gänzlichen Beraubung aller Empfindung, ausgerüstet. Allein, diese Mittel sind nur für eine Seele, die in ihrer Gelassenheit und bey ihren Kräften ist, die Vernunft und Ueberlegung besitzt, und helfen nichts, wenn die Seele eines Weltweisen die Seele eines Thoren wird, verwirrt, verstöret,

---

481 Die Gemüthskräfte werden durch dieses Gift verstöret, zerstreuet, und zu Boden geschlagen. *Id.* ibid. v. 498. u. f.

482 Das Uebel schleicht durch alle Glieder, und beunruhiget die Seele, eben so wie die schäumenden Wellen des Meeres von Sturmwinden hin und her geschlagen werden. *Lucret.* L. III. v. 491.

und außer sich ist: ein Uebel, welches vielerley Gelegenheiten veranlassen; da uns bald eine allzu heftige Gemüthsbewegung, welche durch eine starke Leidenschaft in der Seele entstehen kann, oder eine Wunde an einem gewissen Theile des Leibes, oder eine Ausdünstung des Magens, verblenden und den Kopf schwindlicht machen kann:

> morbis in corporis auius errat
> Saepe animus, dementit enim, deliraque fatur:
> Interdumque graui lethargo fertur in altum
> Aeternumque soporem, oculis nutuque cadenti.[483]

Die Weltweisen haben, wie mich dünkt, dieses, eben so wenig, als eine andere Sache von gleicher Wichtigkeit, berühret. Sie führen, unserer Sterblichkeit zum Troste, immerfort folgendes Dilemma im Munde. Entweder ist die Seele sterblich, oder unsterblich. Ist sie sterblich: so wird sie von der Noth befreyet werden. Ist sie unsterblich: so wird sie, wenn sie von hinnen scheidet, in bessere Umstände kommen. Allein, sie vergessen das andere Glied: wie, wenn es sich nun mit ihr verschlimmerte? Sie überlassen den Dichtern die Drohungen der zukünftigen Martern: und hiedurch haben sie gewonnen Spiel. Dieses sind zwo Auslassungen, die ich öfters in ihren Abhandlungen wahrnehme. Doch ich will wieder auf die erste kommen.[484] Eine solche Seele verliert den Nutzen des höchsten stoischen Gutes, der so dauerhaft und beständig ist. Unsere schöne Weisheit muß sich hier gefangen geben, und die Waffen niederlegen. Uebrigens überlegten sie auch nach der Nichtigkeit der menschlichen Vernunft, daß man sich die Vermischung und Gesellschaft zweyer so verschiedenen Stücke, wie das Sterbliche und das Unsterbliche sind, gar nicht einbilden kann:

> Quippe etenim mortale aeterno iungere, et vna
> Consentire putare et fungi mutua posse,

---

[483] Oefters wird die Seele bey den Krankheiten des Körpers in Verwirrung gebracht, und wahnwitzig gemacht. Zuweilen geräth sie durch eine schwere Schlafsucht, wenn die Augen zufallen, in einen tiefen und ewigen Schlummer, *Lucret.* L. III. v. 464. u. f.

[484] Auf die erste Auslassung, *daß die weiseste und munterste Seele närrisch und blödsinnig werden kann.*

> Desipere est. Quid enim diuersius esse putandum est,
> Aut magis inter se disiunctum discrepitansque,
> Quam mortale quod est, immortali atque perenni
> Junctum in concilio saeuas tolerare procellas?[485]

Weiter spürten sie, daß die Seele, eben sowohl als der Körper, Theil an dem Tode hätte.

> – – – simul aeuo fessa fatiscit.[486]

Dieses zeigt uns, nach Zenons Meynung, das Beyspiel des Schlafes genugsam. Denn er glaubt, die Seele geriethe dabey eben sowohl in Ohnmacht, und sänke eben sowohl hin, als der Körper: Contrahi animum et quasi labi putat atque concidere.[487] Das, was man bey einigen wahrnimmt, daß sich ihre Stärke und Munterkeit bis an das Ende ihres Lebens erhält, leiteten sie von der Verschiedenheit der Krankheiten her: gleichwie man sieht, daß in dieser letzten Stunde ein Mensch einen Sinn, der andere einen andern, einer das Gehör, der andere den Geruch, unverändert erhält; und gleichwie man niemals eine so allgemeine Entkräftung findet, daß nicht einige Theile unverletzt und frisch bleiben sollten.

> Non alio pacto, quam si pes quum dolet aegri,
> In nullo caput interea sit forte dolore.[488]

---

485 Es ist eine Thorheit, wenn man sich einbildet, das Sterbliche könne dem Ewigen zugesellet werden, und beyde könnten zusammenstimmen, und gemeinschaftlich wirken. Denn, was kann verschiedener seyn, was kann weiter von einander abgehen, als das Sterbliche von dem Unsterblichen und Ewigen. Wie können sie dann also vereint die härtesten Stürme aushalten? *Lucret.* L. III. v. 801. u. f.

486 Sie wird zugleich von dem Alter entkräftet. *Lucret.* L. III. v. 459.

487 *Cic.* De Diuinat. L. II. c. 58. – – – Montagne erklärt *Cicerons* Worte, ehe er sie anführt.

488 Nicht anders, als wie ein Kranker, wenn ihm der Fuß wehe thut, vielleicht keinen Kopfschmerz empfindet. *Lucret.* L III. v. 111. u. f.

Die Einsicht unsers Verstandes verhält sich zu der Wahrheit, nach dem Aristoteles, wie das Auge der Eule zu dem Lichte der Sonne.[489] Wodurch können wir ihn besser überzeugen, als durch die so große Blindheit bey einem so hellen Lichte? Denn, nichts ist in den menschlichen Wissenschaften vorsichtiger und zweifelhafter abgehandelt worden, als die entgegengesetzte Meynung von der Unsterblichkeit der Seele, welche, nach Cicerons Berichte, zuerst, wenigstens nach dem Zeugnisse der Bücher, von dem Pherecydes, einem Syrer, zur Zeit des Königs Tullius aufgebracht worden ist,[490] (andere eignen die Erfindung dem Thales, andere wieder andern zu). Die herzhaftesten Dogmatiker sehen sich hier vornämlich gezwungen, ihre Zuflucht in die Dunkelheit der Akademie zu nehmen. Keiner weiß, was Aristoteles, oder alle Alten überhaupt, welche sehr schwankend davon reden, von dieser Materie gedacht haben: rem gratissimam promittentium magis, quam probantium.[491] Er hat sich unter dunkeln und unverständlichen Worten und Ausdrücken versteckt; und seine Anhänger, sowohl über seinem Urtheile, als über der Sache selbst, zu streiten veranlaßt.

Zwey Dinge machten ihnen diese Meynung wahrscheinlich. Erstlich wußten sie nicht, wie sie ohne die Unsterblichkeit der Seele die eitle Hoffnung des Ruhms befestigen sollten, welches eine Betrachtung ist, die in der Welt ungemein viel gilt. Zum andern erkannten sie, es sey ein höchstnützlicher Eindruck, wie Plato sagt, daß die Laster, wenn sie sich dem Auge und der Kenntniß der menschlichen Gerechtigkeit entziehen, dennoch der göttlichen, nämlich nach dem Tode der Schuldigen, noch ausgesetzet bleiben. Der Mensch bemüht sich aufs äußerste, sein Daseyn zu verlängern, und hat auf alle Art dafür gesorgt. Die Begräbnisse dienen zur Erhaltung des Körpers, der Ruhm dient zur Erhaltung des

---

489 *Hôsper kar kai ta tôn nykteridôn pros to phengos echei ta meth' hêmeran, houtô kai tês hêmeteras psychês ho nous pros ta tê physei phanerotata pantôn.* Metaphys. L. II. C. I. Diese Stelle hat mir Herr *Barbeyrac* angezeigt.

490 *Tusc. Quaest.* L. I. c. 16.

491 *Die eine höchst angenehme Sache mehr versprechen, als beweisen.* - - - Diese Worte sind aus dem Seneca genommen, (Epist. 102.) welcher, da er über der Ewigkeit der Seele nachgedacht, zu seinem Freunde sagt: Iuuabat de aeternitate animarum quaerere, immo mehercule credere. Credebam enim facile opinionibus magnorum virorum, rem gratissimam promittentium magis, quam probantium.

Namens. Er hat seine Einbildung angestrenget (voll Ungedult über sein Schicksal), sich wieder her zu stellen, und sich durch seine Erfindungen fest zu setzen. Die Seele, welche sich bey ihrer Verwirrung und Schwachheit nicht aufrechts erhalten kann, sucht auf allen Seiten Trost, Hoffnung und Stützen, und äußerliche Umstände, an welche sie sich halten, und auf welche sie fussen kann. Sie verläßt sich sicherer und lieber auf diejenigen, welche ihre Erfindungskraft ersinnt, so nichtig und schwärmerisch sie auch sind, als auf sich. Allein, man muß sich wundern, daß auch diejenigen, welche auf dieser richtigen und klaren Meynung von der Unsterblichkeit unserer Seelen am hartnäckigsten bestehen, so unvermögend sind, dieselbe durch menschliche Kräfte zu bestätigen, Somnia sunt non docentis, sed optantis,[492] sagt ein Alter. Der Mensch kann aus diesem Zeugnisse erkennen, daß er die Wahrheit, die er allein entdeckt, dem Glücke und dem ungefähren Zufalle zu danken hat: weil er sie so gar alsdann, wenn sie ihm in die Hände fällt, nicht ergreifen und behaupten kann; und weil seine Vernunft nicht so viel Stärke besitzt, sich dieselbe zu Nutze zu machen. Alle Dinge, die von unserm eignen Nachdenken, und unserer eigenen Geschicklichkeit herkommen, sowohl wahre als falsche, sind ungewiß und streitig. Gott brachte zur Züchtigung unserer Verwegenheit, und zur Warnung für unser Elend und Unvermögen, die Unordnung und Verwirrung bey dem alten babylonischen Thurme hervor. Alles, was wir ohne seinen Beystand unternehmen, alles, was wir ohne das Licht seiner Gnade sehen, ist nichts als Eitelkeit und Thorheit. Wir verderben und verfälschen so gar das Wesen der Wahrheit, welche einförmig und beständig ist, durch unsere Schwachheit. Der Mensch geräth durch Gottes Zulassung, er mag für sich einen Weg gehen, welchen er will, allezeit in eben die Verwirrung, deren Bild er uns so lebhaft durch die gerechte Züchtigung vorstellet, mit welcher er Nimrods Vermessenheit und das unbesonnene Unternehmen seines Pyramidenbaues, strafte. Perdam sapientiam sapientium, et prudentiam prudentium reprobabo.[493] Was ist die Verschieden-

492 Dieses sind Träume eines Menschen, der etwas wünschet, nicht aber lehret. *Cic. Acad. Quaest. L. IV. c. 38. Cicero zielt mit diesen Worten bloß auf den Demokrit, der durch den leeren Raum, und die Atomen von verschiednen Gestalten, die er annahm, den Ursprung aller Dinge zu erklären suchte, welches allerdings ein lächerliches Unternehmen war.*

493 Ich will zu nichte machen die Weisheit der Weisen, und den Verstand der Verständigen will ich verwerfen. I. *Korinth.* I, v. 19.

heit der Mundarten und Sprachen, wodurch er dieses Werk zerstörete, anders, als die unendliche und stetswährende Zänkerey und Widerwärtigkeit der Meynungen und Gründe, welche den nichtigen Bau der menschlichen Wissenschaft begleitet, und in Unordnung bringt. Und es ist gut für uns, daß derselbe in Unordnung gebracht wird. Wer würde uns bändigen können, wenn wir einen Funken Erkenntniß hätten? Ich habe mich sehr darüber gefreuet, daß ein Heiliger sagt: Ipsa veritatis occultatio, aut humilitatis exercitatio est, aut elationis attritio.[494] Zu was für einem Grade des Hochmuths und Uebermuths treiben wir nicht unsere Blindheit und Dummheit?

Allein, wieder auf mein Vorhaben zu kommen, es war allerdings billig, daß wir die Wahrheit eines so edlen Glaubens nur Gott allein, und der Wohlthat seiner Gnade zu danken haben mußten: weil wir bloß durch seine Freygebigkeit die Frucht der Unsterblichkeit erhalten, welche in dem Genusse der ewigen Seligkeit besteht. Laßt uns aufrichtig gestehen, daß uns dieses Gott und der Glaube allein gesagt haben; denn, die Natur und unsere Vernunft unterrichten uns nicht davon. Wer den Menschen, ohne ihm zu schmeicheln, ansieht, sieht weder Wirksamkeit noch Vermögen bey ihm, welche nicht den Tod und die Erde verrathen. Je mehr wir Gott beylegen, und schuldig sind, und wieder erstatten, desto christlicher handeln wir. Wäre es nicht besser gewesen, wenn der stoische Weltweise das, was er, seinem Geständnisse nach, von der blinden Uebereinstimmung des Pöbels hatte, von Gott gehabt hätte?
Cum de animorum aeternitate disserimus, non leue momentum apud nos habet consensus hominum, aut timentium inferos, aut colentium. Vtor hac publica persuasione.[495]

Vor andern erkennt man die Schwachheit der menschlichen Beweisgründe von dieser Sache, aus den erdichteten Umständen, welche sie dieser Meynung angehänget haben, um ausfündig zu machen, wie es mit unserer Unsterblichkeit beschaffen sey. Wir wollen der Stoiker nicht

---

494 Selbst dieses, daß die Wahrheit verborgen ist, dienet entweder die Demuth zu üben, oder den Hochmuth zu zerknirschen. D. *Augustin.* de Ciuitate Dei L. XI. c. 22.

495 Wenn wir von der Ewigkeit der Seelen reden, so hat die Einstimmung der Menschen, welche die unterirdischen Götter entweder fürchten, oder verehren, kein geringes Gewicht bey uns. Ich mache mir diese gemeine Meynung zu Nutze. *Senec.* Ep. 117. ab initio.

erwähnen, Vsuram nobis largiuntur, tanquam cornicibus: diu mansuros aiunt animos; semper, negant:[496] die der Seele zwar ein längeres Leben, als das gegenwärtige, welches aber doch endlich ist, zuschreiben. Die allergemeinste und von den meisten angenommene Meynung, die auch zu unsern Zeiten im Schwange geht,[497] ist die, zu deren Urheber man den Pythagoras macht: nicht, als ob er derselben Erfinder wäre; sondern weil sie durch seinen Beyfall viel Gewicht und Ansehen bekommen hat. Dieser zu Folge fahren die Seelen, bey ihrem Abscheiden aus uns, nur aus einem Körper in den andern, aus einem Löwen in ein Pferd, aus einem Pferde in einen König, und gehen also ohne aufhören von Hause zu Hause herum. Er, für seine Person, sagte,[498] er erinnerte sich, daß er erst Aethalides, hernach Euphorb, darauf Hermotimus, und endlich aus dem Pyrrhus Pythagor geworden sey, und könnte auf zweyhundert und sechs Jahre zurücke denken. Einige fügten hinzu, daß eben die Seelen zuweilen wieder gen Himmel stiegen, und noch einmal hernieder kämen:

> O pater, anne aliquas ad caelum hinc ire putandum est
> Sublimes animas, iterumque ad tarda reuerti
> Corpora? Quae lucis miseris tam dira cupido?[499]

Origenes läßt sie ewig, aus einem guten in einen bösen Zustand hin und wieder gehen. Nach der vom Varro angeführten Meynung[500] vereinigen sich die Seelen, nach Verlauf von vierhundert und vierzig Jahren

---

496 Die uns den Gebrauch, wie den Krähen, gönnen, und zwar zugestehen, daß die Seelen lange bleiben, aber läugnen, daß sie ewig bleiben. *Cic.* Quaest. Tusc. L. I. c. 31.

497 In Persien, Indostan, und in andern Ländern.

498 *Diog. Laert.* in Vita Pythagorae L. VIII. c. 4. 5.

499 *Virgil.* Aeneid. L. VI. v. 719. u. f.
Wie Vater fällt es wohl den Seelen wieder ein,
In einem trägen Leib auf jener Welt zu seyn,
Wo lauter Jammer ist? O thörichtes Verlangen!

500 Von einigen Nativitätenstellern, *Genethliaci quidam.* Diese Stelle steht bey dem *H. Augustin* De Ciuitate Dei L. XXII. c. 28.

wieder mit dem ersten Körper. Chrysipp[501] behauptet, dieses würde in einem gewissen unbekannten und unbestimmten Zeitraume geschehen. Plato welcher sagt, daß er dieses von dem Pindar und den alten Dichtern hätte,[502] nimmt an, daß die Seele zu unendlichen abwechselnden Veränderungen vorbereitet ist, daß es in der andern Welt keine andere als zeitliche Belohnungen und Strafen giebt, gleichwie auch hier ihr Leben nur zeitlich gewesen ist, und schließt hieraus, daß sie eine besondere Kenntniß der Himmelsbegebenheiten, der Hölle, und der gegenwärtigen Welt, in welchen sie hin und her gereiset ist, und sich auf verschiedenen Reisen aufgehalten hat, haben muß. Dieß ist also Stoff zu ihrer Erinnerung. Wir wollen nunmehr sehen, wo sie weiter hinkömmt. Wer gut gelebet hat, vereinigt sich mit dem Gestirne, welches ihm beschieden ist. Wer übel gelebt hat, wird eine Weibesperson. Bessert er sich auch alsdann nicht: so wird er wieder in ein Thier, von der seinen lasterhaften Sitten anständigen Art, verwandelt; und sieht das Ende seiner Strafen nicht, bis er sich wieder in seine natürliche Verfassung gesetzt, und sich durch die Stärke der Vernunft der groben, dummen und elementarischen Eigenschaften, die er an sich hatte, entschlagen hat. Allein, ich darf den Einwurf nicht vergessen, welchen die Epikurer wider diese Wanderung aus einem Körper in den andern machen. Er ist lustig. Sie fragen, was für eine Ordnung beobachtet werden wird, wenn ein größerer Haufe sterben als gebohren werden sollte: denn, die aus ihrem Lager vertriebenen Seelen würden sich drängen, welche zuerst diese neue Wohnung beziehen sollte. Sie fragen ferner, womit sie sich indessen die Zeit vertreiben werden, wenn sie warten müssen, bis ihnen ein neuer Aufenthalt zubereitet wird. Sie sagen weiter, wenn gegentheils mehr Thiere gebohren würden, als stürben: so würden die Leiber, ehe eine neue Seele in sie gegossen würde, übel daran seyn; und einige würden vielleicht sterben müssen, ehe sie gelebt hätten.

> Denique connubia ad Veneris, partusque ferarum
> Esse animas praesto deridiculum esse videtur,

---

501 *Lactanz* hat uns diese Stelle griechisch aufbehalten: *Toutou de houtôs echontos, dêlon, hôs ouden adynaton kai hêmas meta to teleutasai, palin periodôn eilêmmenôn chronou eis hon nyn esmen katastêsethai schêma, Inst. Diu. L. VII. c. 23.* Herr *Barbeyrac* hat mir diese Stelle angezeigt.

502 In *Menone,* p. 16. G et p. 17. A.

Et spectare immortales mortalia membra
Innumero numero, certareque praeproperanter
Inter se, quae prima potissimaque insinuetur,[503]

Andere haben die Seele in den Körpern der Verstorbenen behalten, um die Schlangen, Würmer, und andere Thiere, welche, wie man sagt, aus der Fäulniß unserer Glieder, ja so gar aus unserer Asche, entstehen, damit zu beseelen. Andere theilen sie in einen sterblichen, und einen unsterblichen Theil ein. Andere halten sie für körperlich, und dem ungeacht für unsterblich. Einige machen sie unsterblich, doch ohne Wissenschaft und Erkenntniß. So gar einige der Unsrigen haben geglaubt, aus den Seelen der Verdammten würden Teufel, eben so wie Plutarch meynt, aus den seligen Seelen würden Götter. Dieser Schriftsteller behauptet wenig Dinge mit einer so zuversichtlichen Art; da er fast durchgängig auf eine zweifelhafte und zweydeutige Weise redet, *Man muß dafür halten*, spricht er, *und fest glauben, daß die Seelen tugendhafter Menschen der Natur und der göttlichen Gerechtigkeit nach, in heilige Menschen, aus Heiligen in Halbgötter, und aus Halbgöttern, nachdem sie, wie bey den Reinigungsopfern, vollkommen gereiniget und gesäubert, und von aller Fähigkeit zu leiden, und von aller Sterblichkeit völlig befreyet sind, nicht durch ein bürgerlich Gesetz, sondern in der That, und nach wahrscheinlichen Gründen, in ächte und vollkommene Götter kommen, und ein höchst glückliches und glorreiches Ende nehmen.*[504] Will einer aber sehen, wie dieser Mann, der gleichwohl einer der vorsichtigsten und bescheidensten unter der ganzen Schaar ist, sich weit kühner her-

503 Endlich, scheint es auch lächerlich zu seyn, wenn man sich einbildet, daß die Seelen bey dem Begatten und dem Gebähren der Thiere gleich den Augenblick zugegen sind, daß diese unsterblichen Wesen in unzählbarer Anzahl auf die sterblichen Leiber Acht haben, und mit größtem Eyfer mit einander kämpfen, welche zuerst und vorzüglich hinein fahren sollen. *Lucret.* L. III. v. 557. u.f.

504 *Tas psychas (tôn agathôn) pantapasin oiesthai (dei) kata physin kai dikên theian, ek men anthrôpôn, eis hêrôas, ek d' hêrôôn eis daimonas, ek de daimonôn (an teleon hôsper en teletê katharthôsi kai osiôthôsin, hapan apophygousai to thnêton kai pathêtikon) ou nomô poleôs, all' alêtheia, kai kata ton eikota logon, eis theous anapheresthai to kalliston kai makariôtaton telos apolabousas.* In *Vita Romuli.* 36. T. I. Francof. 1599. Montagne hat sich hier Amyots französischer Uebersetzung bedient.

auswagt, und uns seine hieher gehörige Wunderdinge erzählt: so verweise ich ihn auf seine Abhandlung von dem Monde, und von des Sokrates Dämon. Er wird daselbst so deutlich, als an keinem andern Orte, erkennen, daß die Geheimnisse der Weltweisheit viele Seltsamkeiten mit den Geheimnissen der Dichtkunst gemein haben: weil sich der menschliche Verstand verirrt, wenn er alle Dinge bis auf den Grund erforschen und durchgrübeln will; eben so, wie wir, durch den Lauf eines langen Lebens ermüdet und abgemattet, wieder in die Kindheit verfallen. Dieß sind also die schönen und gewissen Nachrichten, welche uns die menschliche Wissenschaft von unserer Seele giebt.

Nicht weniger Verwegenheit ist auch in demjenigen, was sie uns von den körperlichen Theilen sagt. Wir wollen ein oder zwey Beyspiele davon auslesen: sonst würden wir uns in dem stürmischen und weiten Meere der medicinischen Irrthümer verirren. Wir wollen doch sehen, ob man sich wenigstens darüber vergleichen kann, aus was für einer Materie die Menschen einander hervorbringen: denn man darf sich nicht wundern, daß sich der menschliche Verstand bey einer so hohen und alten Sache, als die erste Hervorbringung ist, verwirrt und verlieret. Archelaus der Naturforscher, dessen Zuhörer und Liebling Sokrates war, sagte nach dem Aristoxenus,[505] daß sowohl Menschen als Thiere aus einem milchichten Leime, welchen die Wärme aus der Erde herausgezogen, entstanden wären. Pythagor spricht,[506] unser Saame wäre der Schaum unsers besten Blutes. Plato gegentheils meynt,[507] derselbe sey ein Abfluß des Rückgradmarks; welches er daraus schließt, weil man an diesem Orte zuerst die Ermüdung von dem Beyschlafe spürt. Alkmäon behauptet,[508] daß derselbe ein Theil der Substanz des Gehirns sey: und daß sich dieses so verhält, spricht er, zeigt sich dadurch, weil denenjenigen, welche sich allzusehr bey dem Liebeswerke angreifen, das Gesicht vergeht. Demokrit[509] hält denselben für eine aus der ganzen Masse des Körpers, Epikur[510] für eine aus der Seele und dem Körper gezogene Substanz; und

---

505 *Diog. Laert.* in Vita Archelai L. II. Segm. 17.
506 *Plutarch,* de Placitis Philosophorum, L. V c. 3.
507 *Id.* ibid.
508 *Id.* ibid.
509 *Id.* ibid.
510 *Id.* ibid.

Aristoteles für einen Auswurf, der von der Nahrung des Bluts herkömmt, und sich zuletzt in unsere Theile ergießt. Andere halten denselben für ein durch die Wärme der Zeugungsglieder gekochtes und digerirtes Blut. Sie urtheilen dieses daraus, weil, wenn man sich aufs äußerste angreift, lauter Blut kömmt. Und dieses scheint mehr Wahrscheinlichkeit zu haben, wenn man anders aus einer so unendlichen Verwirrung einige Wahrscheinlichkeit finden kann.

Und wie vielerley einander entgegen gesetzte Meynungen ergreifen sie nicht, um diesen Saamen für Mittel zur Wirksamkeit zu bringen. Aristoteles[511] und Demokrit halten dafür, die Weiber hätten keinen Saamen, und spritzten bloß einen durch die Venuslust und Bewegung verursachten Schweiß aus, der nichts zur Zeugung beyträgt. Galen hingegen, und seine Anhänger, glauben, daß die Zeugung nicht von statten gehen könne, wenn nicht beyde Samen zusammen kommen.

Hier gerathen die Aerzte, Weltweisen, Rechtsgelehrten, und Gottesgelehrten, mit unsern Weibern ins Handgemenge, über die Frage, wie lange die Weiber ihre Frucht tragen. Ich, meines Theils, unterstütze durch mein eigenes Beyspiel diejenigen, welche die Schwangerschaft auf eilf Monate setzen. Die schlechteste Frau kann über alle diese Streitigkeiten ihr Gutachten sagen: und dennoch können wir uns nicht vergleichen. Dieses zeigt genugsam, daß der Mensch seinen körperlichen Theil, so wenig als den geistigen, kennet. Wir haben ihm sich selbst, und seiner Vernunft seine Vernunft vorgestellet, um zu sehen, was sie uns davon sagen würde. Es scheint sattsam erwiesen zu seyn, daß sie sich selbst nicht kennet. Und was kann einer kennen, der sich selbst nicht kennet? *Quasi vero mensuram vllius rei possit agere, qui sui nesciat.*[512] Wahrhaftig Protagoras[513] spasset, wenn er den Menschen, der nicht einmal sein eigenes Maas weiß, zum Maaße aller Dinge macht. Wenn er es nicht ist, so erlaubt seine Hoheit nicht, daß ein anderes Geschöpf diesen

---

511 Plutarch setzt hier den Zeno dem Aristoteles zur Seite, und sagt ausdrücklich, Demokrit glaubte, daß die Weiber Samen gehen liessen. *To thêly proiesthai sperma - - - Aristotelês kai Zênôn, hylên men hygran proiesthai - - - mên spermatikon.* de Placitis Philosophorum L. V. c. 5.

512 Als ob derjenige, welcher sich selbst nicht messen kann, etwas anders messen könnte. *Plin.* Hist. Nat. L. II. c. 1.

513 *Anephônêse; pantôn chrêmatôn estin anthrôpos.* Apud *Sext. Empiricum* adu. Mathem. §. *Ei esti kritêrion alêtheias* p. 148.

Vorzug hat. Da er nun mit sich selbst so wenig einig ist, und da immer ein Unheil das andere über den Haufen schmeißt: so war dieser günstige Satz nur ein Gespött, und gab uns Anleitung die Nichtigkeit sowohl des Zirkels, als des Zirkelnden, zu schliessen. Wenn Thales[514] sagt, die Selbsterkenntniß falle einem Menschen sehr schwer: so lehret er ihn, daß ihm die Erkenntniß aller andern Dinge unmöglich ist. Sie,[515] der zu Gefallen ich wider meine Gewohnheit hier so weitläuftig gewesen bin, werden nicht ermangeln ihren Sebonde durch die gewöhnliche Art zu schliessen, in welcher sie täglich unterrichtet werden, zu vertheidigen, und hiedurch ihren Verstand und ihre Einsicht zu üben: denn, diesen letzten Vortheil hier muß man nicht eher, als im Falle der äußersten Noth, brauchen. Es ist ein verzweifelter Streich, wenn man die Waffen wegwerfen muß, um dem Feinde die seinigen zu nehmen; und eine besondere Finde, deren man sich selten und mit großer Vorsichtigkeit bedienen muß. Es ist eine große Verwegenheit, wenn man sich selbst ins Verderben bringt, um einen andern hinein zu bringen. Man muß nicht sterben wollen, um sich zu rächen, wie Gobrias: Denn, als dieser einen persischen Herrn fest angepacket hatte,[516] Darius aber, welcher mit dem Degen in der Faust dazu kam, sich nicht zu zu stossen getrauete, um dem Gobrias nicht das Leben zu nehmen, schrie ihm dieser zu, er sollte frisch zustossen, wenn er sie auch beyde durchbohren sollte. Ich habe gesehen, daß man bey einem Zweykampfe verzweifelte Waffen und Bedingungen, durch welche derjenige, der dieselben vorschlug, sich und seinen Gegenpart einem unvermeidlichen Tode aussetzte, als unbillig verworfen hat. Die Portugiesen bemächtigten sich in dem indianischen Meere gewisser Türken, welche, weil ihnen die Gefangenschaft unleidlich war, einen Entschluß faßten der ihnen auch gelung, indem sie Schiffnägel an einander rieben, einen Feuerfunken in die Pulvertonnen fallen liessen, welche an dem Orte stunden wo sie gefangen lagen, und so wohl sich selbst, als ihre Herren und das Schiff verbrannten, und in Asche verwan-

---

514 *Ti dyskolon; ephê, to heauton gnônai.* Diog. Laert. L. I. §. 36.

515 Montagne redet hier eine vornehme Dame an, die ihm *des Sebonde Vertheidigung* aufgetragen hatte, und der wir folglich das zwölfte Hauptstück der Versuche, das längste, und nach vieler Leute Urtheile, das beträchtlichste unter allen, zu danken haben.

516 Mit einem Magus. *Symplakentos de Gobryeô tô Magô ho Dareios epesteôs êporei* etc. *Herodot.* L. III. p. 219.

delten. Wir greifen hier die Gränzen und äußersten Schranken der Wissenschaften an, welche, wenn man sie allzuweit treibt, eben so wie die Tugend, lasterhaft werden. Bleiben Sie auf der gemeinen Strasse. Es thut nicht gut, wenn man gar zu scharfsichtig und klug ist. Erinnern Sie sich des Toscanischen Sprüchworts,

Chi troppo assotiglia, si scavezza.[517]

Ich rathe Ihnen in Ihren Meynungen und Schlüssen, so wohl als in ihren Sitten, und in allen andern Dingen, eine Mäßigung zu beobachten, und das Neue und Seltsame zu vermeiden. Alle ausschweifende Wege sind mir zuwider. Sie können vermöge des Ansehens, welches Ihnen Ihr hoher Stand giebt, und noch weit mehr wegen des Vorzugs, welchen Ihnen Ihre eigenthümlichern Eigenschaften geben, mit einem Winke, wem Sie wollen, befehlen. Daher sollten Sie diese Arbeit einem andern, der ein Werk aus der Gelehrsamkeit macht, aufgetragen haben, der diese Meynung weit besser unterstützet und ausgeführet haben würde. Doch, ich habe Ihnen nunmehr genugsam gezeigt, was Sie dabey zu thun haben.

Epikur sagte von den Gesetzen, die schlimmsten wären uns so nöthig, daß sich die Menschen ohne dieselben unter einander auffressen würden. Plato bekräftiget ebenfalls,[518] daß wir ohne die Gesetze wie das Vieh leben würden. Unser Verstand ist ein unstätes, gefährliches, und verwegenes Werkzeug: es ist schwer, denselben ordentlich und mit Maaße zu brauchen. Zu meiner Zeit sehen wir, daß fast alle, die vor andern etwas vorzügliches und eine außerordentliche Lebhaftigkeit besitzen, auf freche Meynungen und Sitten verfallen; und es ist ein großes Wunder, wenn man einen darunter antrifft, der ruhig und gesellig ist. Man hat Ursache, den menschlichen Verstand so enge einzuschränken, als man kann. Er muß bey dem Studiren, so wohl als bey andern Dingen, alle Tritte zählen und abmessen. Man muß ihm durch Kunst gewisse Hegesäulen setzen. Man zäumet und fesselt ihn durch Religionen, Gesetze, Gewohnheiten, durch Wissenschaft, durch Lehren, durch zeitliche und ewige Strafen

---

517 Durch vieles Klügeln verirrt man sich selbst. *Petrarch* Canz. 22 4.
518 *Hôs ara nomous anthrôpois anankaion tithesthai, kai zên kata nomous, ê mêden diapherein tôn pantên agriotatôn thêriôn. De Legibus.* L. IX. p. 874. E.

und Belohnungen: dem ungeacht sieht man, daß er sich durch seine Behendigkeit loswickelt. Er ist ein nichtiger Körper, den man nicht fassen, und dem man nichts anhaben kann: ein verschiedentlicher und ungestalter Körper, den man nicht anknüpfen oder anschleifen kann. Gewiß, es giebt wenig so ordentliche, so starke, und so wohl geartete Seelen, die man ihnen selbst überlassen darf, und die mit Mäßigung und ohne Verwegenheit, in der Freyheit ihrer Urtheile über die gemeinen Meynungen hinausschiffen können. Das sicherste ist, ihnen einen Aufseher zu setzen. Der Verstand ist ein seinem eignen Besitzer gefährliches Schwerdt, wenn einer nicht ordentlich und behutsam damit um zu gehen weiß. Kein Thier hat Scheuleder nöthiger, damit es den Kopf nieder zu schlagen, und auf die Füsse zu sehen genöthiget ist: keines muß man mehr in Acht nehmen, damit es nicht hie oder da hinaus aus den Gleisen kömmt, welche ihm die Gewohnheit und die Gesetze machen. Also wird es Ihnen anständiger seyn, wenn Sie auf dem gebahnten Wege bleiben, er mag auch seyn wie er will, als wenn Sie Ihren Flug zu dieser zügellosen Freyheit nehmen. Will aber einer von diesen neuen Lehrern in Ihrer Gegenwart, zum Nachtheile seines und Ihres Heils sinnreich thun: so wird dieses Vorbeugungsmittel im Nothfalle, um Sie vor der gefährlichen Pest zu sichern, welche täglich an Ihren Höfen herumschleicht, verhindern, daß weder Sie, noch die, welche um Sie sind, von diesem Gift angestecket werden.

Die Freyheit und Munterkeit der Alten brachte in der Weltweisheit, und den menschlichen Wissenschaften, viele Sekten von verschiedenen Meynungen auf: da sich jeder zu urtheilen und zu wählen unterfieng, um eine Parthey zu ergreifen. Allein, gegenwärtig gehen die Menschen alle einen Weg: qui certis quibusdam destinatisque sententiis addicti et consecrati sunt, vt etiam, quae non probant, cogantur defendere.[519] Wir nehmen die Künste auf Befehl und Verordnung der Landesgesetze an. Daher haben die Schulen nur eine einzige Form, eine gewisse eingeschränkte Anweisung und Lehre. Man sieht nicht mehr darauf, was die Münzen wiegen und gelten: sondern jeder nimmt sie, seines Theils, nach dem Preise, welchen ihnen der allgemeine Beyfall giebt, und wie sie gangbar sind. Man streitet nicht über den Gehalt, sondern über den

---

519 Die sich gewissen und bestimmten Meynungen ergeben und geweiht haben: sind auch solche Dinge zu vertheidigen gezwungen, die sie nicht billigen. *Cic.* Tusc. Quaest. L. II. c. 2.

Gebrauch. Also bleibt alles in der Gleichheit. Man nimmt die Arzeneykunst, wie die Meßkunst an. Die Gaukeleyen, Hexereyen, das Nestelknüpfen, der Umgang mit den Seelen der Verstorbenen, das Hausbauen,[520] und so gar das lächerliche Suchen des Steins der Weisen, alles geht ohne Widerspruch hin. Man darf nur wissen, daß Mars seinen Ort mitten in dem Triangel der Hand, Venus an dem Daumen, und Mercur an dem kleinen Finger hat; daß es ein Zeichen der Grausamkeit ist, wenn die Tischlinie den kleinen Hocker an dem Zeigefinger schneidet; daß es ein Zeichen eines elenden Todes ist, wenn sie unter dem Mittelfinger fehlt, und die mittelste natürliche mit der Lebenslinie eben daselbst einen Winkel macht; daß, wenn bey einer Weibesperson die natürliche offen ist, und mit der Lebenslinie nicht den Winkel schließt, dieses ein Zeichen ist, daß sie unkeusch seyn wird. Ich rufe Sie selbst zur Zeuginn an, ob ein Mensch mit dieser Wissenschaft nicht in allen Gesellschaften Ehre einlegen, und Gunst erlangen kann.

Theophrast sagte, die menschliche Erkenntniß könnte, wenn sie von den Sinnen geleitet würde, von den Ursachen der Dinge nach einem gewissen Maaße urtheilen: allein sie müßte, wenn sie auf die letzten und ersten Ursachen käme, entweder wegen ihrer Schwachheit, oder wegen der Schwierigkeit der Sachen, stille stehen. Diese Meynung, daß wir durch unsere Geschicklichkeit zur Erkenntniß einiger Dinge gelangen können, und daß sie gewisse Grade der Kraft besitzet, über welche man sie nicht ohne Verwegenheit hinaus treiben kann, ist ganz glimpflich, und hält die Mittelstrasse. Sie ist auch wahrscheinlich, und von verträglichen Leuten aufgebracht worden. Allein, es ist sehr schwer, unserm Verstande Gränzen zu setzen. Er ist vorwitzig und begierig, und findet keine Gelegenheit, warum er eher nach tausend als nach funfzig Schritten stille stehen sollte. Er hat durch die Erfahrung gelernet, daß einer etwas bewerkstelliget hat, was dem andern nicht gelungen ist; daß das folgende Jahrhundert etwas in Licht gesetzt hat, was dem vorhergehenden unbekannt gewesen ist; daß die Wissenschaften und Künste nicht abgegossen, sondern nach und nach formirt und gebildet werden, wenn man öfters Hand daran legt und sie ausputzet, gleichwie die Bären ihren Jungen durch öfteres Lecken die Gestalt geben. Kann ich durch meine Kräfte etwas nicht entdecken, so forsche und versuche ich es deswegen doch noch immer. Ich nehme diese neue Materie öfters in

---

520 In der Sterndeuterkunst.

die Hand, drücke, wende, und wärme sie, so, daß derjenige, der nach mir kömmt, sich dieselbe besser zu Nutze machen kann und sie geschmeidiger und biegsamer findet:

– – – Vt Hymettia Sole
Cera remollescit, tractataque pollice multas
Vertitur in facies, ipsoque fit vtilis vsu.[521]

Eben so macht es der zweyte gegen den dritten. Dieses ist die Ursache, daß mir die Schwierigkeit den Muth nicht benehmen darf; und mein Unvermögen eben so wenig, weil es nur mein Unvermögen ist.

Der Mensch ist ebenso wenig zu allen Dingen, als zu einigen fähig. Wenn er mir, wie Theophrast sagt, zugesteht, daß er die ersten Ursachen und Gründe nicht weiß: so kann er kühnlich alle seine übrige Wissenschaft aufgeben. Wenn ihm die Grundfeste fehlt, so liegen alle seine Schlüsse zu Boden. Das Disputiren und Forschen hat nichts anders zum Ziele und Zwecke, als die Grundsätze. Wer nicht dabey stehen bleibt, verfällt in eine immerwährende Unschlüßigkeit. Non potest aliud alio magis minusue comprehendi, quoniam omnium rerum vna est definitio comprehendendi.[522] Nun ist es wahrscheinlich, daß die Seele, wenn sie etwas erkennete, zuförderst sich selbst erkennen würde; und daß sie, wenn sie von etwas außer sich eine Wissenschaft hätte, dieselbe vor allen andern Dingen von ihrem Körper und ihrer Wohnung haben würde. Allein man sieht, wie sehr die Götter der Arzeneykunst noch bis auf den heutigen Tag über dem Baue unsers Körpers streiten,

Mulciber in Troiam, pro Troia stabat Apollo.[523]

Wenn werden sie sich einmal vergleichen? Wir sind uns näher, als uns die Weisse des Schnees, oder die Schwere eines Steines ist. Wenn sich

---

521 Gleichwie das Wachs, wenn es von der Sonne erweicht, und mit dem Daumen gedrückt wird, vielerley Gestalten annimmt, und hierdurch nützlich wird. *Ouid.* Metamorph. Lib. X. Fab. 8. v. 42.

522 Ein Ding kann nicht mehr oder weniger, als das andere begriffen werden, weil wir alle nach einer Regel begreifen. *Cic.* Acad. Quaest. L. IV.

523 Vulcan ist wider Troja, und Apollo für Troja. *Ouid.* Trist. L. I. Eleg. 2. v. 5.

der Mensch nicht kennt, wie kann er seine Kräfte und Wirkungen kennen? Vielleicht besitzen wir einige wahre Erkenntniß; aber nur von ungefähr. Denn, weil die Irrthümer durch eben den Weg, und auf eben die Art und Weise in unsere Seele kommen: so kann sie dieselben nicht unterscheiden, und zwischen der Wahrheit und Unwahrheit keine Wahl treffen.

Die Akademiker erlaubten der Urtheilskraft sich etwas zu neigen; und konnten es nicht verdauen, wenn man sagte, es sey eben so wahrscheinlich daß der Schnee weiß ist, als daß er schwarz ist, und wir wären von der Bewegung eines Steines, der uns aus der Hand fliegt, nicht besser, als von der Bewegung der achten Sphäre versichert. Und ob sie gleich, um diese Schwierigkeit und Seltsamkeit zu vermeiden, die in der That nicht anders, als mit Mühe, in unserer Einbildungskraft statt hat, annahmen, daß wir einigermaaßen zur Wissenschaft fähig sind, und daß die Wahrheit in einem tiefen Abgrunde steckt, in welchen das Auge der Menschen nicht dringen kann: so gestunden sie doch, daß eine Sache wahrscheinlicher als die andere sey, und liessen ihrer Urtheilskraft das Vermögen, sich vielmehr zu einem Scheine als zu dem andern zu neigen. Sie erlaubten ihr diesen Hang, und verboten ihr alle Entschließung. Der Pyrrhonier Meynung ist kühner, und dabey auch viel wahrscheinlicher. Denn was ist diese Neigung der Akademiker, und dieser Hang zu einem Satze mehr als zu dem andern, anders, als das Geständniß, daß bey der einen mehr scheinbare Wahrheit sey, als bey der andern? Wäre unser Verstand fähig, die Gestalt und Gesichtszüge der Wahrheit zu erkennen: so würde er sie so wohl ganz, als halb, jung, und unvollkommen sehen. Man vermehre einmal den Schein der Wahrscheinlichkeit, welcher sie veranlaßt, sich mehr rechts als links zu wenden; man lege der Unze Wahrscheinlichkeit, welche die Wage niederzieht, hundert oder tausend Unzen zu: so wird die Wage endlich völlig auf eine Seite ausschlagen, und eine Wahl und eine gewisse Wahrheit bestimmen. Allein, wie lassen sie sich von der Wahrscheinlichkeit beugen, wenn sie das Wahre nicht kennen? Wie wissen sie, was einer Sache, die sie nicht kennen, ähnlich ist? Entweder können wir völlig urtheilen, oder wir können völlig nicht urtheilen. Wenn die Kräfte unsers Verstandes und unserer Sinnen keinen Grund und festen Fuß haben, wenn sie beständig wanken: so haben wir keine Ursache, unsere Urtheilskraft von einem Theile ihrer Wirkung hinreissen zu lassen, wenn sie uns auch dem Ansehen nach noch so vielen Schein vorstellen. Unser Verstand kann in keiner bessern und glücklichem Verfassung seyn, als wenn er ruhig, aufrechts, und unbeugsam, ohne sich zu regen und zu bewegen, bleibt. Inter visa, vera aut falsa, ad animi assensum nihil interest.[524] Wir sehen genugsam, daß uns die Sachen nicht nach ihrer wahren Gestalt, und nach ihrem Wesen, beywohnen, und nicht aus eigener Kraft und Gewalt in uns kommen. Wenn dieses wäre: so würden sie alle auf einerley Art in uns kommen; und der Wein würde einem Kranken nicht anders, als einem Gesunden schmecken. Wer aufgesprungene oder steife Finger hat, würde das Holz oder Eisen, welches er in Händen führt, eben so hart, als ein anderer finden. Die außer uns befindlichen Gegenstände ergeben sich uns also, und ziehen bey uns ein, wie es uns beliebt. Wenn wir unsers Theils etwas unverändert empfiengen, wenn wir die Wahrheit durch unsere eigenen Mittel fassen könnten: so würde die Wahrheit, da diese Mittel allen Menschen gemein sind, immer aus einer Hand in die andere kommen. Wenigstens würden die Menschen unter so vielen in der Welt befindlichen Dingen ein einziges alle einstimmig glauben. Allein, wir sehen keinen einzigen Satz, darüber nicht unter uns gestritten würde, oder nicht gestritten werden könnte: und dieses zeigt mehr als zu wohl, daß unsere natürliche Urtheilskraft das, was sie faßt, nicht recht klar fasset. Meine Urtheilskraft kann nicht machen, daß meines Nächsten Urtheilskraft etwas annimmt: welches ein Zeichen ist, daß ich dasselbe durch irgends ein ander Mittel, als durch ein natürliches Vermögen, welches ich mit andern Menschen gemein hätte, gefaßt habe. Wir wollen die unendliche Verwirrung der Meynungen, die man so gar unter den Weltweisen wahrnimmt, und die beständigen und allgemeinen Streitigkeiten über der Erkenntniß der Dinge bey Seite setzen. Man kann mit der größten Gewißheit annehmen, daß die Menschen, ich meyne die gelehrten, die wohlgeartesten, die geschicktesten, über keiner Sache einig sind; nicht einmal darüber, daß der Himmel über uns ist. Diejenigen, welche an allen zweifeln, zweifeln auch daran; und diejenigen, welche läugnen, daß wir etwas begreifen können, sagen, wir hätten nicht begriffen, daß der Himmel über uns ist. Diese zwo Meynungen aber sind, der Anzahl nach, ohne Zweifel die stärksten.

---

524 Unter denenjenigen Dingen, welche wahr oder falsch zu seyn scheinen, ist kein solcher Unterschied, der uns zum Beyfalle veranlassen könnte, *Cic.* Acad. Quaest. L. IV c. 28.

Außer dieser Verschiedenheit und unendlichen Trennung, können wir auch aus der Verwirrung, in welche uns unsere Urtheilskraft selbst setzt, und aus der Ungewißheit, die jeder in sich spüret, leicht sehen, daß sie nicht sicher und feste steht. Wie verschiedentlich urtheilen wir nicht von den Dingen? Wie oft ändern wir unsere Gedanken? Was ich heute annehme und glaube, nehme ich völlig an, und glaube es völlig. Alle meine Werkzeuge, und alle meine Triebfedern fassen diese Meynung, und gewähren mir dieselbe, so gut sie können. Ich kann keine Wahrheit zuversichtlicher, als diese, ergreifen und erhalten. Ich verlasse mich völlig und ganz gewiß darauf. Allein ist es mir, nicht einmal, sondern hundertmal, sondern tausendmal, und täglich begegnet, daß ich etwas anders gänzlich mit eben den Werkzeugen und auf eben die Art, ergriffen, das ich hernach für falsch gehalten habe? Wenigstens muß man mit Schaden klug werden. Wenn ich mich öfters durch eben diesen Anstrich habe betrügen lassen, wenn mein Probierstein gemeiniglich falsch, und meine Wage ungleich und unrichtig ist: wie kann ich mich bey dem gegenwärtigen Falle mehr, als bey den andern, darauf verlassen? Ist es nicht eine Einfalt, daß ich mich von einem Führer so oft hintergehen lasse? Indessen mag uns der Zufall tausendmal von der Stelle treiben, und unsern Glauben, wie ein Gefäß, beständig mit andern und andern Meynungen anfüllen, und dieselben wieder ausleeren: die gegenwärtige und letzte ist allezeit die gewisse und untrügliche. Wegen dieser muß man Güter, Ehre, Leben, Seligkeit, und alles aufsetzen.

- - Posterior - res illa reperta
Perdit, et immutat sensus ad pristina quaeque.[525]

Man mag uns vorpredigen, was man will, wir mögen lernen, was wir wollen: so sollten wir uns allezeit erinnern, daß es von einem Menschen kömmt, und daß es ein Mensch annimmt. Eine sterbliche Hand reicht es uns, und eine sterbliche Hand empfängt es. Diejenigen Dinge, welche vom Himmel kommen, haben allein Recht und Gewalt uns zu überreden, ganz allein das Kennzeichen der Wahrheit. Diese sehen wir nicht mit unsern Augen, und erlangen sie nicht durch unsere Mittel. Dieses heilige und herrliche Bild ist für keine so elende Wohnung, wenn sie Gott nicht

---

525 Die zuletzt gefundene Sache macht uns die erste zuwider, und bringt uns auf ganz andere Gedanken. *Lucret.* L. V. v. 1413. u. f.

dazu zubereitet, wenn sie Gott nicht durch seine besondere und übernatürliche Gnade und Gunst ausbessert und befestiget. Wenigstens sollte uns unser mangelhafter Zustand veranlassen, bescheidener und behutsamer zu gehen. Wir sollten uns allezeit bey allem, was uns in den Verstand kömmt, erinnern, daß uns öfters falsche Dinge einkommen, und durch eben diese Werkzeuge, die öfters nicht Stich halten, und fehlen.

Es ist nicht zu verwundern, daß sie nicht Stich halten, da sie durch geringe Vorfälle so leicht gebeugt und verdrehet werden können. Es ist gewiß, daß sich unsere Vorstellungskraft, unsere Urtheilskraft, und unsere Seelenkräfte überhaupt, nach den Bewegungen und Veränderungen unsers Körpers richten, welche Veränderungen immer in einen fortgehen. Ist unser Witz nicht aufgeweckter, unser Gedächtniß fertiger, unsere Einsicht stärker, wenn wir gesund als wenn wir krank sind? Veranlassen uns nicht die Freude und Munterkeit, wo die Gegenstände, welche uns vorkommen, mit ganz andern Augen an zu sehen, als der Verdruß und die Schwermüthigkeit? Meynt man wohl, daß Catulls oder der Sappho Verse einen geizigen und mürrischen Greis eben so wohl belustigen, als einen jungen Menschen, der frisch und feurig ist? Dem Kleomenes, des Anaxandridas Sohne, ward von seinen Freunden, da er krank war, vorgeworfen, daß er allerhand neue und seltsame Einfälle und Grillen hätte: worauf er zur Antwort gab: *Ich glaube es wohl. Ich bin auch nicht mehr der Mensch, der ich bey gesunden Tagen war. Da ich mich also geändert habe: so haben sich auch meine Meynungen und Einfälle verändert.*[526]
In unsern Gerichtsstuben pflegt man von den Verbrechern, welche ihre Richter zu einer guten Stunde, aufgeräumt, und freundlich antreffen, das Sprüchwort zu brauchen, gaudeat de bona fortuna.[527] Denn es ist gewiß, daß die Urtheile zuweilen mehr auf die Verdammung gehen, härter und schärfer ausfallen, ein andermal aber glimpflicher, erträglicher, und zur Entschuldigung geneigt sind. Ein Richter, der Gichtschmerzen, oder Eifersucht mit von Hause bringt, oder von seinen Bedienten bestohlen worden ist, und dessen Gemüth also der Zorn ganz und gar eingenommen hat, wird ohne Zweifel denselben auch in seinem Urtheile blicken lassen. Das ehrwürdige Gericht, der Areopagus, sprach des Nachts Recht, damit der Anblick der streitenden Partheyen die Gerechtigkeit nicht verfälschen konnte. Selbst die Luft und Heiterkeit des

---

526 *Plutarch.* Apophthegm. Lacon.
527 Er mag froh über sein gutes Glück seyn.

Himmels verursacht einige Veränderung bey uns, wie der bey dem Cicero befindliche griechische Vers sagt,

> Tales sunt hominum mentes, quali pater ipse
> Juppiter auctifera lustrauit lampade terras.[528]

Unser Verstand wird nicht allein durch die Fieber, durch die Getränke, und durch die großen Zufälle, in Verwirrung gebracht: die geringsten Dinge von der Welt machen ihn wirblicht. Es ist kein Zweifel, daß, wenn ein anhaltendes Fieber unsere Seele niederschlagen kann, auch das dreytägige nach seinem Maaße und nach Proportion, ob wir es gleich nicht gewahr werden, einige Veränderung in derselben hervorbringt. Wenn ein Schlagfluß verursacht, daß die Augen unsers Verstandes gänzlich schlummern und verlöschen: so ist kein Zweifel, daß eine Erstarrung dieselben nicht blenden sollte. Folglich kann kaum eine Stunde in unserm Leben vergehen, da sich unsere Urtheilskraft in gehöriger Verfassung befindet: weil unser Körper so vielerley Veränderungen ausgesetzt ist, und aus so vielen Treibfedern besteht, daß es, wie die Aerzte sagen, sehr viel ist, wenn nicht allezeit eine unrichtig gehet.

Uebrigens läßt sich diese Krankheit nicht so gar leicht entdecken, wenn sie nicht auf das äußerste gekomken, und unheilbar ist. Die Vernunft geht allezeit krumm, hinkend, und lendenlahm; mit der Unwahrheit so wohl, als mit der Wahrheit. Also kann man ihren Irrthum und ihre Unordnung schwer entdecken. Ich nenne allezeit den Schein der Ueberlegung, welche jeder in sich anstellet, Vernunft. Diese Vernunft ist ein bleyern und wächsern Werkzeug, welches man ausziehen, beugen, und nach einem beliebigen Maaße einrichten kann, wie man will, wenn man nur Geschicklichkeit genug besitzt, recht mit ihm um zu gehen. Wenn ein Richter, gesetzt daß er auch noch so wohl gesinnt ist, nicht genau auf sich Acht giebt, wozu sich wenig Leute Zeit nehmen: so werden ihn die Neigung zur Freundschaft, zur Anverwandschaft, zur

---

528 Wie der Tag ist, welcher die Welt erleuchtet, so sind auch die Gemüther der Menschen. *Cic.* Fragmenta Poëmatum. T. X. p. 4291. Edit. Gronou. Die zween lateinische Verse sind eine Uebersetzung folgender zween Verse aus dem *Homer*
Toios gar noos estin epichthoniôn anthrôpôn
Hoion ep êmar agêsi patêr andrôn te Theôn te.
Odyss. L. XVIII. v. 135. 136.

Schönheit, zur Rache, und nicht allein so wichtige Dinge, sondern so gar der blinde Trieb, der uns einer Sache günstiger als der andern zu seyn, und ohne Vorbewußt der Vernunft unter zween gleichen Gegenständen eine Wahl zu treffen, veranlaßt, oder ein anderer eben so nichtiger Bewegungsgrund, einer Sache geneigt oder abgeneigt machen, und die Wage auf eine Seite ziehen. Ich forsche mich so genau als möglich aus, und habe die Augen beständig auf mich, weil ich mich sonst um nicht viel zu bekümmern habe,

> – – – quis sub Arcto
> Rex gelidae metuatur orae,
> Quid Tyridatem terreat, vnice
> Securus:[529]

und ich kann kaum sagen, wie viel Nichtigkeit und Schwachheit ich bey mir finde. Ich stehe und sitze so unsicher, ich kann so leicht wanken und bewegt werden, ich habe ein so blödes Gesicht, daß ich, wie ich selbst sehe, vor dem Essen ganz anders als nach dem Essen bin. Wenn ich bey guter Gesundheit bin, wenn ein schöner heller Tag ist: so bin ich ein wackerer Mann. Wenn mir hingegen der Leichdorn an der Zehe wehe thut, bin ich unlustig, eigensinnig, und lasse niemand vor mich. Einerley Pferd scheint mir bald sanft, bald unsanft, zu gehen. Einerley Weg wird mir einmal länger, ein andermal kürzer; und einerley Bildung kömmt mir einmal mehr, ein andermal weniger angenehm vor. Bald kann man mich zu allen bringen, bald zu nichts. Was mir eine Stunde eine Lust ist, ist mir die andere zuwider. In mir gehen tausend unüberlegte und zufällige Veränderungen vor. Entweder herrscht das melancholische, oder das cholerische Temperament in mir. Zu einer Stunde hat der Verdruß eigenmächtig die Oberhand in mir, zu der andern die Fröhlichkeit. Nehme ich Bücher zur Hand, da ich zu gewissen Zeiten in mancher Stelle ausnehmende Schönheiten gefunden haben würde, die meine Seele gerührt hätten: so finde ich an derselben, wenn ich ein andermal wieder darüber komme, ich mag sie drehen und wenden wie ich will, ich mag sie, von welcher Seite ich will, betrachten, nichts

---

529 Ich bekümmere mich nicht darum, was für ein König sich in dem kalten Norden furchtbar macht, und was dem Tyridates ein Schrecken einjagt. *Horat.* L. I. Od. 26. v. 3.

als eine mir unbekannte und ungestalte Masse. Ja, ich kann so gar nicht einmal allezeit wieder auf meine eigenen Gedanken kommen. Ich vergesse öfters das Wort im Munde. Ich verbrenne mich öfters, wenn ich das, was ich gesagt habe, verbessern und ihm einen neuen Verstand geben will, weil ich von dem ersten abgekommen bin, der besser war. Ich thue weiter nichts, als daß ich hin und herlaufe. Meine Urtheilskraft geht nicht allezeit vorwärts; sondern schwankt, und wird hin und her geschlagen.

>   – – – velut minuta magno
>   Deprensa nauis in mari, vesaniente vento.[530]

Zuweilen (und dieses thue ich oft) vertheidige ich zur Uebung und zur Lust eine der meinigen entgegen laufende Meynung. Mein Gemüth wendet und lenket sich also auf die andere Seite, und bindet mich so fest an dieselbe, daß ich mich nicht mehr auf den Grund meiner ersten Meynung besinne, und dieselbe fahren lasse. Ich ziehe mich gleichsam dahin, wo ich mich hinneige, es sey wohin es wolle, und komme aus dem Gleichgewichte. Jeder würde fast eben dieses von sich gestehen müssen, wenn er sich eben so betrachtete.

Die Prediger wissen, daß sie die Bewegung, in welche sie unter dem Reden gerathen, zum Glauben ermuntert: und daß wir uns im Zorne die Vertheidigung unsers Satzes mehr angelegen seyn lassen, uns denselben fester einprägen, und mit mehr Eifer und Beyfall ergreifen, als wenn wir in unserer Gelassenheit und ruhig sind. Man erzählt einem Sachwalter eine Sache einfältig; und er antwortet auf eine schwankende und zweifelhafte Art. Man sieht, daß es ihm gleichgültig ist, welche Parthey er vertheidigen soll. Hat man ihn gut bezahlt, damit er anbeißt, und sich die Sache angelegen seyn läßt? Fängt er an sich derselben anzunehmen, und wird sein Wille angefeuert? Seine Vernunft und Wissenschaft werden zugleich auch mit angefeuert. Nunmehr stellt sich unsere Sache seinem Verstande als eine sichtliche und unzweifelhafte Wahrheit vor. Er bekömmt neues Licht darinnen, glaubt es auch treuherzig, und beredet es sich. Ja, ich weiß nicht, ob nicht die Hitze, welche von dem Verdrusse, von der Hartnäckigkeit wider den Sinn und die Gewalt des Richters,

---

530 Wie ein Boot, das in der offenen See von einem wütenden Sturmwinde überfallen wird. *Catull.* Epigr. XXIII. v. 12. 13.

und von der Gefahr entstehet, oder auch die Betrachtung der Ehre, manchen eine Meynung bis zum Feuer zu vertheidigen veranlaßt haben, wegen welcher er sich unter seinen Freunden und in Freyheit, nicht die Fingerspitze würde haben verbrennen wollen. Die Erschütterungen, welche die körperlichen Leidenschaften in unserer Seele verursachen, können zwar vieles ausrichten; aber doch nicht so viel, als diejenigen, welche sie selbst verursacht. Sie ist denselben so sehr ausgesetzt, daß man vielleicht behaupten kann, sie gienge und bewegte sich nicht anders, als durch das Wehen dieser Winde, und würde außer dem, wie ein Schiff im freyen Meere, dem die Winde ihren Beystand entziehen, in der Unthätigkeit bleiben. Wer dieses, der Sekte der Peripatetiker gemäß, behaupten wollte, würde uns nicht sehr Unrecht thun: weil bekannt ist, daß die schönsten Handlungen der Seele meistentheils von diesem Antriebe der Leidenschaften herrühren, und desselben benöthiget sind. Die Tapferkeit, sprechen sie, kann ohne Beyhülfe des Zorns nicht zur Vollkommenheit gelangen.

Semper Aiax fortis, fortissimus tamen in furore.[531]

Man geht auf die Bösen, und auf die Feinde, nicht muthig genug los, wenn man nicht erzürnt ist. Sie verlangen daher auch, daß der Sachwalter die Richter zum Zorne bewegen soll, um sie dadurch zur Handhabung der Gerechtigkeit zu vermögen.

Die Begierden reizten den Themistokles und Demosthenes; und haben die Weltweisen zur Arbeit, zum Wachen, und zu den Reisen angetrieben. Sie führen uns zur Ehre, zur Gelehrsamkeit, zur Gesundheit: zu lauter nützlichen Zwecken. Eben die Zaghaftigkeit, welche uns Unlust und Verdruß zu ertragen veranlaßt, dient die Reue und Busse in dem Gewissen zu nähren, und sowohl die göttlichen zu unserer Züchtigung bestimmten Strafen, als die bürgerlichen zu fühlen. Das Mitleiden spornt uns zur Barmherzigkeit an. Unsere Furcht ermuntert die Klugheit, uns zu erhalten und zu lenken. Und wie viele schöne Handlungen veranlaßt nicht der Ehrgeiz? Wie viele der Hochmuth? Kurz, keine hohe und muthige Tugend ist ohne eine unordentliche Regung.

---

531 Ajax ist allezeit tapfer, am tapfersten aber, wenn er im Grimme ist. *Cic.* Tusc. Quaest. L. IV c. 23.

Sollte dieses nicht vielleicht eine von den Ursachen seyn, welche die Epikurer vermocht hat, Gott aller Sorge für unsere Angelegenheiten zu entledigen? weil er selbst seine Güte gegen uns nicht ausüben könnte, ohne seine Ruhe vermittelst der Leidenschaften zu stören, welche die Seele zu tugendhaften Handlungen anspornen und antreiben? Oder, haben sie anders geurtheilt, und sie als Ungewitter betrachtet, welche die Seele schändlich aus ihrer Zufriedenheit bringen? Vt maris tranquillitas intelligitur, nulla, ne minima quidem, aura fluctus commouente: sic animi quietus et placatus status cernitur, quum perturbatio nulla est, qua moueri queat.[532]

Was für Verschiedenheit in den Empfindungen und der Vernunft, was für Widerwärtigkeit in den Einbildungen, stellt uns nicht die Mannichfaltigkeit unserer Leidenschaften vor? Wie können wir uns demnach auf eine so unsichere und unbeständige Sache verlassen, die ihrer Natur nach leicht von der Unordnung übermeistert werden kann, und die niemals einen andern als einen gezwungenen und nachgeäfften Tritt thut? Wenn unsere Urtheilskraft selbst in der Gewalt der Krankheit und Verwirrung ist, wenn sie die Eindrücke der Dinge von dem Wahnwitze und dem Zufalle bekommen muß: was für Sicherheit können wir uns von ihr versprechen?

Ist es nicht eine Kühnheit von der Weltweisheit, daß sie geglaubt hat, die Menschen verrichteten die größten Thaten, und näherten sich der Gottheit am meisten, wenn sie außer sich, wütend, und unsinnig sind?[533] Wir bessern uns durch die Beraubung und Einschläferung unserer Vernunft. Die zween natürlichen Wege in das Rathszimmer der Götter zu kommen, und daselbst den Lauf des Schicksals vorher zu sehen, sind die Raserey und der Schlaf.[534] Das ist doch artig! Durch die Verrückung,

532 Gleichwie das Meer nicht eher stille ist, als wenn auch nicht das geringste Lüftchen wehet: so ist auch das Gemüthe nur alsdann erst ruhig und gelassen, wenn es durch keine Leidenschaft aufgebracht werden kann. *Cic. Tusc. Quaest.* L. V. c. 6.

533 Herr *Barbeyrac* hat mir gemeldet, daß Montagne hier folgende Worte des Plato im Sinne gehabt: *Nyn de ta megista tôn agathôn êmin gignetai dia manias, theia men toi dosei didomenês.* In *Phaedro.* p. 244. A.

534 Montagne hat dieses aus dem *Cicero* genommen, De Diuinatione L. I. wo die Sache weitläuftig genug ausgeführt ist. Hier ist eine Stelle aus dem 57. Hauptstück, welche des Montagne Aufrichtigkeit genugsam erweiset. A natura autem alia quaedam ratio est, quae docet, quanta sit animi vis sei-

welche die Leidenschaften in unserer Vernunft verursachen, werden wir tugendhaft; und wenn sie die Raserey oder das Bild des Todes vernichten, werden wir Propheten und Wahrsager. Niemals habe ich ihr lieber geglaubt. Dieses ist eine bloße Begeisterung, in welche die heilige Wahrheit die Weltweisen versetzt hat, welche ihnen mit Gewalt den Satz entreißt, daß der ruhige, der stille Zustand unserer Seele, der gesündeste Zustand, in welchen sie die Weltweisheit versetzen kann, nicht der beste ist. Wir schlummern wachend mehr, als schlafend. Unsere Weisheit ist nicht so weise, als die Thorheit. Unsere Träume sind mehr werth, als unsere Vernunftschlüsse. Wir sind nirgends schlimmer daran, als wenn wir bey uns sind. Allein bedenkt sie nicht, daß wir die Ueberlegung besitzen, und bemerken, daß die Stimme, welche das Gemüth, wenn es außer sich ist, für so scharfsichtig, für so groß, für so vollkommen, und so lange es bey sich selbst ist, für so irdisch, für so unwissend und verfinstert, ausgiebt, eine Stimme ist, die von dem Gemüthe des irdischen, unwissenden, und verfinsterten Menschen kömmt, und daß man ihr folglich nicht trauen und glauben darf?

Ich bin von einer weichlichen und trägen Gemüthsart, und weiß daher nicht viel von den heftigen Bewegungen, welche unsere Seele meistentheils plötzlich überfallen, und ihr keine Zeit lassen sich zu besinnen. Allein, diejenige Leidenschaft, welche, wie man sagt, durch den Müßiggang in den Herzen junger Leute erregt wird, geht zwar ganz gemächlich und mit abgemessenen Schritten fort, zeigt aber denenjenigen, welche sich ihrer Gewalt zu widerstehen unterfangen, genugsam, wie sehr unsere Urtheilskraft dadurch umgekehrt und verändert wird. Ich habe mir ehedem vorgenommen, alle meine Kräfte an zu wenden, um mich derselben zu erwehren, und sie nieder zu schlagen: denn ich folge den Leidenschaften nicht einmal, wenn sie mich fortreissen; weit gefehlt, daß ich sie reizen sollte. Doch ich sahe sie, alles meines Widerstandes ungeacht, entstehen, wachsen, und zunehmen; und mich endlich sichtlich dergestalt bemeistern, und einnehmen, daß ich mir, nicht anders als in einer Trunkenheit, ganz ungewohnte Begriffe von den Dingen zu machen anfieng. Ich sahe, daß sich die Vorzüge des gewünschten Gegenstandes augenscheinlich vermehrten und wuchsen, und durch den Wind meiner Einbildung vergrößert und aufgeblehet wurden; daß sich hingegen die

    uncta a corporis sensibus: quod maxime contingit aut dormientibus, aut mente permotis.

mit einer Unternehmung verbundenen Schwierigkeiten verminderten und verschwanden; meine Vernunft aber und mein Gewissen sich zurück zogen. Allein, so bald diese Hitze verraucht war, fieng meine Seele, wie durch das Licht eines Blitzes, wieder ganz anders zu sehen, in eine andere Verfassung zu gelangen, und anders zu urtheilen an. Der Zurückzug schien mir mit sehr großen und unüberwindlichen Schwierigkeiten verknüpft, und eben die vorigen Sachen schienen einen ganz andern Geschmack und ein ganz anderes Ansehen zu haben, als ich mir in der Hitze der Begierde vorgestellet hatte. Pyrrho weiß nicht, welches der Wahrheit am gemässesten ist. Wir sind niemals ohne Krankheit. Bey den Fiebern ist abwechselnde Hitze und Frost: aus einer hitzigen Leidenschaft fallen wir in eine frostige. So weit ich vorwärtsgesprungen war, so weit fahre ich auch wieder zurück:

> Qualis vbi alterno procurrens gurgite pontus,
> Nunc ruit ad terras scopulisque superiacit vndam,
> Spumeus, extremamque sinu perfundit arenam;
> Nunc rapidus retro, atque aestu reuoluta resorbens,
> Saxa fugit, littusque vado labente relinquit.[535]

Durch die Kenntniß meiner veränderlichen Gemüthsart habe ich zufälliger Weise eine Beständigkeit in meinen Meynungen erzeugt. Ich habe die ersten und natürlichen nicht leicht verändert. Eine Neuerung mag noch so scheinbar seyn: so tausche ich doch nicht gerne, aus Furcht ich möchte bey dem Tausche verlieren. Weil ich weiter nicht zu wählen fähig bin: so stimme ich eines andern Wahl bey, und bleibe in der Verfassung, in welche mich Gott gesetzt hat. Sonst würde ich mich nicht hüten können, ohne Aufhören hin und her zu rollen. Auf diese Art bin ich, durch Gottes Gnade, ohne Unruhe und Gewissenszweifel, mitten unter so vielen Sekten und Trennungen, welche unser Jahrhundert hervor gebracht hat, völlig bey unserer alten Religion geblieben. Die Schriften der Alten, ich meyne die guten Schriften, welche ausführlich

---

535 *Virgil.* Aeneid. L. XI. v. 624. u. f.
Wie bey der Ebb und Fluth das Meer das trockne Land,
Das felsichte Gestad, und den entfernten Sand
Der Felder überschwemmt; bald aber rückwärts fliesset,
Und über Sand und Stein und Port hinüber schiesset
Und in sein Ufer tritt.

und gründlich sind, rühren und bewegen mich gleichsam nach ihrem Gefallen. Derjenige, welchen ich höre, scheint mir allezeit der stärkste zu seyn. Ich finde, daß jeder seiner Seits Recht hat, wenn sie einander gleich widersprechen. Gute Köpfe können leicht alles wahrscheinlich machen; nichts ist so seltsam, dem sie sich nicht einen hinlänglichen Anstrich zu geben unterfangen sollten, um eine Einfalt, wie die meinige ist, zu hintergehen: und dieses zeigt die Schwäche ihrer Beweise deutlich. Der Himmel und die Sterne haben sich dreytausend Jahre beweget, alle Welt hat es so geglaubt, bis endlich Kleanthes der Samier,[536] oder, wie Theophrast berichtet, Nicetas, der Syrakuser,[537] zu behaupten angefangen haben, die Erde bewegte sich vielmehr durch den schrägen Thierkreis, und drehte sich um ihre Axe herum. Und zu unserer Zeit hat Copernick diese Lehre so gut festgesetzt, daß er aus derselben alle astrologische Schlußfolgen sehr ordentlich herleitet. Was können wir hieraus anders folgern, als daß wir uns nicht darum bekümmern dürfen, welches von bey den wahr ist? Und wer weiß, ob nicht eine dritte Meynung binnen hier und tausend Jahren die beyden vorhergehenden umwirft?

> Sic voluenda aetas commutat tempora rerum,
> Quod fuit in pretio, fit nullo denique honore:
> Porro aliud succedit, et e contemtibus exit,

---

536 *Plutarch* in seiner Abhandlung de Facie quae in orbe Lunae apparet sagt, Aristarch hätte dafür gehalten, die sämmtlichen Griechen sollten den Kleanthes aus Samus vor Gerichte ziehen, und ihn der Gotteslästerung verdammen, weil er den Mittelpunkt der Welt verrückt, und, um die Erscheinungen zu erklären, angenommen, der Himmel sey unbeweglich, hingegen die Erde bewegte sich durch den schiefen Thierkreis, und drehete sich um ihre Axe herum. Allein, da man aus andern Nachrichten weiß, daß Aristarch, aus Samus, die Bewegung der Erde geglaubt hat, so muß diese Stelle fehlerhaft seyn, wie auch Menage geglaubt hat, welcher vermittelst einer kleinen Veränderung im Texte den Plutarch nicht sagen läßt, daß Aristarch den Kleanthes der Gottlosigkeit zu beschuldigen getrachtet, weil er behauptet, die Erde bewegte sich; sondern umgekehrt, daß Kleanthes dieses dem Aristarch für ein Verbrechen ausgelegt habe. S. des *Menage* Auslegung über den Diogenes Laerz L. VII. Segm. 85. p. 388. 389.

537 *Cic.* Acad. Quaest. L. IV. c. 39.

Inque dies magis appetitur, floretque repertum
Laudibus, et miro est mortales inter honore.[538]

Wenn uns also eine neue Lehre vorkömmt: so haben wir große Ursache, ein Mißtrauen in dieselbe zu setzen, und zu betrachten, daß ehe sie aufgekommen, eine andere im Schwange gegangen ist; und daß, gleichwie diese von jener umgeworfen worden ist, auch künftighin eine dritte Erfindung ans Licht kommen kann, welche die andere eben so vertreibet. Ehe die Grundsätze, welche Aristoteles eingeführet hat, in Ansehen kamen, befriedigten andere die menschliche Vernunft eben so gut, wie uns diese heute zu Tage genug thun. Was für Brief und Siegel, was für ein Vorrecht haben dann diese, daß unsere Erfindung bey ihnen stehen bleiben soll, und daß sie künftighin allezeit in dem Besitze unsers Glaubens bleiben sollen? Sie haben eben so gutes Mundwerk, als ihre Vorgänger. Wenn man mit einem neuen Beweisgrunde in mich dringt: so darf ich nur bedenken, daß ein anderer vielleicht demjenigen Gnüge thun kann, dem ich keine Gnüge thun kann. Wer allen Scheingründen trauen wollte, die er nicht widerlegen könnte, würde eine große Einfalt begehen. Auf diese Art würde der Glaube des Pöbels, und wir gehören alle unter den Pöbel, sich wie ein Kreisel beständig herumdrehen: denn seine Seele, welche weich ist, und keinen Widerstand thut, würde ohne Aufhören neue Eindrücke an zu nehmen gezwungen seyn, von welchen immer einer die Spuren der ersten vernichten würde. Wer sich seiner Schwäche bewußt ist, muß der Gewohnheit zu Folge antworten, er wolle mit seinem Rathe davon sprechen, oder es auf den Ausspruch weiserer Leute ankommen lassen, von welchen er gelernet hat. Wie lange ist nicht die Arzneykunst schon in der Welt? Indessen sagt man doch, daß ein Neuling, mit Namen Paracels, die Ordnung der alten Regeln ändert und umkehret, und behauptet, sie hätte bisher zu weiter nichts gedienet, als die Menschen um zu bringen. Ich glaube, daß er dieses leicht beweisen wird. Allein, ich halte dafür, es würde keine große Klugheit seyn, wenn ich ihn an meinem Leben einen Versuch mit seiner

---

538 So verändert die Zeit den Werth der Dinge. Was heute viel galt, wird morgen nicht mehr geachtet. Es kömmt ein anderes auf, entreißt sich der Verachtung, und wird von Tage zu Tage mehr gesucht, mehr gerühmt, und von den Sterblichen wunderhoch geschätzt. *Lucret.* L. V. v. 1275. u. f.

neuen Erfahrung machen liesse. Man darf nicht jedem glauben, heißt die Lehre, weil jeder alles sagen kann. Ein solcher Mann, der viel auf Neuerungen und Verbesserungen in der Naturlehre hält, sagte vor kurzer Zeit zu mir, die Alten hätten sich in Ansehung der Natur und der Bewegungen der Winde sichtlich geirret, wie er mir handgreiflich zeigen wollte, wenn ich ihm zuhören wollte. Nachdem ich ein wenig Geduld gehabt hatte, seine Beweisgründe an zu hören, welche Wahrscheinlichkeit die Fülle hatten, fragte ich ihn: Wie aber? Sind diejenigen, welche nach Theophrasts Vorschrift geschiffet haben, nach Abend gekommen, wenn sie nach Morgen gewollt haben? Sind sie seitwärts oder rückwärts gefahren? Nein, versetzte er; allein dieses haben sie dem Glücke zu danken gehabt: so viel ist indessen gewiß, daß sie sich geirret haben. Ich erwiederte hierauf, daß ich lieber auf die Wirkungen, als auf den Grund sehen wollte. Diese Dinge sind einander zuweilen entgegen. Man hat mir gesagt, daß in der Meßkunst, welche vor andern Wissenschaften den höchsten Gipfel der Gewißheit erreicht zu haben glaubt, unwidersprechliche Beweise vorkommen, welche Wahrheiten, die uns die Erfahrung lehrt, umstossen. So hat Jacob Peletier unlängst in meinem Hause gegen mich gedacht, er hätte zwo Linien gefunden, die sich einander näherten, um sich zu vereinigen, und doch, wie er versicherte, in Ewigkeit nicht zusammenstossen könnten.[539] Die Pyrrhonier bedienen sich ihrer Beweisgründe und ihrer Vernunft zu keiner andern Absicht, als um das Ansehen der Erfahrung zu vernichten: und es ist zu verwundern, was für gute Dienste ihnen unsere beugsame Vernunft bey dem Vorsatze die Gewißheit der Empfindungen zu bestreiten, gethan hat. Sie behaupten mit fast eben so starken Beweisgründen, als diejenigen sind, mit denen wir die wahrscheinlichsten Dinge behaupten, daß wir uns nicht bewegen, daß wir nicht reden, daß nichts schweres oder warmes ist. Ptolomäus, der ein großer Mann gewesen ist, hat die Gränzen unserer Welt festge-

---

539 Dieses ist die Hyperbel, und die geraden Linien, die niemals mit ihr zusammen stossen können, sind eben deswegen Asymptoten genannt worden. S. *Apollonii* Conicorum L. II. Propos. I. et. Prop. XIV, wo dieser alte Mathematiker erwiesen hat, daß die Asymptoten und die Hyperbel einander nicht berühren können, wenn sie sich gleich einander bis ins unendliche nähern. Die Mathematiker haben nicht nöthig, daß man ihnen diesen Satz entwickelt, den sie sämmtlich für unwidersprechlich halten; und diejenigen, welche die Mathematik nicht verstehen, müssen sich auf den Ausspruch der Kunsterfahrnen verlassen.

setzt. Alle alten Weltweisen haben derselben Maaß zu wissen geglaubt, bis auf einige entlegene Inseln, die ihnen etwa unbekannt seyn konnten: Vor tausend Jahren würde man pyrrhonisirt haben, wenn man die Wissenschaft, welche die Weltbeschreibung heißt, und die von jedem darinnen angenommenen Meynungen, in Zweifel gezogen hätte; und es wäre eine Ketzerey gewesen, wenn man Gegenfüsser geglaubt hätte. Allein, in unserm Jahrhunderte hat man ein unermeßlich großes festes Land, nicht eine Insel, oder besondere Landschaft, sondern einen Theil, der dem bereits bekannten an Größe bey nahe gleich kömmt, entdeckt. Die Erdbeschreiber dieser Zeit versichern ohne Bedenken, daß man heut zu Tage alles entdeckt, und alles gesehen hat.

Nam quod adest praesto, placet, et pollere videtur.[540]

Die Frage ist: ob es nicht eine Thorheit seyn würde, da Ptolomäus ehedem darinnen durch seine Vernunft betrogen worden ist, wenn ich nunmehr dasjenige glauben wollte, was diese davon sagen, und ob es nicht wahrscheinlicher ist, daß der große Körper, welchen wir Welt nennen, nicht etwas ganz anders ist, als wir davon urtheilen.

Plato sagt,[541] sie veränderte ihre Gestalt auf alle Art: der Himmel, die Sterne, und die Sonne, bewegten sich zuweilen ganz anders, als wir ordentlich bey ihnen wahrnehmen; und verwechselten Morgen mit Abend. Die egyptischen Priester sagten zu dem Herodot, daß seit ihrem ersten Könige, welches eine Zeit von eilf tausend Jahren betrug, (und sie zeigten ihm dabey die Bildnisse aller ihrer Könige in Bildsäulen nach dem Leben) die Sonne viermal ihre Bahn verändert hätte;[542] und das Meer und die Erde verwandelten sich wechselsweise eines in das andere. Aristoteles und Cicero sagen, der Ursprung der Welt sey unbestimmt. Einer von den unsrigen beruft sich auf Salomons und des Esaias Zeugniß, und behauptet, sie sey von Ewigkeit, sie vergienge und entstünde zu wiederholten malen, um die Einwendungen zu vermeiden, daß Gott zuweilen

---

540 Denn das Gegenwärtige gefällt, und scheint den Vorzug zu haben. *Lucret.* L. V. v. 1411. 1412.

541 In dem Gespräche, welches die Ueberschrift führt, *Politicus: Alla to peri tês metabolês hêliou kai tôn allôn astrôn; hôs ara hothen men anatellei nyn, eis touton tote ton topon edyeto, anetelle d' ek tou enantiou.* p. 269. A.

542 *Herodot.* L. II. p. 163. 164.

ein Schöpfer ohne Geschöpfe gewesen, daß er müssig gewesen, daß er sich des Müßiggangs entschlagen, und Hand an dieses Werk gelegt, und daß er folglich veränderlich sey. In der berühmtesten griechischen Schule wird die Welt für einen Gott gehalten, der von einem andern größerm Gott gemacht worden ist; und besteht aus einem Körper und einer Seele, die in derselben Mittelpunkte wohnt, und sich in einer harmonischen Proportion nach der Peripherie ausbreitet. Sie ist göttlich, höchst glücklich, höchst weise, und ewig. In ihr sind andere Götter, das Meer, die Erde, die Sterne, die sich mit einer harmonischen und immerwährenden Bewegung, und einem göttlichen Tanze belustigen; bald sich einander nähern, bald sich von einander entfernen; sich verbergen, sich zeigen, ihre Stelle verändern, bald vor, bald hinterwärts. Heraklit behauptete, die Welt wäre aus Feuer zusammengesetzt; sie würde auch eines Tages, auf Verordnung des Schicksals in Brand gerathen,[543] und sich in Feuer auflösen, aber eines Tages wieder hervorkommen. Von den Menschen sagt Apulejus: sigillatim mortales, cunctim perpetui.[544] Alexander[545] schrieb seiner Mutter die Erzählung eines egyptischen Priesters, welche aus ihren Denkmälern genommen war, das unendliche Alterthum dieses Volks bezeugte, und zugleich die wahre Nachricht von dem Ur-

---

543 *Diog. Laertius* in Vita Heracliti. L. IX. Segm. 8

544 Sie sind, jeder für sich betrachtet, sterblich; zusammen genommen aber, unsterblich. *Apuleius* in Libello suo de Deo Socratis p. 670. Parisiis, in vsum Delphini. Daselbst steht, Singillatim mortales, cuncti tamen vniuerso genere perpetui.

545 Dieses ist aus des *H. Augustins* Buche De Ciuitate Dei, L. XII. c. 10. genommen, wo dieser Kirchenvater das erdichtete Alterthum, welches sich unter andern die Egyptier zuschrieben, widerlegen will, und deswegen sagt: Illa epistola *Alexandri Magni* ad *Olympiadem* matrem suam, quam scripsit, narrationem cuiusdam Aegyptii sacerdotis insinuans, quam protulit ex litteris quae sacrae apud illos haberentur, continentem regna, quae Graeca nouit quoque historia &c. Allein, einige Gelehrte glauben, der *H. Augustin* und der *H. Cyprian*, De Vanit. Idol. c. 24. hätten *Alexandern den Großen*, mit einem andern Alexander, der den Zunamen Polyhistor führt, vermenget. Man kann hier die Ausleger des *Minutius Felix* über das XXI. Hauptst. nachsehen, wo von einem großen Buche geredet wird, (insigne Volumen) welches Alexander an seine Mutter geschrieben. *Diese ganze Anmerkung hat mir Herr Barbeyrac mitgetheilet.*

sprunge und Wachsthume der andern Länder enthielt. Cicero,[546] und Diodor der Sicilier[547] sagen, daß die Chaldäer zu ihrer Zeit Nachrichten von vierhunderttausend Jahren her gehabt hätten. Aristoteles, Plinius,[548] und andere, berichten, daß Zoroaster sechstausend Jahre vor dem Plato gelebet hätte. Plato spricht,[549] die Einwohner der Stadt Sais hätten Denkschriften von achttausend Jahren her; und die Stadt Athen wäre tausend Jahre vor der gedachten Stadt Sais erbauet worden. Epikur lehrt, daß die Dinge, so wie wir sie hier sehen, zu gleicher Zeit in vielen andern Welten eben so, und auf gleiche Art sind. Er würde dieses desto zuverläßiger gesagt haben, wenn er die Aehnlichkeit und Uebereinstimmung der neuen Welt des westlichen Indiens mit unserer gegenwärtigen und vorigen, in so seltsamen Beyspielen, gesehen hätte. In Wahrheit, wenn ich das, was uns von Einrichtung dieser Länder bekannt ist, betrachtet habe: so habe ich mich oft gewundert, daß in so entfernten Oertern und Zeiten, eine solche Uebereinstimmung gemeiner und wilder Meynungen und Sitten ist, die auf der andern Seite mit unserer natürlichen Vernunft keinen Zusammenhang zu haben scheinen. Das menschliche Gemüth thut Wunderdinge. Allein, diese Aehnlichkeit hat, ich weiß nicht was, noch widersinnischeres. Sie fand sich so gar in den Namen, und in tausend andern Dingen. Man fand daselbst Völker,[550] welche, so viel wir wissen, niemals von uns etwas gehöret hatten, bey welchen aber dem ungeacht die Beschneidung im Schwange gieng; wo Staaten und große Republiken von Weibespersonen, ohne Mannspersonen, beherrschet wurden; wo etwas, das unser Fasten und unsere Fastenzeit vor Ostern vorstellete, in Gebrauche war, mit dem Zusatze, daß sie

546 *De Diuinat.* L. I. c. 19.
547 L. II. c. 31.
548 *Plin.* Hist. Nat. L. XXX. c. 1. Eudoxus – – Zoroastrem sex millibus annorum ante Platonis mortem fuisse prodidit. Sic et Aristoteles.
549 In *Timaeo.* p. 524. G.
550 Montagne häuft hier alle diese Erzählungen zusammen, wie er sie in verschiedenen Nachrichten gefunden hat; ohne sich die Mühe zu nehmen, und zu untersuchen, ob sie richtig, oder nur auf die Unwissenheit und die Vorurtheile der Spanier gegründet sind. Man findet diese vermeynte Erzählungen bey nahe auf eben die Art, wie sie hier Montagne vorträgt, umständlich in des *Antonio Solis* Histoire de la Conquête du Mexique, und in des Inca *Garcilasso de la Vega* Commentaire Royal.

sich auch der Weiber enthielten. Unsere Kreuze waren auf verschiedene Art in Ansehen. An einem Orte beehrte man die Gräber damit: an einem andern brauchte man sie, und namentlich die S. Andreaskreuze, sich vor nächtlichen Erscheinungen zu sichern, und sie auf das Lager der Kinder wider die Bezauberungen zu legen. An einem andern Orte fand man ein sehr hohes hölzernes Kreuz, welches als der Gott des Regens, sehr weit hinein in das feste Land verehret wurde. Man findet daselbst ein sehr deutliches Bild unserer Pönitentiarien; den Gebrauch der Bischofshüte, den ehelosen Stand der Priester; die Kunst aus den Eingeweyden der Opferthiere zu weissagen, die Enthaltung von allem Fleische und Fische; die Gewohnheit, daß sich die Priester bey Verrichtung des Gottesdienstes einer besondern Sprache, und nicht der Landessprache, bedienen: ferner die Meynung, daß der erste Gott von dem andern, seinem jüngern Bruder, verjagt worden sey, daß sie mit allen Bequemlichkeiten geschaffen worden, die ihnen aber ihrer Sünden wegen nach diesem entzogen worden wären; daß sie ihren Aufenthalt hätten verändern müssen, und daß sich ihr natürlicher Zustand verschlimmert hätte. Sie glaubten, daß sie ehedem durch eine Ergiessung des himmlischen Wassers überschwemmet worden wären, und daß sich nur wenige Geschlechter gerettet hätten, welche in die hohen Klüfte der Berge geflohen wären, diese Klüfte, damit das Wasser nicht hätte hinein dringen können, zugestopfet, und vielerley Arten von Thieren mit hinein genommen hätten: desgleichen, daß diese Leute, da sie gemerket, daß der Regen aufgehöret, Hunde hätten hinaus laufen lassen, welche rein und naß wieder zurück gekommen wären, woraus sie geschlossen, daß das Wasser noch nicht gefallen wäre; daß sie aber hernach wieder andere hinaus gethan hätten, und daß sie sich, da sie gesehen daß dieselben kothig wiedergekommen, hinausbegeben und die Welt bevölkert, die sie mit nichts als Schlangen angefüllt gefunden hätten. Man fand, daß sie an einem gewissen Orte ein jüngstes Gericht glaubten; und daher gewaltig gegen die Spanier aufgebracht wurden, welche die Todtenbeine hin und her warfen, und Schätze in den Gräbern suchten: denn, sie sagten, diese zerstreuten Gebeine könnten nicht leicht wieder zusammen kommen. Der Handel bestund im Vertauschen, weiter gab es keinen: und zu dem Ende waren Märkte und Marktplätze angelegt. Die Regenten hielten sich Zwerge und ungestalte Menschen, ihre Tafeln zu zieren. Es war auch, nach der Art ihrer Vögel, eine Falknerey bey ihnen üblich. Den Unterthanen wurden tyrannische Abgaben aufgelegt. Sie hielten viel auf schöne Gärten, auf Tänze, gaukelerische Sprünge und Instrumentalmusik. Es waren auch Wappen, das Ballspiel, die Würfel und Glücksspiele, bey ihnen im Gebrauche; bey welchen sie öfters so hitzig wurden, daß sie sich selbst und ihre Freyheit aussetzten. Sie wußten von keiner andern Arzeney, als von Zaubermitteln; und von keiner andern Art zu schreiben, als durch Figuren. Sie glaubten, daß alle Menschen von einem einzigen abstammten. Sie verehrten einen Gott, der ehedem als ein Mensch erschienen, sich des weiblichen Geschlechts vollkommen enthalten, in Fasten und Busse gelebet, das Naturgesetze geprediget, und Religionsgesetze angeordnet hätte, und ohne natürlichen Tod aus der Welt verschwunden wäre. Sie redeten von Riesen. Sie waren gewohnt, sich von ihren Getränken zu berauschen, und einander stark zu zu trinken. Ihr Tempelschmuck war mit Todtengebeinen und Todtenköpfen bemalt. Sie hatten Chorhemden, Weihwasser, und Sprengwedel. Die Weiber und das Gesinde drängten sich dazu, daß sie sich mit dem verstorbenen Ehemanne oder Herren verbrennen und begraben lassen wollten. Sie hatten ein Gesetz kraft dessen das älteste Kind alle Güter des Vaters erbete, und den jüngern nichts als der Gehorsam übrig blieb. Sie hatten ferner die Gewohnheit, daß derjenige, welcher zu einem ansehnlichen Amte befördert wurde, einen neuen Namen annahm, und den seinigen ablegte. Sie streueten den neugebohrnen Kindern Kalk auf das Knie, und sagten dabey: *du bist aus Staube gekommen, und wirst wieder Staub werden.* Sie verstunden sich auch auf die Vogeldeuterey. Diese nichtigen Schattenbilder unserer Religion, die man in einigen dieser Beyspiele wahrnimmt, zeigen derselben Hoheit und Göttlichkeit. Sie hat nicht nur bey allen ungläubigen Völkern disseits einigermassen durch Nachahmung Eingang gefunden; sondern auch bey diesen Barbarn, gleichsam durch eine allgemeine und übernatürliche Eingebung. Man bemerkt so gar, daß sie auch ein Fegefeuer geglaubet haben, aber auf eine neue Art: denn, was wir dem Feuer zuschreiben, eigneten sie der Kälte zu; und bildeten sich ein, die Seelen würden durch eine höchst strenge Kälte gereiniget und gestrafet. Dieses Beyspiel erinnert mich an einen andern wunderlichen Unterschied. Gleichwie man daselbst Völker fand, welche die Eichel entblößten, und nach Art der Mahometaner und Juden die Vorhaut abschnitten: so gab es wieder andere, welche sich so sehr ein Gewissen machten dieselbe zu entblößen, daß sie vielmehr die Haut mit Strickchen sorgfältig darüber zusammenzogen und zusammenbunden, damit diese Spitze ja nicht an die Luft kommen sollte. Desgleichen fällt mir auch noch ein Unterscheid ein. Gleichwie wir, den Königen und Festtagen zu Ehren, unsere besten Kleider anlegen: so gab es gegentheils Länder, wo die Unterthanen, um die Ungleichheit zwischen sich und dem Könige, und ihre Unterwürfigkeit, an den Tag zu legen, in ihren schlechtesten Kleidern vor ihm kamen, und wenn sie in den Pallast traten, einen alten zerrissenen Rock über ihren guten anlegten, damit die Pracht und der Schmuck dem Herrn allein bleiben sollte. Allein, wir wollen fortfahren. Wenn die Natur, wie alle andere Dinge, so auch den Glauben, die Urtheile, und Meynungen der Menschen, in die Gränzen ihres ordentlichen Laufs einschränket; wenn sie, eben so gut als die Pflanzen, ihre Abwechselungen, ihre Zeit, ihren Anfang, und ihr Ende haben; wenn sie der Himmel treibt, und mit sich fortführt: was für ein meisterliches und fortdauerndes Ansehen legen wir ihnen dann bey? Wenn wir vermittelst der Erfahrung mit Händen greifen können, daß die Form unsers Wesens, und nicht bloß die Farbe, die Statur, die Gemüthsart, und die Gebärden, sondern auch die Seelenkräfte, von der Luft, der Himmelsgegend, und unserm Vaterlande abhangen? Et plaga Caeli non solum ad robur corporum, sed etiam animorum facit, sagt Vegez.[551] Die Göttinn, welche die Stifterinn der Stadt Athen war, wählte einen gemäßigten Erdstrich zu ihrer Lage, damit die Leute klug würden, wie die egyptischen Priester dem Solon meldeten: Athenis tenue Caelum; ex quo etiam acutiores putantur Attici: crassum Thebis; itaque pingues Thebani et valentes.[552] Gleichwie also die Früchte und die Thiere anders wachsen: so werden auch die Menschen mehr oder weniger kriegerisch, gerecht, mäßig und gelehrig gebohren. An einem Orte lieben sie den Trunk; an einem andern das Stehlen und Huren. Hier sind sie zum Aberglauben, dort zum Unglauben geneigt: hier zur Freyheit, dort zur Knechtschaft. Sie sind zu einer Wissenschaft oder zu einer Kunst geschickt, scharfsinnig oder dumm, gehorsam oder aufrührerisch, gut oder böse, wie es die Lage des Orts, wo sie sich aufhalten, mit sich bringt. Sie nehmen, wie die Bäume, eine andere Art an, wenn man sie versetzt. Dieses war die Ursache, warum Cyrus den Persern nicht erlauben

---

[551] Der Himmelsstrich trägt nicht allein zur Stärke der Körper, sondern auch zur Stärke der Seelen, etwas bey. *Veget.* L. I. C. 2.

[552] Zu Athen ist eine dünne Luft; daher hält man auch die Athenienser für scharfsinniger. Zu Theben ist eine dicke: daher sind die Thebaner plump und stark. *Cic.* de Fato, c. 4.

wollte,⁵⁵³ ihr rauhes und bergichtes Land zu verlassen, und in ein anderes angenehmers und ebeners zu ziehen: denn, sagte er, fette und weiche Felder machen die Menschen weich, und fruchtbare machen die Gemüther unfruchtbar. Wenn wir sehen, daß bald eine Kunst, eine Meynung, bald wieder eine andere im Schwange geht; daß manches Jahrhundert durch gewisse himmlische Einflüsse das menschliche Geschlecht zu diesem oder jenem geneigt, und die menschlichen Gemüther bald fruchtbar, bald unfruchtbar, wie unsere Ländereyen, macht: was wird aus allen denen schönen Vorrechten, mit welchen wir uns schmeicheln? Weil sich ein Weiser, und hundert Leute, und viele Völker, irren können; ja, weil sich so gar die menschliche Natur viele Jahrhunderte durch in diesem oder jenem Stücke irrt: wie können wir versichert seyn, daß sie zuweilen sich zu irren aufhört, und daß sie in dem gegenwärtigen Jahrhunderte nicht auch im Irrthume steckt?

Unter andern Zeugnissen unserer Schwachheit darf, wie mich dünkt, auch dieses nicht vergessen werden, daß der Mensch so gar das, was ihm fehlt, nicht nach Wunsche zu finden weiß; und daß wir uns, nicht wegen des Genusses, sondern in Ansehung der Einbildung und des Verlangens, über demjenigen, was uns zu unserm Vergnügen nöthig ist, nicht vergleichen können. Wir wollen unserm Gemüthe völlig freye Hand lassen, sich ein Vergnügen zu wählen: deswegen wird es doch nicht einmal das, was ihm anständig ist, wünschen, und sich selbst genug thun können.

> Quid enim ratione timemus
> Auf cupimus. Quid tam dextro pede concipis, vt te
> Conatus non poeniteat, votique peracti?⁵⁵⁴

553 Hier hat Montagne den *Herodot,* aus welchem er diese Erzählung genommen hat, nicht getreulich abgeschrieben. Dieser Geschichtschreiber sagt zu Ende des IX. Buchs ausdrücklich, Cyrus hätte den Persern ihr Ansuchen bewilliget, ihnen aber dabey vorgestellet, daß sie, aus dem vom Montagne hier angeführten Grunde, künftighin einem kriegerischen Volke zum Raube dienen würden, an statt daß sie jetzt Eroberer wären; und sie wären durch die Gründlichkeit dieses Schlusses so gerührt worden daß ihnen die Lust vergangen wäre, unter einen andern Himmelsstrich zu ziehen.

554 Denn, was fürchten oder verlangen wir mit Vernunft? Was stellen wir uns so richtig vor, daß uns nicht unser Bestreben und der gethane Wunsch gereuet? *Juuenal.* Sat. X. v. 4. seqq.

Daher ersuchte Sokrates die Götter um weiter nichts, als daß sie ihm dasjenige geben möchten, was sie ihm für heilsam erkennten. Desgleichen enthielt auch so wohl das öffentliche Gebeth, als das Privatgebeth der Lacedämonier weiter nichts, als daß ihnen die guten und schönen Sachen gewähret werden möchten, und überließ der Willkühr der höchsten Macht, dieselben zu wählen und aus zu lesen.[555]

    Coniugium petimus partumque vxoris, at illis
    Notum qui pueri, qualisque futura sit vxor.[556]

Der Christ flehet zu Gott, *dein Wille geschehe:* um nicht den Fehler zu begehen, welchen die Poeten dem Könige Midas andichten. Dieser hielt bey den Göttern an, daß alles, was er anrührete, Gold werden möchte. Sein Gebeth ward erhöret, sein Wein ward Gold, sein Brod ward Gold, seine Federbetten, sein Hemde, sein Kleid, alles ward Gold. Also fiel ihm die Erfüllung seines Wunsches zur Last, und er sahe sich mit einem unerträglichen Glücke beschenkt. Folglich mußte er seine Bitte wieder verbitten.

    Attonitus nouitate mali, diuesque miserque,
    Effugere optat opes, et quae modo vouerat odit.[557]

Ich will etwas von mir selbst erwähnen. Ich verlangte von dem Glücke in meiner Jugend, so sehr als etwas, den H. Michaelsorden: denn, damals war dieser das größte Ehrenzeichen des französischen Adels, und sehr seltsam. Es hat mir auch denselben geneigt gegönnet. An statt mich zu demselben hinauf, und an einen höhern Ort zu führen, hat es sich weit gnädiger gegen mich bezeiget, und denselben bis auf meine Schultern,

---

555 *Takala epi tois agathois tous Theous didonai. Plato* in Alcibiade II. p. 42. F

556 Wir bitten die Götter um eine Ehegattinn, und um Kinder. Allein, sie allein wissen, was es für eine Frau, und was es für Kinder seyn werden. *Juuenal.* Sat. X. v. 352. 353.

557 Erstaunt über dieses seltsame Unglück, daß er zugleich reich und elend ist, wünscht er des Reichthums entlediget zu seyn, und verflucht das, was er vorher von den Göttern gebethen hatte. *Ouid.* Metamorphos. L, XI. Fab. III. v. 43. u. f.

ja noch tiefer, herunter gesetzt und erniedriget. Als Kleobis und Biton[558] ihre Göttin, Trophon und Agamedes[559] ihren Gott, um eine ihrer Frömmigkeit anständige Belohnung ersuchten, bekamen sie den Tod zum Geschenke: so gar anders denken sie in dem Himmel von dem was uns nöthig ist, als wir. Gott könnte uns zuweilen den Reichthum, die Ehrentitel, das Leben, und selbst die Gesundheit, zu unserm Schaden schenken; denn dasjenige, was uns angenehm ist, ist uns nicht allezeit heilsam. Läßt er uns zuweilen an statt der Genesung sterben, oder das Uebel sich verschlimmern; Virga tua et baculus tuus ipsa me consolata sunt:[560] so thut er es aus den Gründen seiner Vorsehung, welche weit besser weiß, was uns zukömmt, als wir es wissen können. Wir müssen uns dieses gefallen lassen, weil es von einer sehr weisen und geneigten Hand kömmt.

– – Si consilium vis,
Permittes ipsis expendere Numinibus, quid
Conueniat nobis, rebusque sit vtile nostris:
Charior est illis homo, quam sibi.[561]

Wer sie um Ehrentitel, um Bedienungen ersuchet, ersucht sie, ihn in ein Treffen, oder zu dem Würfelspiele, oder sonst zu einer Sache zu bringen, deren Ausgang ihm unbekannt, und der dadurch verhofte Vortheil mißlich ist. Ueber keiner Sache wird unter den Weltweisen heftiger und härter gestritten, als über der Frage von dem höchsten Gute des Menschen. Nach Varrons Rechnung sind darüber 280 Secten entstanden.[562] Qui autem de summo bono dissentit, de tota Philosophiae ratione dissentit.[563]

558 *Herodot.* L. I. p. 13.
559 *Plutarchus* Consolat. ad Apollonium.
560 Dein Stecken und Stab trösten mich. *Ps.* XXIII. v. 4.
561 Willst du meinem Rathe folgen, so überlaß den Göttern die Entscheidung, was uns zuträglich und nützlich ist. Diese lieben den Menschen mehr, als er sich selbst liebt. *Juuen.* Sat. X. v. 246. u. f.
562 *Augustin.* De Ciuitate Dei. L. XIX. c. 2.
563 Wer aber wegen des höchsten Gutes anderer Meynung ist, streitet über dem Grunde der ganzen Weltweisheit. *Cic.* De Finibus Bon. et Mal. L. V. c. 5.

> Tres mihi conuiuae prope dissentire videntur,
> Poscentes vario multum diuersa palato:
> Quid dem? Quid non dem? Renuis tu quod iubet alter:
> Quod petis, id sane est inuisum acidumque duobus.[564]

Die Natur würde auf ihre Streitigkeiten und Zänkereyen folgendermaaßen antworten: Einige sagen, unser Wohlseyn bestünde in der Tugend, andere suchen dasselbe in der Wollust, noch andere in der Uebereinstimmung mit der Natur, einige in der Wissenschaft, einige in der Abwesenheit des Schmerzens, einige darinnen, daß man sich nicht von dem Scheine hinreissen läßt: und hierauf scheinet des alten Pythagors Meynung hinaus zu laufen:

> Nil admirari properes est vna, Numici,
> Solaque quae possit facere et seruare beatum,[565]

welches der Zweck der Pyrrhonischen Sekte ist. Aristoteles[566] hält es für eine Großmuth, wenn einer nichts bewundert. Arcesilas[567] sagte, das Stemmen und der feste und unbeugsame Zustand der Urtheilskraft wären die Güter, allein die Beystimmung und Anwendung wären die Laster und Uebel. Es ist wahr, daß er in so weit, als er dieses für einen Grundsatz annahm, von dem Pyrrhonismus abgieng.[568]

---

564 Drey Gäste scheinen mir sich fast nicht zu vergleichen, und nach ihrem sehr verschiedenen Geschmacke zu fordern. Was soll ich geben? Was soll ich nicht geben? Was der andere verlangt, willst du nicht. Was du dir ausbittest, schmeckt den zween andern widerlich und bitter. *Horat.* L. II. Epist. 2. v. 61 u. f.

565 Nichts bewundern ist fast die einzige Sache, mein lieber Numicius, die uns glücklich machen und erhalten kann. *Horat.* L. II. Epist. 6. v. 12.

566 *Oude thaumastikos, (ho megalopsychos) ouden gar mega autô esti.* Ethic. ad *Nicomach.* L. IV. c. 8.

567 *legei de; (Arkesilaos) kai agatha men einai tas kata meros epochas, kaka de tas kata meros synkatatheseis.* Sext. *Empir.* Pyrrh. Hypot. L. I. c. 33. p. 48.

568 *Hêmeis men (Skeptikoi) kata to phainomenon hêmin tauta legomen, kai ou diabebaiôtikôs, ekeinos de (Arkesilaos) pros tên physin. Id.* ibid.

Wenn die Pyrrhonier sagen, die Ataraxie,[569] das heißt die Unbeweglichkeit der Urtheilskraft, wäre das höchste Gut: so wollen sie dieses nicht mit Gewißheit behaupten; sondern eben die Bewegung ihrer Seele, welche sie die Abgründe zu vermeiden, und sich vor der Abendluft zu hüten veranlaßt, bringt sie auch auf diesen Einfall, und von einem andern ab.

Wie sehr wünsche ich nicht, daß noch bey meinem Leben entweder ein anderer, oder Justus Lipsius, der gelehrteste Mann den wir noch übrig haben, der sehr viel Scharfsinnigkeit und Einsicht besitzt, und in der That ein ächter Bruder meines Turnebus ist, Willen, Gesundheit, und Muße genug besäße, die verschiedenen Meynungen der alten Weltweisen von unserm Wesen und unsern Sitten, ihre Streitigkeiten, das Ansehen und die Ordnung ihrer Nachfolger, und eine Vergleichung des Lebens der Urheber und Anhänger, mit ihren Lehren bey merkwürdigen und beträchtlichen Vorfällen so viel wir noch davon wissen können, aufrichtig und fleißig, nach ihren verschiedenen Classen und Abtheilungen in ein Verzeichniß brächte.

Was für ein schönes und nützliches Werk würde dieses nicht seyn!

In was für Verwirrung gerathen wir nicht übrigens, wenn wir unsere Sitten selbst einrichten wollen? Das wahrscheinlichste, was uns unsere Vernunft hiebey räth, ist dieses, daß jeder überhaupt den Gesetzen seines Landes gehorchen soll, wie Sokrates, seinem Vorgeben nach, durch eine göttliche Eingebung diese Meynung angenommen hat. Und was will sie hiemit anders sagen, als daß unsere Pflicht keine andere, als eine zufällige Regel, hat. Die Wahrheit muß sich durchgängig gleich bleiben. Wenn der Mensch die wahre und ächte Redlichkeit und Gerechtigkeit kennete: so würde er dieselbe nicht an die Beschaffenheit dieses oder jenes Landes binden; die Gestalt der Tugend würde sich nicht nach den Einfällen der Perser oder Indianer richten.

Nichts ist mehr Veränderungen unterworfen, als die Gesetze. Seit dem ich gebohren bin, habe ich gesehen, daß die Engeländer, unsere Nachbarn, die ihrigen drey bis viermal verändert haben: nicht allein in Ansehung der Staatsverfassung, worinnen man keine Beständigkeit verlangen will; sondern auch wegen des wichtigsten Gegenstandes, der

---

569 Dieses griechische Wort bedeutet eine vollkommene Ruhe, eine völlige Gleichgültigkeit. *Adiaphorian*, welches Wortes sich die Pyrrhonische Weltweisheit ebenfalls bediente.

Religion. Ich schäme und ärgere mich darüber, weil die Einwohner in meiner Gegend ehedem so vertraut mit ihnen bekannt gewesen sind, daß auch in meinem Hause noch einige Spuren unserer alten Verwandtschaft übrig geblieben. Und bey uns hier habe ich gesehen, daß eine Sache, auf welcher sonst Lebensstrafe stund, jetzo rechtmäßig ist; und daß wir, die wir andere Gesetze haben, in Gefahr sind, da das Kriegsglücke ungewiß ist, eines Tages der beleidigten menschlichen und göttlichen Majestät schuldig erkennt zu werden, wenn unsere Gerechtigkeit in die Gewalt der Ungerechtigkeit fällt, und, nachdem sie wenig Jahre im Besitze gewesen, ihr Wesen verändert. Wie konnte der alte Gott[570] deutlicher zeigen, daß die Menschen das göttliche Wesen nicht kennen, und ihnen lehren, daß ihre Religion nur ein Stück von ihrer eignen Erfindung, und die Gesellschaft zu verbinden geschickt sey, als wenn er sich, wie er wirklich that, gegen diejenigen, welche von seinem Dreyfusse Unterricht verlangten, erklärete, daß derjenige Gottesdienst für jeden der wahre wäre, welcher in dem Lande, in welchem er sich befände, im Schwange gienge. Großer Gott! wie sehr verbunden sind wir nicht der Güte unsers allerhöchsten Schöpfers, daß er unsern Glauben von diesen unstäten und willkührlichen Andachtsübungen abgebracht, und auf die ewige Grundfeste seines heiligen Wortes gesetzet hat! Was kann uns die Weltweisheit in dieser Noth sagen? Daß wir den Gesetzen unsers Landes folgen sollen; das heißt, dem ungestümen Meere der Meynungen eines Volks, oder eines Regenten, welche mir die Gerechtigkeit mit so vielerley Farben abmalen, und ihr so vielerley Gestalten geben werden, als in ihnen Veränderungen ihrer Leidenschaften vorgehen? Meine Urtheilskraft ist nicht so biegsam. Was für eine Güte ist das, die ich heute in Ansehen stehen sehe, und morgen nicht, und welche zu einem Laster wird, wenn man über einen Strom setzt? Was für eine Wahrheit ist das, welche dieses Gebirge einschränkt, und welche in den jenseits gelegenen Ländern eine Lügen ist?

Allein, es ist artig, daß sie, um den Gesetzen einige Gewißheit zu ertheilen, sagen, es gäbe einige feste, stetswährende, und unveränderliche Gesetze, welche dem menschlichen Geschlechte vermöge ihres eignen Wesens eingepräget wären. Einer zählt derselben drey, der andere viere; einer mehr, der andere weniger: ein gewisses Kennzeichen, daß dieses Merkmaal eben so zweifelhaft, als das übrige, ist. Allein, sie sind so

---

570 *Apollo. Xenoph. Memorab. Socratis. L. I. c. 3. §. 1.*

unglücklich, denn, wie kann ich dieses anders als unglücklich nennen, daß sich unter einer so unendlichen Anzahl Gesetze, nicht einmal ein einziges findet, welches mit Erlaubniß des Glücks und blinden Zufalls durchgängig von allen Völkern einstimmig angenommen worden wäre? sie sind, sage ich, so elend daran, daß unter diesen drey oder vier auserlesenen Gesetzen, nicht ein einziges ist, welches nicht von einem Volke, sondern von vielen Völkern, geläugnet und verworfen worden wäre. Nun ist der allgemeine Beyfall das einzige wahrscheinliche Zeichen, aus welchem sie schliessen können, daß es natürliche Gesetze giebt: denn, wenn uns die Natur etwas wirklich verordnet hätte, so würden wir dasselbe ohne Zweifel einmüthig beobachten; und nicht allein ein ganzes Volk, sondern jeder Mensch ins besondere würde wahrnehmen, daß ihm derjenige, welcher ihn diesem Gesetze entgegen zu handeln antreiben wollte, Zwang und Gewalt anthäte. Ich wollte wünschen, daß sie mir doch eins von dieser Beschaffenheit zeigten.

Protagoras und Aristo eigneten der Gerechtigkeit der Gesetze kein anderes Wesen zu, als das Ansehen und die Meynung des Gesetzgebers; und meynten, dieses bey Seite gesetzt, verlöhren das Gute und Ehrbare ihre Eigenschaften, und blieben nichts als leere Namen gleichgültiger Dinge. Thrasymachus behauptet beym Plato,[571] es gäbe kein anderes Recht, als den Nutzen des Oberherrn. In keiner Sache findet man in der Welt einen so großen Unterschied, als in den Gewohnheiten und Gesetzen. An einem Orte ist eine Sache abscheulich, die an einem andern sehr beliebt ist: wie zu Lacedämon die Verschlagenheit beym Diebstahle. Unter uns sind die Heirathen zwischen Blutsfreunden bey Lebensstrafe verbothen; anderwärts hingegen hält man sehr viel darauf.

> – – Gentes esse feruntur,
> In quibus et nato genitrix, et nata parenti,
> Jungitur, et pietas geminato crescit amore.[572]

---

571 *phêmi gar egô einai to dikaion ouk allo ti, ê to tou kreittonos xympheron.* De Republ. L. I. p. 338. C.

572 Man sagt, es gäbe Völker, unter welchen sich die Mutter mit dem Sohne, und die Tochter mit dem Vater vermischt, und wo ihre gegenseitige Zuneigung durch die verdoppelte Liebe wächset. *Ouid.* Metamorph. L. X. Fab. 9. v. 34. u. f.

Der Kindermord, der Vatermord, die Gemeinschaft der Weiber, das Rauben, der freye Genuß allerley Art von Wollüsten, mit einem Worte, nichts ist so ausschweifend, das nicht bey einem Volke durch den Gebrauch eingeführt wäre.

Es ist glaublich, daß es natürliche Gesetze giebt, wie man bey andern Geschöpfen wahrnimmt: allein bey uns sind sie verlohren gegangen, weil die schöne menschliche Vernunft allerwegen hat die Oberhand haben und gebiethen wollen, und dadurch, nach ihrer Eitelkeit und Unbeständigkeit, die wahre Gestalt der Dinge verwirrt und vermischt hat. Nihil itaque amplius nostrum est: quod nostrum dico, artis est.[573] Die Gegenstände können auf mehr als einerley Art, und von verschiedenen Seiten, betrachtet werden: und hieraus entstehen eben hauptsächlich die mancherley Meynungen. Ein Volk betrachtet einen Gegenstand von dieser Seite, und bleibt dabey stehen: das andere betrachtet ihn von einer andern.

Man kann sich nichts so abscheuliches vorstellen, als seinen Vater zu fressen. Diejenigen Völker, welche ehedem diese Gewohnheit hatten,[574] betrachteten dieselbe gleichwohl als ein Zeugniß der kindlichen Liebe und Zuneigung, und suchten hierdurch denenjenigen, die sie gezeuget hatten, das anständigste und herrlichste Begräbniß zu verschaffen. Sie glaubten, die Leiber ihrer Väter, und deren Ueberbleibsel, auf diese Art gleichsam in ihr eigenes Mark zu bringen, und sie durch die Verwandlung in ihr lebendiges Fleisch, vermittelst der Verdauung und Nahrung, gewissermaaßen wieder zu beleben und wieder zu gebähren. Man kann leicht denken, wie grausam und abscheulich es Leuten, die diesen Aberglauben eingesogen hatten, gedünkt haben würde, den Leichnam ihrer Aeltern in der Erde verwesen zu lassen, oder den Thieren und Würmern zur Speise hin zu werfen.

Lykurg betrachtete bey dem Diebstahle, daß Munterkeit, Fleiß, Herzhaftigkeit, und Geschicklichkeit dazu erfordert würden, wenn einer seinem Nachbar etwas entführen wollte; und daß es dem gemeinen Wesen nützlich seyn würde, wenn jeder das Seinige desto fleißiger in Acht zu nehmen suchte. Er glaubte auch; diese doppelte Anweisung zum Angriffe und zur Vertheidigung würde der Kriegszucht beförderlich

---

[573] Wir haben also nichts mehr, was das Unsrige wäre: was ich das Unsrige nenne, ist ein Werk der Kunst.

[574] *Sextus Empiricus,* Pyrrh. Hypot. L. III. c. 34. p. 157.

seyn, welches die einzige Wissenschaft und Tugend war, zu welcher er sein Volk anführen wollte; und hielt diesen Vortheil für beträchtlicher, als die Unordnung und Ungerechtigkeit, welche derjenige begehet, der sich eines fremden Gutes bemächtiget.

Der Tyrann Dionys both dem Plato einen langen damastenen und parfumirten Rock, nach persischer Tracht, an. Plato weigerte sich denselben an zu nehmen, und sagte,[575] er wäre ein Mann, und wollte nicht gerne ein Weiberkleid anlegen. Allein Aristipp nahm denselben an, mit der Antwort, einem keuschen Gemüthe könnte keine Kleidung nachtheilig seyn. Seine Freunde warfen ihm seine Niederträchtigkeit vor, daß er sich so wenig daraus machte, da ihm Dionys ins Gesichte gespien hatte: *Die Fischer*, versetzte er darauf, *achten es ja auch nicht, daß sie von den Wellen des Meeres vom Kopfe bis auf die Füsse naß werden, wenn sie nur einen Gründling fangen*.[576] Diogenes wusch seinen Kohl, und sagte als er ihn vorbeygehen sahe: *Wenn du dich mit Kohle behelfen könntest, so würdest du einem Tyrannen nicht aufwarten*; worauf Aristipp zur Antwort gab: *Wenn du mit Menschen um zu gehen wüßtest, so würdest du keinen Kohl waschen*.[577] Hier sehen wir, wie die menschliche Vernunft ganz verschiedenen Handlungen einen Schein giebt. Sie ist ein zweyhenklichter Topf, den man rechts und links anfassen kann:

– – Bellum, o terra hospita, portas,
Bello armantur equi, bellum haec armenta minantur:
Sed tamen iidem olim curru succedere sueti
Quadrupedes, et fraena jugo concordia ferre,
Spes est pacis.[578]

---

575 *Diog. Laert.* in Vita Aristippi. L. II. Segm. 78.
576 *Ibid.* Segm. 67.
577 *Ibid.* Segm. 68. et *Horat.* L. I. Epist. 17. v. 13. u. f.
578 *Virgil.* Aeneid. L. III. v. 539 u. f.
– – Man braucht die Pferd im Krieg und Streiten,
Und diese werden wohl dem Lande Krieg bedeuten.
Doch nein, man spannt sie auch in einen Wagen ein,
Sie ziehn das Joch zugleich. Es wird ein Zeichen seyn,
Daß hier der Friede wohnt.

Man predigte dem Solon vor, er sollte über dem Tode seines Sohnes nicht ohnmächtige und vergebliche Thränen vergiessen: *Und eben deswegen* (gab er zur Antwort) *habe ich desto mehr Ursache sie zu vergiessen, weil sie vergeblich und ohnmächtig sind.*[579] Des Sokrates Eheweib bezeigte sich desto trauriger wegen dieses Umstandes, ach! wie ungerechter Weise nehmen ihm diese ruchlosen Richter das Leben! Worauf er ihr antwortete: *Sähest du es dann lieber, wenn es mit Rechte geschähe?*[580] Wir durchbohren die Ohrenläppchen: die Griechen hielten dieses für ein Kennzeichen der Knechtschaft.[581] Wir verbergen uns, wenn wir unsern Weibern beywohnen wollen: die Indianer thun dieses öffentlich.[582] Die Scythen opferten die Fremden in ihren Tempeln:[583] anderwärts dienen die Tempel zu Freystädten.

> Inde furor vulgi, quod numina vicinorum
> Odit quisque locus, quum solos credat habendos
> Esse Deos, quos ipse colit.[584]

Ich habe von einem Richter sagen hören, welcher, wenn er irgendswo einen harten Streit zwischen dem Bartolus und Baldus, und eine unentschiedene Rechtsfrage fand, in seinem Buche an den Rand schrieb, *eine Frage für einen guten Freund*: das hieß, die Wahrheit wäre so verwirrt und streitig, daß er sich bey dergleichen Sache, welcher Parthey er wollte, günstig bezeigen könnte. Es fehlte ihm bloß am Witze und Geschicklichkeit, sonst hätte er allerwegen hinsetzen können, *eine Frage für einen guten Freund*. Die Sachwalter und Richter zu unserer Zeit finden bey allen Sachen Gelegenheit genug, sie zu drehen, wie es ihnen beliebt. Bey einer so unendlichen Wissenschaft, die auf dem Ansehen so vieler Meynungen, und auf einem so willkührlichen Gegenstande

---

579 *Diog. Laert.* in Vita Solonis. L. I. Segm. 63.
580 *Id.* in Vita Socratis, L. II. Segm. 35.
581 *Sextus Empiricus.* Pyrrh. Hypot. L. III. c. 24. p. 152.
582 *Id.* ibid. L. I. c. 14. p. 30.
583 *Id.* ibid.
584 In Egypten, sagt *Juvenal* Sat. XV v. 37. u. f., geräth das Volk in Wuth, weil jeder Ort die Götter seiner Nachbarn verabscheuet, und glaubt, nur diejenigen Götter, welche er selbst anbethet, verdienten Verehrung.

beruhet, muß nothwendig in den Urtheilen die äußerste Verwirrung entstehen. Daher ist auch kein Proceß so klar, bey welchem die Stimmen nicht getheilet sind. Eine Gesellschaft urtheilet so, die andere, und sie selbst zu anderer Zeit, urtheilet ganz anders. Wir sehen hievon sehr viele Beyspiele, durch die Freyheit, welche die stattliche Gewalt und das Ansehen unserer Gesetze wunderbar beflecket, daß man es nicht bey den Urtheilen bewenden läßt, sondern von einem Richter zu den andern läuft, und über einerley Sache von verschiedenen sprechen läßt. Von der Freyheit der philosophischen Meynungen in Ansehung des Lasters und der Tugend ist nicht viel zu sagen: und man findet darunter vielerley Gedanken, die man schwachen Gemüthern vielmehr verbergen als bekannt machen muß. Arcesilaus sagte,[585] bey der Hurerey käme es nicht darauf an, von welcher Seite und wodurch man sie begienge. Et obscoenas voluptates, si natura requirit, non genere, aut loco, aut ordine, sed forma, aetate, figura metiendas Epicurus putat. – – Ne amores quidem sanctos a sapiente alienos esse arbitrantur. – – Quaeramus ad quam vsque aetatem iuuenes amandi sint.[586] Diese zween letzten stoischen Oerter, und der Vorwurf, welchen Dicäarch[587] selbst dem Plato bey

585 *Plutarchus* in Praeceptis de tuenda sanitate. Der Weltweise Arcesilaus sagt dieses daselbst in keiner andern Absicht, als um alle Arten von Unordnung auf gleiche Weise zu verwerfen. *Er pflegte wider die Unzüchtigen und Wollüstlinge zu sagen, es käme nicht darauf an, von welcher Seite man es wäre, weil es,* setzt Plutarch hinzu, *auf einer Seite so schlimm als auf der andern wäre.*

586 *Epikur* glaubt, man hätte bey dem Liebeswerke, wenn es die Natur erforderte, nicht auf das Geschlechte, oder den Stand, sondern auf die Gestalt, auf das Alter, auf die Bildung zu sehen. *Cic.* Tusc. Quaest. L. V c. 33. Die Stoiker glauben, einem Weisen wären nicht einmal die heiligen Liebesverständnisse unanständig: *Cic.* de Finib. bon. et mal. L. III. c. 20. Wir wollen doch sehen, wie lange man die Jünglinge lieben darf. *Senec.* Epist. 123. zu Ende.

587 In allen meinen Ausgaben von den *Versuchen* (nicht einmal die englische Ueberseztung ausgenommen) habe ich Diogarch an statt Dicäarch, welches unstreitig das rechte Wort ist, gefunden. Man siehet dieses aus folgender Stelle des *Cicero,* Philosophi sumus exorti, et auctore quidem nostro Platone, quem non iniuria Dicaearchus accusat, qui amori auctoritatem tribueremus. *Tusc. Quaest.* L. IV. c. 33. 34. Hier sind also Weltweisen, und unter andern Plato, welchen Dicäarch mit Rechte vorwirft, daß sie die

dieser Gelegenheit machte, zeigen, daß auch die gesündeste Weltweisheit ganz ungewöhnliche und ausschweifende Unordnungen duldet. Die Gesetze haben ihr Ansehen von dem Besitze und der Gewohnheit. Es ist gefährlich, bis auf ihren ersten Ursprung zurück zu gehen. Sie werden, wie unsere Flüsse, immer größer und edler, je weiter sie fortgehen. Man verfolge sie nur aufwärts bis an ihre Quelle, so wird man nichts als eine kleine fast unkenntliche Wasserader finden, die mit der Zeit so anschwillt, und sich verstärket. Man gebe einmal auf die alten Betrachtungen Acht, die diesem berühmten, ansehnlichen, schröcklichen, und verehrungswürdigen Strome, die erste Bewegung ertheilet haben: man wird sie so leicht und kützlich finden, daß es nicht zu verwundern ist, wenn diejenigen Leute, die alles erwägen, die nichts auf eines andern Wort und auf guten Glauben annehmen, öfters in ihren Urtheilen sehr weit von den Urtheilen des Pöbels abgehen. Es ist nicht zu verwundern, wenn Leute, welche das Urbild der Natur zum Muster nehmen, in ihren Meynungen meistens von dem gemeinen Wege abweichen. Zum Exempel, wenige unter ihnen würden die gezwungenen Bedingungen bey unsern Heirathen gebilliget haben; und die meisten haben gewollt, die Weiber sollten ohne Verbindlichkeit gemein seyn. Sie mochten mit unsern Cäremonien nichts zu thun haben. Chrysipp sagte,[588] ein Weltweiser würde für ein Duzend Oliven öffentlich ein Duzend Räder, so gar ohne Hosen, schlagen. Kaum würde er dem Klisthenes gerathen haben, seine Tochter, die schöne Agariste, dem Hippoklides zu versagen,[589] weil er gesehen, daß derselbe sich über einem Tische auf den Kopf gestellet, und die Füsse in die Höhe auseinander geschlagen hatte. Metrokles ließ ein wenig unvorsichtig unter dem Disputiren in Gegenwart seiner Schüler einen Wind streichen, und hielt sich aus Schaam zu Hause, bis ihn Krates[590] besuchte, und nebst seinen Trostgründen selbst die Freyheit brauchte, um die Wette mit ihm zu farzen: wodurch er ihm nicht allein

    Liebe, das heißt, wie Cicero vorher ausdrücklich gesagt hat, die Knabenliebe, gebilliget haben.

588 *Plutarch* erzählt dieses ein wenig anders, und sagt, Chrysipp erklärte sich in seinem Buche *von den Pflichten,* der Weise würde drey Räder schlagen, wenn man ihm ein Talent dafür gäbe. S. seine Abhandlung *De repugnantiis Stoicorum.*

589 *Herodot.* L. VI. p. 428. 429. 430.

590 *Diog. Laert.* in Vita Metroclis, L. VI. Segm. 94.

seinen Zweifel benahm, sondern ihn noch überdieß von der Peripatetischen Secte, welche höflicher war, und welcher er bisher angehangen hatte, zu seiner Stoischen, die weit freyer war, zog. Wir nennen es Ehrbarkeit, wenn sich einer das, was er heimlich ehrbar thun kann, nicht öffentlich zu thun untersteht; sie hingegen nannten es Thorheit, und hielten es für ein Laster, wenn einer das, was die Natur, die Gewohnheit, und unsere Begierde, von unsern Handlungen bekannt und ruchtbar machen, listig zu verschweigen, oder zu läugnen trachtet. Sie glaubten die Geheimnisse der Venus würden verächtlich gemacht, wenn man dieselben aus dem stillen Heiligthume ihres Tempels brächte, um sie den Augen des Pöbels bloß zu stellen; und man verderbte ihre Spiele, wenn man sie hinter dem Vorhange vorzöge. Die Schaam ist eine Sache von Wichtigkeit. Das Verhöhlen, das Zurückhalten, die Vorsichtigkeit, tragen etwas zu dem Werthe bey. Sie meynten, die Wollust bäthe unter der Larve der Tugend sehr sinnreich, daß man sie nicht mitten in den Strassen schänden, und nicht von dem Pöbel begaffen, und mit Füssen treten lassen sollte, und rühmte die Anständigkeit und Bequemlichkeit ihrer gewohnten Zimmer. Daher sagen einige, die öffentlichen Hurenhäuser abschaffen, hiesse nicht allein, die Hurerey durchgängig ausbreiten, sondern auch verlaufene und müßige Leute, durch die Schwierigkeit noch mehr zu diesem Laster anreizen.

> Moechus es Aufidiae qui vir, Ceruine, fuisti
> Riualis fuerat qui tuus, ille vir est.
> Cur aliena placet tibi, quae tua non placet vxor?
> Numquid securus non potes arrigere?[591]

Man findet von dieser Erfahrung tausend verschiedentliche Beyspiele.

> Nullus in vrbe fuit tota, qui tangere vellet
> Vxorem gratis, Caeciliane, tuam,

---

[591] Cervin, ehedem bist du der Aufidia Mann gewesen: jetzt bist du ihr Liebhaber; und dein vormaliger Nebenbuhler ist Mann. Warum gefällt dir dann deine Frau jetzt, da sie nicht mehr die deinige ist; und warum gefiel sie dir vorher nicht? Bist du denn unvermögend, wenn du nichts zu besorgen hast? *Martial.* L. III. Epigr. 70.

Dum licuit: sed nunc, positis custodibus, ingens
Turba fututorum est. Ingeniosus homo es.⁵⁹²

Man fragte einen Weltweisen, den man eben darüber antraf, was er machte? er antwortete ganz kaltsinnig, *Ich pflanze einen Menschen.*⁵⁹³ Er erröthete so wenig, daß man ihn darüber ertappete, als wenn man ihn über dem Pflanzen einiger Kräuter angetroffen hätte.

Ein großer und gottesfürchtiger Schriftsteller⁵⁹⁴ glaubt, wie ich dafür halte aus Zärtlichkeit und Ehrbarkeit, man sähe sich so nothwendig bey dieser Handlung zum Verbergen und zur Schaamhaftigkeit gezwungen, daß er sich nicht bereden kann, daß die Cyniker bey ihren frechen Umarmungen etwas vollbracht haben. Er meynt vielmehr, sie hätten sich begnügt geile Bewegungen zu machen, um die Unverschämtheit, deren sich ihre Secte befleißigte, zu behaupten, und wären hernach bey Seite gegangen, um dasjenige zu vollbringen, wovon sie die Schaam vorher abgehalten hatte. Er wußte nicht recht, wie weit sie die Unordnung trieben. Diogenes wünschte, da er öffentlich Masturbation begieng,⁵⁹⁵ in Gegenwart des um ihn stehenden Volkes, daß er seinen Bauch auch so durch Reiben sättigen könnte. Denjenigen, welche ihn fragten, warum er nicht lieber einen bequemem Ort, als die freye Strasse, zum Essen suchte, antwortete er, weil mich auf freyer Strasse

---

592 Niemand in der ganzen Stadt mochte mit deiner Frau etwas zu thun haben, Cäcilian, so lange es erlaubt war. Allein, jetzt, da du sie bewachen läßt, finden sich eine ungeheure Menge Liebhaber. Du bist ein listiger Mann. *Id.* L. I. Epigr. 74.

593 Diese Erzählung von dem Diogenes dem Cyniker, mit welcher man sich täglich in Gesellschaften trägt, und die man auch in vielen neuen Büchern findet, gründet sich, nach *Baylens* Meynung, auf kein Zeugniß eines Alten. S. dessen Critisches Wörterbuch unter dem Artikel *Hipparchia*, Anmerkung D.

594 Der H. *Augustin* in seinem Buche De Ciuitate Dei. L. XIV. c. 20. Hier sind seine eigne Worte: Illum *(Diogenem)* vel illos, qui hoc fecisse referuntur, potius arbitror concumbentium motus dedisse oculis hominum, nescientium quid sub pallio gereretur, quam humano premente conspectu potuisse illam peragi voluptatem. Ibi enim Philosophi non erubescebant videri se velle concumbere, vbi libido ipsa erubesceret surgere.

595 Diogenes der Cyniker. S. *Laert.* in Vita Diogenis. L. VI. Segm. 69.

hungert.[596] Die Weiber, welche die Weltweisheit trieben, und sich in ihre Secte mischten, vermischten sich auch mit ihnen an allen Orten ohne Unterscheid: und Hipparchia wurde in des Krates Gesellschaft nicht anders, als mit der Bedingung aufgenommen, daß sie sich in allen Stücken nach den Gebräuchen und Gewohnheiten seiner Secte halten sollte.[597] Indessen hielten doch die jetzt gedachten Weltweisen die Tugend besonders hoch, und trieben keine andere Wissenschaft, als die Sittenlehre: allein, sie eigneten der Wahl ihres Weisen die höchste Gewalt zu, und setzten sie noch über die Gesetze. Sie legten auch der Wollust keinen andern Zaum an, als die Mäßigung, und Erhaltung der Freyheit des andern.

Heraklit und Protagoras[598] haben daraus, daß der Wein einem Kranken bitter, und einem Gesunden angenehm schmeckt, daß das Ruder im Wasser gebogen, und außer dem Wasser gerade aussieht, und aus andern ähnlichen einander entgegen gesetzten Erscheinungen, die man bey einerley Gegenständen wahrnimmt, geschlossen, alle Gegenstände hätten die Ursachen dieser Erscheinungen in sich. Sie glaubten also, in dem Weine wäre einige Bitterkeit, die sich auf den Geschmack des Kranken bezöge; das Ruder hätte eine gewisse Krümme, die sich auf denienigen beziehet, der dasselbe in dem Wasser betrachtet; und so mit allen übrigen Dingen: das heißt also, in allen Dingen wäre alles, und folglich in keinem nichts. Denn wo alles ist, ist nichts.

Diese Meynung erinnert mich wieder an die Erfahrung, die wir haben, daß das menschliche Gemüth in denen Schriften, die es sich durch zu blättern vornimmt, alles findet, was es verlangt. Wie viel Unwahrheiten hat man nicht aus dem klärsten, reinsten, und vollkommensten Worte herausgebracht? Haben nicht alle Ketzereyen Gründe und Zeugnisse genug darinne gefunden, um etwas zu unternehmen, und um sich zu vertheidigen? Daher wollen sich die Urheber solcher Irrthümer, des aus der Erklärung der Wörter hergeleiteten Beweises niemals begeben. Ein angesehener Mann wollte mir durch Zeugnisse beweisen, daß das Suchen des Steins der Weisen, worinn er ganz vertieft ist, erlaubt sey, und führte mir fünf oder sechs Stellen aus der heil. Schrift an, auf die er sich, wie er sagte, zur Erleichterung seines Gewissens anfangs gegründet

---

596 *Ibid.* Segm. 58.
597 *Diog. Laert.* in Vita Hipparchiae, L. VI. Segm. 96. 97.
598 *Sext. Empir.* Pyrrh. Hypoth. L. I. c. 29. 32.

hätte; denn er ist ein Geistlicher: und, in der That, die Erfindung war nicht allein artig, sondern auch zur Vertheidigung dieser schönen Wissenschaft ganz geschickt.

Durch diesen Weg gelangen die erdichteten Prophezeyungen in Ansehen. Wenn ein Wahrsager nur erst so viel gilt, daß man sich die Mühe nimmt, seine Schriften durch zu blättern, und dieselben sorgfältig von allen Seiten zu betrachten und zu durchgrübeln, so wird man ihm alles sagen lassen, was er will, wie die Sibyllen. Es giebt so viel Mittel zu erklären, daß es schlecht wäre, wenn ein witziger Kopf, nicht entweder überzwerg, oder gerade zu, bey allen Gegenständen etwas finden sollte, das zu seinem Zwecke dienet. Gleichwohl siehet man, daß die dunkle und zweifelhafte Schreibart so häufig, und von Alters her, im Gebrauch ist. Daß ein Schriftsteller die Nachkommenschaft an sich ziehen und beschäftigen kann, beruhet nicht allein auf seiner Geschicklichkeit, sondern eben so sehr, oder noch mehr auf der zufälligen Wahl einer vortheilhaften Materie. Uebrigens darf er sich nicht darum bekümmern, ob er sich aus Einfalt oder aus List zuweilen ein wenig dunkel oder verschiedentlich ausdrückt. Eine Menge Leute werden an ihm rütteln und schütteln, und einen Haufen Gedanken, nach oder wider seinen Sinn, herausbringen, die ihm alle zur Ehre gereichen werden. Er wird sich mit dem Vermögen seiner Anhänger bereichert sehen, wie die Schullehrer mit dem Schulgelde. Dieses hat viele nichtige Dinge gehoben, viele Schriften in Ansehen gebracht, und mit allen Arten von Materie, wie man gewollt hat, überhäuft: denn, man kann einer Sache tausenderley Farben geben, und sie von tausenderley Seiten betrachten.

Ist es möglich, daß Homer alles das hat sagen wollen, was man ihn sagen läßt, und so vielerley Gestalten angenommen hat, daß sich die Gottesgelehrten, Gesetzgeber, Heerführer, Weltweisen, und alle Arten von Leuten, welche Wissenschaften abhandeln, so verschiedentlich und auf so entgegen gesetzte Weise sie dieselben auch abhandeln, auf ihn stützen, und sich auf ihn beziehen? Daß er Obermeister in allen und jeden Pflichten, Künsten und Handwerken, und bey allen und jeden Unternehmungen Rath ist? Wer Orakel und Prophezeyungen benöthiget gewesen ist, hat dergleichen so viel in ihm gefunden, als er verlanget hat. Es ist zu bewundern, wie viel, und wie wunderbare Gedanken, zum Vortheile unserer Religion, ein gelehrter Mann, der mein guter Freund ist, aus demselben herausbringt. Er läßt sich nicht von der Meynung abbringen, daß dieses nicht Homers Absicht gewesen seyn sollte: und gleichwohl ist ihm dieser Schriftsteller so geläufig, als jemanden in unserm Jahrhunderte. Allein, was er zum Vortheile der unsrigen darinnen findet, hatten viele von Alters zum Vortheile der ihrigen darinnen gefunden. Man sehe nur einmal, wie man mit Plato umgeht. Jeder macht sich eine Ehre daraus, ihn auf seiner Seite zu haben. Man zieht ihn zu allen neuen Meynungen, welche die Welt annimmt, und macht, daß er sich nach dem verschiedenen Laufe der Dinge selbst widerspricht. Man läßt ihn die zu seiner Zeit erlaubten Sitten mißbilligen, weil sie zu unserer Zeit unerlaubt sind. Alles dieses geschieht so lebhaft und stark, als des Auslegers Witz, Stärke und Lebhaftigkeit besitzt. Aus eben dem Grunde, auf welchen Heraklit seinen Satz bauete, *daß alle Dinge die Gestalten hätten, die man bey ihnen sähe,*[599] zog Demokrit einen ganz entgegen gesetzten Schluß, *daß die Gegenstände nichts von demjenigen, was wir an ihnen wahrnehmen, an sich hätten;*[600] und folgerte daraus, daß der Honig einem süß, dem andern bitter schmeckt, er sey weder süß noch bitter. Die Pyrrhonier würden sagen, sie wüßten nicht, ob er süß oder bitter, oder keines von beyden, oder bey des wäre: denn diese treiben das Zweifeln allezeit aufs höchste. Die Cyrenaiker[601] behaupteten, wir könnten nichts von außen empfinden, und empfänden bloß das, was uns innerlich berührte, wie der Schmerz und die Wollust. Sie erkannten also weder Ton noch Farbe, sondern bloß gewisse Empfindungen, die wir davon bekämen, und hielten dafür, der Mensch hätte keinen andern Sitz seiner Urtheilskraft. Protagoras meynte *für jedem wäre dasjenige wahr, was ihm schiene.*[602] Die Epikurer überliessen den Sinnen durchgängig das Urtheil, so wohl in der Erkenntniß der Dinge, als in der Wollust. Plato hingegen hat das Urtheil über die Wahrheit, und die

---

599 *Sext. Empir.* Pyrrh. Hypot. L. I. c. 29.

600 *Sext Empir.* adu. Mathem. p. 163.

601 Die ihren Namen daher bekamen, weil sie Aristipps, der von Cyrene gebürtig war, Anhänger waren. In eo actu (sagt *Cicero,* Acad. Quaest. L. IV c. 7.) quem Philosophi interiorem vocant, aut doloris aut voluptatis, in eo Cyrenaici solo putant veri esse iudicium, quia sentiatur.

602 Id cuique verum esse, quod cuique videatur. *Cic.* Acad. Quaest. L. IV c. 46.

Wahrheit selbst den Meynungen und sinnlichen Vorstellungen genommen, hingegen dem Verstande und dem Denken zugeschrieben.[603]

Ich komme bey dieser Gelegenheit auf die Betrachtung der Sinnen, in welchen der stärkste Grund und Beweis unserer Unwissenheit liegt. Alles, was erkannt wird, wird ohne Zweifel durch das Vermögen des Erkennenden erkannt. Denn, weil das Urtheil von einer Wirkung des Urtheilenden kömmt: so muß er dieses doch wohl durch seine eigene Mittel und seinen eignen Willen, keinesweges aber gezwungen, thun; welches geschehen würde, wenn wir die Dinge, Kraft und zu Folge ihres Wesens, erkenneten. Nun gelangen wir zu aller Erkenntniß durch die Sinnen. Diese sind unsere Herren:

> via qua munita fidei
> Proxima fert humanum in pectus, templaque mentis.[604]

Die Wissenschaft fängt sich von ihnen an, und läuft auf sie hinaus. Wir würden, wenn es um und um kömmt, nicht mehr wissen, als ein Stein, wenn wir nicht wüßten, daß es Schall, Geruch, Licht, Geschmack, Maaß, Gewicht, Weichheit, Härtigkeit, Rauhigkeit, Farbe, Glätte, Breite, Dicke giebt. Dieses ist der Grund des ganzen Gebäudes unserer Wissenschaft. Und, nach einiger Meynung, ist Wissenschaft nichts anders, als Empfindung. Wer mich so weit treibet, daß ich meinen Sinnen widerspreche, hat mich bey der Kehle, er kann mich nicht weiter zurück jagen. Die Sinnen sind der Anfang und das Ende der menschlichen Erkenntniß.

> Inuenies primis ab sensibus esse creatam
> Notitiam veri, neque sensus posse refelli.
> – – –
> Quid maiore fide porro quam sensus haberi
> Debet?[605]

603 Dieses ist der Schluß aus demjenigen, was Plato weitläuftig in dem *Phädo* p. 66. und in dem *Thäetet* p. 186. seqq. sagt.

604 Der erste Weg, wodurch das Gemüth zur Gewißheit gelanget. *Lucret.* L. V. v. 103. u. f.

605 Du wirst finden, daß die Erkenntniß des Wahren von den ersten sinnlichen Vorstellungen herkömmt, und daß man die Gewißheit der sinnlichen Vorstellungen nicht läugnen kann. Denn, auf was kann man sich verlassen, als auf die Sinnen? *Lucret.* L. IV. v. 480. 481-484. 485.

Man lege ihnen, so wenig, als möglich bey: dieses, und daß wir vermittelst ihrer zu aller Unterweisung gelangen, muß man ihnen doch zugestehen. Cicero sagt,[606] Chrysipp hätte versucht, die Stärke und Kraft der Sinnen zu verringern, und sich selbst gegenseitige Gründe und so gewaltige Einwürfe vorgestellet, daß er denselben nicht hätte gnug thun können. Daher rühmte sich Karneades, welcher das Gegentheil behauptete, er bediente sich Chrysipps eigner Waffen und Worte, und rief deswegen wider ihn aus: *Unglücklicher, deine Stärke hat dich ins Verderben gebracht.*[607] Nach unserer Meynung ist nichts ungereimters, als zu behaupten, das Feuer wärme nicht, das Licht leuchte nicht, das Eisen sey nicht schwer und nicht feste, welche Kenntnisse uns die Sinnen geben; und kein Glaube, keine Wissenschaft läßt sich mit dieser in Ansehung der Gewißheit vergleichen.

Die erste Betrachtung, die ich wegen der Sinnen anstellen will, ist diese, daß ich zweifle, ob der Mensch mit allen natürlichen Sinnen versehen ist. Ich sehe viele Thiere, welche ein völliges und vollkommenes Leben haben, theils aber ohne Gesicht, theils ohne Gehör sind. Wer weiß also, ob nicht auch uns ein, zween, drey, und mehr andere Sinnen fehlen? Denn, wenn irgend einer von denselben fehlt, so kann unsere Vernunft den Mangel nicht entdecken. Die Sinnen haben das Vorrecht, daß sie die Schranken unserer Betrachtung sind. Nichts, ausser ihnen, kann uns sie zu entdecken dienen: ja, ein Sinn kann nicht einmal den andern entdecken.

> An poterunt oculos aures reprehendere, an aures
> Tactus, an hunc porro tactum sapor arguet oris,
> An confutabunt nares, oculiue reuincent?[608]

Sie sind sämmtlich die äußerste Linie unsers Vermögens.

---

606 Dum studiose omnia conquisierit contra sensus et perspicuitatem, ipsum sibi respondentem, inferiorem fuisse itaque ab eo armatum esse Carneadem. *Cic.* Acad. Quaest. L. IV. c. 27.

607 *Plutarch.* de Repugnantiis Stoicorum.

608 Können wohl die Augen, die Ohren, oder kann das Gefühl die Ohren eines Bessern belehren? Kann weiter der Geschmack wohl das Gefühl des Irrthums überführen, und können ihn die Nase oder die Augen widerlegen? *Lucret.* L. IV v. 488. u. f.

Seorsum cuique potestas
Diuisa est, suavis cuique est.[609]

Einem Menschen, der von Natur blind ist, kann man unmöglich begreiflich machen, daß er nicht sieht, und es unmöglich so weit bringen, daß er sich das Gesicht wünschet, und seinen Mangel bedauert. Demnach dürfen wir uns ganz und gar nicht darauf verlassen, daß unsere Seele mit dem, was wir gegenwärtig besitzen, vergnügt und zufrieden ist, weil sie nicht im Stande ist, ihr Gebrechen und ihre Unvollkommenheit, wenn sie dergleichen an sich hat, wahr zu nehmen. Es ist unmöglich, einem Blinden durch Vernunftschlüsse, Beweise und Gleichnisse, etwas zu sagen, wodurch er sich vermittelst der Einbildungskraft einen Begriff vom Lichte, von der Farbe, und vom Gesichte machen könnte. Es ist weiter nichts zurück, welches dem Sinn zu mehrerer Deutlichkeit verhelfen könnte. Die Blindgebohrnen, welche sich das Gesicht wünschen, verstehen deswegen noch nicht, was sie verlangen. Sie haben von uns gehört, daß sie etwas zu nennen, etwas zu verlangen wissen, das in uns ist; und nennen dasselbe zwar nebst seinen Wirkungen und Folgen, allein, sie wissen nicht was es ist, und begreifen es weder halb noch gar. Ich habe einen Edelmann aus einem guten Hause gesehen, welcher blind gebohren, oder wenigstens in den Jahren blind worden ist, daß er nicht weiß, was das Gesicht ist. Er versteht so wenig das, was ihm mangelt, daß er sich der vom Sehen gebräuchlichen Worte, eben so wohl als wir, bedienet, und dieselben auf eine ganz besondere und eigne Art gebraucht. Man bringt ihm ein Kind, dessen Pathe er ist, er nimmt es auf den Arm, und spricht: *Mein Gott, ist das nicht ein schönes Kind, man sieht es mit Lust an, wie es so munter aussieht.* Er wird eben so wie wir sprechen: *dieser Saal hat eine schöne Aussicht, es ist helle, es ist schöner Sonnenschein.* Das ist noch nicht genug. Weil wir uns mit der Jagd, dem Ballspiele, und dem Schiessen zu üben pflegen, und er davon reden gehört hat: so liebt er dasselbe auch, beschäftiget sich damit, und glaubt, eben so viel Theil daran zu haben als wir. Er ist begierig darauf, und findet Gefallen daran, ob er gleich dasselbe nicht weiter als vom Hören kennet. Man schreyt ihm zu, daß ein Hase kömmt, wenn man in einer schönen Ebene ist, wo er nachsetzen kann. Man sagt ihm hernach, daß der Hase

---

609 Jeder hat eine besondere Kraft, und ein ihm eigenthümliches Vermögen. *Id.* ibid. v. 491. 492.

gefangen ist; und er weiß sich damit so viel, als sich die andern, wie er von ihnen hört, viel wissen. Er nimmt den Ball in die linke Hand, und schlägt ihn mit dem Racket frisch fort. Mit der Flinte schießt er auf gut Glück hin, und ist zufrieden, daß ihm seine Leute sagen, er hätte zu hoch oder auf die Seite geschossen. Was wissen wir, ob nicht das menschliche Geschlecht aus Mangel irgend eines Sinnes, eine ähnliche Thorheit begeht, und ob uns nicht durch diesen Mangel die wahre Gestalt der Dinge meistens verborgen ist? Was wissen wir, ob die Schwierigkeiten, die wir bey vielen Naturwerken finden, nicht davon herrühren? Ob nicht vielerley Handlungen der Thiere, welche unsere Kräfte übersteigen, von einem Sinne herkommen, welcher uns fehlt? Ob nicht einige unter ihnen vermittelst desselben ein völligeres und vollkommeneres Leben besitzen? Wir stellen uns einen Apfel gleichsam durch alle unsere Sinnen vor;[610] wir finden, daß er roth und glatt ist, daß er einen Geruch und süssen Geschmack hat: allein, er kann ausserdem noch viel andere Tugenden haben, als eine austrocknende und zusammenziehende Kraft, welche wahr zu nehmen keiner von unsern Sinnen geschickt ist. Ist es nicht wahrscheinlich, daß es sinnliche Vermögen in der Natur giebt, welche die so genannten verborgenen Eigenschaften vieler Dinge, als bey dem Magnete das Anziehen des Eisens, zu beurtheilen und zu begreifen geschickt sind; und daß wir, weil uns dergleichen Vermögen fehlen, das wahre Wesen solcher Dinge nicht kennen? Vielleicht ist es ein besonderer Sinn, welcher den Hähnen die Früh- und Mitternachtsstunde entdeckt, und sie zu krähen veranlaßt; welcher die Gluckhenne, ehe sie noch einige Erfahrung hat, sich vor dem Sperber, nicht aber vor einer Gans oder einem Pfaue, ungeachtet dieses größere Vögel sind, fürchten lehrt; welcher die Küchelchen vor der feindlichen Art der Katze warnet, und sie gegentheils anweiset, sich vor dem Miaulen, welches gewissermaaßen eine schmeichelnde Stimme ist, nicht aber vor dem Bellen des Hundes, einer rauhen und zänkischen Stimme, in Acht zu nehmen; welcher die Hornissen, Ameisen und Mäuse anführt, den besten Käse und die beste Birn, ehe sie noch angebissen haben, zu

---

610 Alles dieses ist aus dem *Sextus Empirikus* genommen, dessen Worte folgendermaaßen lauten: *Hêmas oun endechetai tas pente monas aisthêseis echontas, monon antilambanesthai, ek tôn perito mêlon poiotêtôn, hôn esmen antilêptikoi. Hypokeisthai de allas hoion te esti poiotêtas, hypopiptousas heterois aisthêtêriois, hôn hêmeis ou meteschêkamen. Pyrrh. Hypotypos.* L. I. c. 14. p. 20.

wählen; und der dem Hirsche, dem Elephanten, und der Schlange, das sie zu heilen geschickte Kraut kennen lehrt? Jeder Sinn hat eine sehr große Herrschaft, und verschafft uns Kenntniß von unzählig vielen Dingen. Wenn uns die Kenntniß der Töne, der Harmonie, und der Stimme fehlte: so würde dieses den ganzen Ueberrest unserer Wissenschaft in eine unaussprechliche Verwirrung bringen. Denn, außerdem daß jeder Sinn seine besondere Wirkung hat, wie viel Beweisgründe, Folgen, und Schlüsse, ziehen wir nicht aus der Vergleichung eines Sinnes mit dem andern auf andere Dinge? Stelle sich einmal ein erfahrner Mensch vor, daß die menschliche Natur ursprünglich des Gesichts beraubet wäre, und erwäge, was für Unwissenheit und Verwirrung, was für Finsterniß und Blindheit, ein solcher Mangel in unserer Seele nach sich ziehen würde. Man wird hieraus sehen, wie sehr uns der Mangel eines solchen andern Sinnes, oder zweener oder dreyer solcher Sinnen an der Erkenntniß der Wahrheit hindern kann, wenn sie sich bey uns finden sollte. Wir haben unsere fünf Sinne zu Rathe gezogen und zusammen genommen, und vermittelst dessen eine Wahrheit gefunden: allein, vielleicht müßten acht oder zehen Sinnen übereinstimmen, und das Ihrige beytragen, wenn wir sie gewiß und ihrem Wesen nach erkennen sollten.

356

Diejenigen Secten, welche die menschliche Wissenschaft bestreiten, bestreiten sie hauptsächlich durch die Ungewißheit und Schwachheit unserer Sinnen. Denn, weil wir vermittelst derselben zu aller unserer Erkenntniß gelangen: so sind wir verlohren, wenn sie uns die Dinge falsch vorstellen; wenn sie das, was sie uns von außen zuführen, verändern oder verderben; wenn das Licht, welches durch sie in unsere Seele fleußt, unter Weges verdunkelt wird.

Aus der gedachten großen Schwierigkeit sind alle diese Einfälle entstanden: *Jeder Gegenstand hat alles in sich, was wir in ihm wahrnehmen: er hat nichts von demjenigen, was wir darinnen zu finden meynen*; desgleichen der Epikurer Meynung, daß die Sonne nicht größer sey, als wir sie nach dem Augenmaaße schätzen,

> Quicquid id est, nihilo fertur maiore figura,
> Quam nostris oculis quam cernimus esse videtur.[611]

611 Nichts, es sey was es wolle, ist größer, als es uns die Augen vorstellen, als wir es sehen. *Lucret.* L. V. v. 577. – – – *Was hier Lucrez von dem Monde*

und daß die Erscheinungen, die einem Nahestehenden einen Körper groß, und einem Entfernten klein vorstellen, beyde wahr sind.

>Nec tamen his oculis falli concedimus hilum,
>– – –
>– – –
>Proinde animi vitium hoc oculis adfingere noli.[612]

Er sagte getrost, die Sinnen trögen nicht, man müßte ihnen gänzlich trauen, und den Unterschied und Widerspruch, welchen wir dabey wahrnehmen, auf andere Art zu entschuldigen suchen: ja, man müßte vielmehr irgends eine andere Lügen oder Träumerey erfinden, (denn so weit gehen sie) als die Sinnen beschuldigen. Timagoras schwur,[613] er möchte sein Auge drücken oder ziehen, wie er wollte, so sähe er die Flamme eines Lichts doch niemals doppelt: und diese Erscheinung wäre ein Fehler der Meynung, nicht des Werkzeugs. Die Epikurer halten nichts für ungereimter, als die Kraft und Wirkung der Sinnen zu läugnen.

>Proinde quod in quoquo est his visum tempore, verum est.
>Et si non potuit ratio dissoluere causam,
>Cur ea quae fuerint iuxtim quadrata, procul sint
>Visa rotunda: tamen praestat rationis egentem
>Reddere mendose causas vtriusque figurae,
>Quam manibus manifesta suis emittere quoquam,
>Et violare fidem primam, et conuellere tota
>Fundamenta, quibus nixatur vita salusque.
>Non modo enim ratio ruat omnis, vita quoque ipsa.
>Considat extemplo, nisi credere sensibus ausis,

---

sagt, wendet Montagne auf die Sonne an, von welcher man nach Epikurs Grundsätzen eben das behaupten muß.

612 Wir läugnen, daß uns unsere Augen im geringsten betrügen – – – Also darf man den Fehler des Gemüths nicht den Augen andichten. *Lucret.* L. IV. v. 380. 386.

613 *Timagoras* Epicureus negat sibi vnquam, quum oculum torsisset, duas ex lucerna flammulas esse visas: opinionis enim esse mendacium, non oculorum. *Cic.* Acad. Quaest. L. IV c. 25.

Praecipitesque locos vitare, et caetera quae sint
In genere hoc fugienda.⁶¹⁴

Dieser verzweifelte und einem Weltweisen so unanständige Rath stellet uns nichts anders vor, als daß die menschliche Wissenschaft nur durch ungegründete, thörichte, und rasende Gründe, aufrechts erhalten werden kann; und daß es bey dem allen besser ist, wenn sich der Mensch, um sich zu erheben, derselben, und jedes andern Hülfsmittels, bedient, so phantastisch es auch seyn mag, als wenn er seine unvermeidliche Dummheit, eine so nachtheilige Wahrheit, gestehet. Er kann es nicht Umgang haben, daß nicht die Sinnen die Oberherrschaft über seine Erkenntniß haben sollten: allein, diese sind ungewiß, und unter allen Umständen leicht zu verfälschen. Hier muß man sich also aufs äußerste wehren, und, wenn es uns an gehörigen Kräften fehlt, die Hartnäckigkeit, die Verwegenheit, die Unverschämtheit, anwenden. Gesetzten Falls, daß es wahr ist, was die Epikurer sagen, daß wir keine Wissenschaft besitzen, wenn die sinnlichen Vorstellungen falsch sind; und wenn auch das ebenfalls wahr ist, was die Stoiker sagen, daß die sinnlichen Vorstellungen so falsch sind, daß sie uns keine Wissenschaft zu Wege bringen können: so wollen wir auf Unkosten dieser zwo großen dogmatischen Secten den Schluß machen, daß es keine Wissenschaft giebt.

Von der Falschheit und Ungewißheit der Wirkung der Sinnen kann sich jeder so viele Beyspiele verschaffen, als ihm beliebt: so gewöhnlich sind ihre Fehler und Betrügereyen. Der Schall einer Trompete, den ein Thal zurückwirft, scheint vor uns her zu kommen, da er doch eine Meile hinter uns herkömmt.

614 Alles, was man zu irgends einer Zeit sieht, ist wahr. Und, kann die Vernunft nicht entscheiden, warum diejenigen Dinge, welche in der Nähe viereckicht erscheinen, in der Ferne rund aussehen: so ist es besser, daß man in Ermangelung des ächten Grundes falsche Ursachen von beyden Figuren angiebt, als daß man handgreifliche Dinge und die ersten Begriffe fahren läßt, und die ganze Grundfeste, worauf unser Leben und Wohlseyn beruhet, niederreißt. Denn, wenn man sich nicht untersteht, den Sinnen zu glauben, wenn man jähe Oerter, und andere dergleichen gefährliche Dinge, nicht vermeiden will: so ist es nicht allein um die Vernunft geschehen, sondern selbst das Leben ist augenblicklich verlohren, *Lucret.* L. IV. v. 502-513.

>   Extantesque procul medio de gurgite montes
>   Classibus inter quos liber patet exitus, iidem
>   Apparent, et longe diuersi licet, ingens
>   Insula coniunctis tamen ex his vna videtur.
>   *Lucret.* L. IV v. 398. seqq.
>   Et fugere ad puppim colles campique videntur
>   Quos agimus praeter nauim.
>   *Ibid.* v. 390.
>   – Vbi in medio nobis equus acer obhaesit
>   Flumine, equi corpus transuersum ferre videtur
>   Vis, et in aduersum flumen contrudere raptim.
>   *Ibid.* v. 422. seqq.[615]

Wer eine Flintenkugel mit dem zweyten Finger anrührt, so daß der Mittelfinger oben darüber geschlagen ist, muß sich die größte Gewalt anthun, wenn er gestehen soll, daß es nur eine einzige ist: so klar stellt uns der Sinn deren zwo vor.

Denn, daß die Sinnen zuweilen die Herrschaft über die Vernunft haben, und dieselbe zwingen solche Eindrücke an zu nehmen, die sie für falsch erkennt, das sieht man alle Augenblicke. Ich will jetzt nicht von dem Gefühle reden, dessen Wirkungen uns mehr rühren, lebhafter und nachdrücklicher sind, welches vermittelst des Schmerzes, den es in dem Körper erreget, so oft alle die schönen stoischen Entschliessungen zu nichte macht, und denjenigen über Bauchgrimmen zu schreyen zwingt, der sich beherzt den Satz in den Kopf gesetzt hat, daß die Colik, wie alle andere Krankheiten und Schmerzen, eine gleichgültige Sache sey, die das höchste Gut und die Glückseligkeit, welche der Weise durch seine Tugend erlangt hat, nicht zu vermindern fähig ist. Der Schall unserer Pauken und Trompeten feuert auch das feigste Herz an, die Annehmlichkeit der Musik ermuntert und kützelt auch das allerhärteste; und unsere großen und düstern Kirchen, die verschiedenen Zierrathen,

---

615 Die Berge, welche sich mitten aus dem Meer erheben, scheinen von ferne, wenn sie gleich so weit von einander abgelegen sind, daß eine ganze Flotte durchfahren könnte, an einander zu hangen, und zusammen eine einzige große Insel auszumachen – – – Die Hügel und Felder, bey welchen wir vorbey fahren, scheinen nach dem Hintertheile des Schiffes zu zu laufen. Wenn ein Pferd, das wir reiten, mitten im Strome stille hält, scheint es wider den Strom fortgerissen zu werden.

die Ordnung der Cäremonien, der andächtige Ton unserer Orgeln, die so gesetzte und so heilige Harmonie unserer Stimmen, erfüllt auch die wildeste Seele mit einiger Ehrerbietung. Selbst diejenigen, die mit Verachtung hineintreten, empfinden einen gewissen Schauer in ihrem Herzen, und ein gewisses Entsetzen, welches sie ein Mistrauen gegen ihre Meynung zu fassen veranlaßt. Ich, meines Theils, halte mich nicht für so stark, daß ich Verse aus dem Horaz oder Catull, von einer schönen und jungen Person, mit einer anständigen Stimme gleichgültig würde singen hören können: und Zeno[616] sagte mit Rechte, die Stimme wäre die Blume der Schönheit. Man hat mich bereden wollen, ein Mann, den wir Franzosen alle kennen, hätte mich hintergangen, da er mir von ihm verfertigte Verse vorgesagt; man befände sie ganz anders, wenn man sie läse, als wenn man sie hörete; und meine Augen würden ganz anders davon urtheilen, als meine Ohren: so viel Werth und Ansehen kann die Aussprache einem Werke geben. Daher war Philoxen nicht zu tadeln, daß er, als einer einem Stücke von seiner Arbeit einen üblen Ton gab, mit den Füssen die demselben zugehörigen Ziegelsteine zerstieß, und dabey sagte: *Ich zerbreche das Deinige, wie du das Meinige verderbest.*[617] Warum haben so gar diejenigen, die sich selbst freywillig das Leben nehmen liessen, das Gesicht abgewendet, um den Streich, den sie sich geben liessen, nicht zu sehen? Warum können diejenigen, welche ihrer Gesundheit wegen verlangen und befehlen, daß man an ihnen schneiden und brennen soll, die Zubereitungen, die Werkzeuge, und die Operation des Wundarztes nicht mit ansehen, ungeacht das Gesicht an dem Schmerze keinen Theil hat? Bestätigen diese Beyspiele nicht genugsam die Gewalt, welche die Sinnen über die Vernunft haben? Wir mögen immer wissen, daß die Haarlocken eines Frauenzimmers von einem Pagen oder Bedienten sind, daß ihre rothe Farbe aus Spanien, und ihre weise Farbe und Glätte aus dem Ocean kömmt: dem ungeacht zwingt uns das Gesicht, dasselbe wider alle Vernunft deswegen für liebenswürdiger und artiger zu halten. Denn, von allen diesen ist nichts das Ihrige.

---

616 *Diog. Laert.* in Vita Zenonis. Lib. VII. Segm. 23. *tên phônên tou kallous anthos einai.*

617 *Diog. Laert.* in Vita Arcesilai L. IV. Segm. 36.

363   Auferimur cultu: gemmis auroque teguntur
      Crimina: pars minima est ipsa puella sui.
      Saepe vbi sit quod ames inter tam multa requiras:
      Decipit hac oculos Aegide, diues amor.⁶¹⁸

Wie viel Stärke eignen nicht die Dichter den Sinnen zu, wenn sie den Narciß sich in seinen Schatten verlieben lassen?

   Cunctaque miratur, quibus est mirabilis ipse,
   Se cupit imprudens, et qui probat, ipse probatur.
   Dumque petit, petitur: pariterque accendit et ardet.⁶¹⁹

Und wenn sie von dem Pygmalion erzählen, daß er durch den Anblick einer von ihm verfertigten helfenbeinernen Bildsäule, im Verstande so verrückt worden sey, daß er sie geliebt, und als ob sie lebendig wäre, bedienet?

      Oscula dat reddique putat, sequiturque tenetque,
      Et credit tactis digitos insidere membris,
364   Et metuit pressos veniat ne liuor in artus.⁶²⁰

Man setze einen Weltweisen einmal in einen, aus weit von einander abstehenden dünnen eisernen Stäben, verfertigten Käfig, der an die Thurmspitze der Frauenkirche zu Paris aufgehängt ist; so wird er zwar augenscheinlich sehen, daß er unmöglich herunter fallen kann: dem ungeacht aber wird er sich, (gesetzt, daß er das Schieferdecken nicht

618 Der Putz reißt uns hin. Das Gold und die Edelgesteine verbergen die Laster. Das Mädchen selbst gefällt uns am wenigsten. Oefters wissen wir selbst nicht recht; was wir unter so vielen Dingen lieben. Die Liebe blendet uns durch diesen Pracht, wie durch einen Aegis, die Augen. *Ouid.* De Remed. Amor. L. I. v. 343. u. f.

619 Er bewundert alles das, was ihn selbst bewundernswürdig macht. Der Thor verlangt sich selbst, lobt sich selbst, bewirbt sich um sich selbst, entzündet und brennt zugleich. *Ouid.* Metamorph. L. III. Fab. 5. et 6. v. 86. u. f.

620 Er küßt, und glaubt wieder geküßt zu werden. Er läuft auf sie zu, umfaßt sie, meynt, die Finger liessen sich in die Glieder eindrücken, und besorgt, sie möchte blaue Flecke bekommen, wenn er sie allzusehr drückte. *Id.* ibid. L. X. Fab. 8. v. 14 u. f.

gewohnt ist) nicht enthalten können, daß er, wenn er von dieser großen Höhe herabsieht, nicht erschrickt, und zusammen fährt. Wir haben schon genug zu thun, daß wir uns auf den Gränzen um unsere Glockenthürme herum, wenn sie allerwegen frey, ungeacht sie von Steine sind, nicht fürchten. Es giebt Leute, die nicht einmal daran denken können. Man lege zwischen zween solche Thürme einen so breiten Balken, daß einer darauf gehen kann: dem ungeacht wird keine philosophische Weisheit so standhaft seyn, daß sie uns Muth machen sollte darüber zu gehen, wie wir thun würden, wenn er auf der Erde läge. Ich habe dieses öfters auf unsern hiesigen Bergen versucht, ob ich mich gleich vor dergleichen Dingen nur mittelmäßig fürchte; und von dieser Ungeheuern Höhe niemals herabsehen können, ohne mich zu entsetzen, und ohne daß mir die Schenkel und Knie gezittert, ungeacht ich in einer meiner Länge gleichen Entfernung von dem Rande gestanden, und nicht hinunter habe fallen können, wenn ich mich nicht wissentlich in Gefahr habe begeben wollen. Ich habe zugleich beobachtet, daß uns ein Baum oder eine Felsenspitze, die sich auf dem Abschosse zeigen, und das Gesicht ein wenig abwenden und theilen, große Erleichterung schaffen und Muth machen, wenn die Höhe auch noch so groß ist; nicht anders, als wenn dieses Sachen wären, daran wir uns bey dem Fallen halten könnten: und daß wir hingegen die ganz steilen und glatten Höhen nicht einmal ansehen können, ohne schwindlicht zu werden, vt despici sine vertigine simul oculorum animique non possit.[621] Dieses ist ein offenbarer Betrug des Gesichts. Daher beraubte sich jener schöne Weltweise des Gesichts,[622] um die Seele der Unordnung zu entledigen, in welche sie dadurch gerieth, und desto freyer zu philosophiren. Allein, auf diese Art hätte er sich auch die Ohren sollen verstopfen lassen, welche, wie Theophrast

---

621 *So, daß man nicht herabsehen kann, ohne daß einem der Kopf schwindlicht wird, und die Gedanken zugleich vergehen.* Diese Worte sind aus dem *Livius* genommen, welcher, wenn er die engen Wege in dem Thessalischen Tempel beschreibt, sagt: Rupes vtrinque ita abscissae sunt, vt despici vix sine vertigine quadam simul oculorum animique possit. L. XLIV. c. 6.

622 *Demokrit. Cic.* de Finib. Bon. et Mal. L. V. c. 29. Allein Cicero redet nur davon, als von einer Ungewissen Sache. Democritus, qui (vere falsone non quaeremus) dicitur oculis se priuasse. *Plutarch* aber sagt in seiner Abhandlung *von der Neugierde*, gerade heraus, dieses wäre ein Mährchen. *Ekeino men pseudos esti, to Dêmokriton ekousiôs abesai tas opseis.*

sagt,[623] unter allen unsern Werkzeugen das gefährlichste sind, weil wir durch dasselbe gewaltsame Eindrücke, die uns beunruhigen und verändern, erhalten. Ja, er hätte sich endlich aller Sinnen, das heißt, seines Wesens und seines Lebens berauben müssen. Denn, sie haben alle die Gewalt, unsere Vernunft und unsere Seele zu beherrschen. Fit etiam saepe specie quadam, saepe vocum grauitate et cantibus, vt pellantur animi vehementius, saepe etiam cura et timore.[624] Die Arzeneyverständigen glauben; es gäbe gewisse Temperamente, welche durch einige Töne und Instrumente bis zur Raserey aufgebracht würden. Ich habe Leute gesehen, die an keinem Knochen unter ihrem Tische nagen hören konnten, ohne die Gedult zu verlieren: und es giebt wenig Leute, denen der scharfe und durchdringende Laut der Feilen, wenn man damit in Eisen arbeitet, nicht beschwerlich fällt; gleichwie viele Leute, bis zum Zorne und Hasse, aufgebracht werden, wenn sie jemand nahe bey sich kauen, oder einen durch die Nase reden oder schnarren hören. Wozu diente des Gracchus Einhelfer,[625] der seines Herrn Stimme, wenn derselbe zu Rom Reden hielt, bald sanfter, bald stärker machte, und lenkete; wenn die Bewegung und der Ton der Stimme nicht das Vermögen hätte, die Urtheilskraft der Zuhörer zu bewegen und zu ändern? Wahrhaftig, man hat hohe Ursache aus der Festigkeit dieses schönen Stücks so viel Wesen zu machen, welches sich durch den Stoß und die Zufälle eines so geringen Windes drehen und ändern läßt.

Gleichwie die Sinnen den Verstand betrügen, so werden sie ihres Theils ebenfalls auch wieder betrogen. Unsere Seele vergilt zuweilen Gleiches mit Gleichem. Sie lügen und betrügen einander um die Wette. Was wir im Zorne sehen und hören, sehen und hören wir nicht, wie es wirklich ist.

Et solem geminum, et duplices se ostendere Thebas.[626]

623 Nach *Plutarchs* Berichte in dem Tractate *De Auditione*.
624 Oefters werden die Gemüther durch eine gewisse Mine, durch einen gewissen Ton, stärker gerührt; öfters auch durch Sorge und Furcht. *Cic.* De Diuinat. L. I. c. 37.
625 *Plutarchus* in Dialogo de cohibenda Ira.
626 *Virgil.* Aeneid. L. IV v. 470.
Der Theben und den Glanz der Sonne zweyfach siehet.

Ein Gegenstand, den wir lieben, scheint uns schöner, als er ist.

> Multimodis igitur prauas turpesque videmus
> Esse in delitiis, summoque in honore vigere.⁶²⁷

Hingegen dünkt uns das, was uns zuwider ist, häßlicher. Einem verdrießlichen und bekümmerten Menschen dünkt das Tageslicht verdunkelt und verfinstert. Unsere Sinnen werden durch die Leidenschaften der Seele nicht allein verändert, sondern gänzlich stumpf gemacht. Wie viele Dinge sehen wir nicht, die wir nicht wahrnehmen, wenn wir die Gedanken wo anders haben?

> – – In rebus quoque apertis noscere possis,
> Si non aduertas animum, proinde esse quasi omni
> Tempore semotae fuerint, longeque remotae.⁶²⁸

Die Seele scheint in sich selbst zu gehen, und die sinnlichen Vermögen zu beschäftigen. Also ist das Innere und Aeußere des Menschen voller Schwachheit und Lügen.

Diejenigen, welche unser Leben mit einem Traume verglichen haben, haben vielleicht mehr Recht gehabt, als sie gedacht. Wenn wir träumen, lebt und wirkt unsere Seele, und übt alle ihre Kräfte aus; nicht weniger, als wenn wir wachen. Geschieht es nicht so stark, und nicht so merklich: so ist doch der Unterschied nicht so merklich, als zwischen der Nacht und dem hellen Tage; ja, wie zwischen der Nacht und dem Schatten. Dort schläft sie, hier schlummert sie. Alles kömmt bloß auf ein mehr und weniger an. Es ist allezeit Finsterniß, und Cyrnmerische Finsterniß. Wir wachen schlafend, und schlafen wachend. Ich sehe in dem Schlafe nicht so helle; allein, das Wachen ist auch niemals rein genug und ohne Wolke. Indessen schläfert doch ein recht tiefer Schlaf zuweilen die Träume ein: allein, unser Wachen ist niemals so munter, daß es die Grillen, welche die Träume der Wachenden, und ärger als Träume sind,

---

627 Wir sehen oft, daß schlechte und garstige Weibespersonen inbrünstig geliebet, und aufs höchste geehret werden. *Lucret.* L. IV. v. 1148. u. f.

628 Man kann auch bey offenbaren Dingen sehen, daß es, wenn wir nicht Acht haben, eben so ist, als ob die Dinge nie da, sondern weit entfernt gewesen wären. *Lucret.* L. IV v. 809. u. f.

ausfegen und vertreiben sollte. Unsere Seele nimmt die Phantaseyen und Meynungen, die im Schlafe bey ihr entstehen, an, und billiget die Handlungen unserer Träume eben so, wie die bey Tage. Warum zweifeln wir also nicht, ob unser Denken, unser Handeln, nicht ein anderer Traum, und unser Wachen nicht eine Art vom Schlafe ist?

Wenn die Sinnen unsere Oberrichter sind: So sind sie doch nicht diejenigen, die wir allein zu Rathe ziehen dürfen; denn hiezu haben die unvernünftigen Thiere eben so viel, oder noch mehr Recht, als wir. Es ist gewiß, daß bey einigen das Gehör, bey andern das Gesicht, bey andern der Geruch, bey andern das Gefühl oder der Geschmack, weit feiner ist, als bey dem Menschen. Demokrit sagte,[629] die Götter und die unvernünftigen Thiere hätten weit vollkommenere Sinnen, als der Mensch.

Der Unterscheid zwischen den Wirkungen ihrer Sinnen und der unsrigen ist ungemein groß. Unser Speichel reiniget und trocknet unsere Wunden, tödtet aber die Schlange.

> Tantaque in his rebus distantia differitasque est,
> Vt quod aliis cibus est, aliis fuat acre venenum.
> Saepe etenim serpens, hominis contacta saliua,
> Disperit ac sese mandendo conficit ipsa.[630]

Was für eine Eigenschaft wollen wir also dem Speichel zuschreiben, entweder die in Betrachtung unserer, oder die in Betrachtung der Schlange? Durch welche von beyden Empfindungen wollen wir sein Wesen, das wir suchen, bestimmen? Plinius sagt,[631] es gäbe in Indien gewisse Kuttelfische, die uns ein Gift sind, wie wir ihnen dergleichen sind: so, daß wir sie durch das blosse Anrühren tödten. Wer ist nun hier in der That ein Gift, der Mensch oder der Fisch? Welchem wollen wir trauen, entweder dem Fische wegen des Menschen, oder dem

---

629 *Plutarch.* De Placitis Philosophorum. L. IV. c. 10.
630 Unter diesen Dingen ist ein so großer Unterschied, daß das, was einem zur Nahrung dient, für andere ein starker Gift ist. Denn öfters frißt sich eine Schlange selbst, wenn sie von Menschenspeichel getroffen wird. *Lucret.* L. IV v. 640. u. f.
631 *Hist. Nat.* L. XXXII. c. 1. In India affirmant *leporem marinum* non capi viuentem, inuicemque illi hominem pro veneno esse, ac vel digito omnino in mari tactum mori.

Menschen wegen des Fisches? Manche Luft steckt den Menschen an, schadet aber dem Ochsen nichts: manche, die dem Menschen nichts schadet, schadet dem Ochsen. Welche ist nun von beyden wirklich und ihrer Natur nach pestilentialisch? Denenjenigen, welche die Gelbsucht haben, scheinen alle Sachen gelb, und blässer als uns:

> Lurida praeterea fiunt quaecunque tuentur Arquati.[632]

Diejenigen, welche die Krankheit haben, die bey den Aerzten Hyposphagma heißt, und in einer Ergiessung des Blutes unter der Haut besteht, sehen alle Sachen roth und blutig.[633] Was wissen wir, ob diejenigen Säfte, welche die Wirkungen unsers Gesichts auf diese Art verändern, nicht bey den Thieren die Oberhand haben, und bey ihnen etwas gewöhnliches sind? Wir sehen ja, daß einige derselben gelbe Augen, wie die Gelbsüchtigen, andere blutrothe Augen haben; und es ist wahrscheinlich, daß ihnen die Farbe der Gegenstände anders, als uns, erscheint. Welches von beyden Urtheilen ist also wahr? Es ist nicht ausgemacht, daß sich das Wesen der Dinge bloß auf den Menschen bezieht. Die Härte, die Weisse, die Tiefe, und die Schärfe, betreffen eben so wohl den Nutzen und die Wissenschaft der Thiere, als die unsrige. Die Natur hat ihnen derselben Gebrauch eben so wohl, als uns, verstattet. Wenn wir das Auge drücken, erscheinen uns die Körper, die wir ansehen, länger und ausgedehnter. Viele Thiere haben ein so gedrücktes Auge. Vielleicht ist also diese Länge und nicht diejenige, die ihnen unsere Augen in ihrer ordentlichen Lage zueignen, die wahre Gestalt dieser Körper. Wenn wir das Auge von unten kneipen, erscheinen uns die Sachen doppelt.

---

632 Gelbsüchtigen wird alles, was sie ansehen, gelb. *Lucret.* L. IV. v. 333.
633 *Hoi men ikterikoi panta ôchra horôsi. Hoi hyposphagna echontes, hyphaima. Sextus Empiricus* Pyrrh. Hypot. L. I. c. 14. p. 29. Diese Stelle hat mich gelehrt, daß Montagne, oder seine Drucker, hyposphagma statt hyposphragma hätten setzen sollen, welches letztere Wort ich in allen Ausgaben, die ich habe zu Rathe ziehen können, gefunden habe.

> Bina lucernarum florentia lumina flammis,
> – – –
> Et duplices hominum facies, et corpora bina.[634]

Wenn uns die Ohren von etwas verstopfet sind, oder der Gehörgang allzu enge ist, empfinden wir den Schall ganz anders, als gewöhnlich.[635] Die Thiere, deren Ohren mit Haaren bewachsen sind, oder die nur ein kleines Loch statt des Ohres haben, hören folglich das nicht, was wir hören, und bekommen ganz einen andern Schall. Wir wissen, daß bey Feyerlichkeiten und auf den Schauplätzen, wenn wir den Wachsfackeln ein buntgefärbtes Glas entgegen halten, alles, was in diesem Orte befindlich ist, entweder grün, oder gelb, oder violet erscheint.

> Et vulgo faciunt id lutea russaque vela,
> Et ferruginea, cum magnis intenta theatris
> Per malos volgata trabesque trementia pendent:
> Namque ibi consessum caueai subter, et omnem
> Scenai speciem, patrum matrumque deorumque
> Inficiunt, coguntque suo volitare colore.[636]

Es ist wahrscheinlich, daß die Augen dererjenigen Thiere, welche bunte haben, die Körper mit eben den Farben vorstellen, die ihre Augen haben.

Wenn wir von der Wirkung der Sinne urtheilen wollen: so müssen wir erst mit den Thieren, hernach aber auch mit uns selbst, eins seyn. Allein dieses ist nicht; und wir streiten alle Augenblicke darüber, daß einer eine Sache anders sieht, hört, und einen andern Geschmack davon hat, als der andere, und gerathen über der Verschiedenheit der Bilder, welche uns die Sinnen vorstellen, so sehr in Streit, als über irgends einer

---

634 Das Licht giebt eine doppelte Flamme – – und jeder Mensch, den wir ansehen, hat zwey Gesichter und zween Leiber. *Lucret.* L. IV. v. 452. 454.

635 *Sextus Empiricus* Pyrrh. Hypot. L. I. c. 14. p. 11.

636 Man sieht dieses an den gelben und rothen Tüchern, welche zitternd an Balken hängen, und die großen Schauplätze bedecken: denn diese theilen ihre Farbe den sämtlichen Verzierungen, den Rathsherren, dem Frauenzimmer, den Bildsäulen der Götter, und der ganzen Versammlung der Zuschauer mit, und man sieht ihre verschiedenen Bewegungen auf derselben Kleidern. *Lucret.* L. IV. v. 73. u. f.

andern Sache. Ein Kind hört anders, und hat einen andern Geschmack, nach der gewöhnlichen Regel der Natur, als ein Mensch von dreyßig Jahren: und dieser wieder anders, als ein sechzigjähriger. Einige haben stumpfere Sinnen, andere schärfere. Wir stellen uns die Sachen anders und anders vor, nachdem wir sind, und nachdem es uns scheint. Da nun das, was uns scheint, so ungewiß und so streitig ist: so ist es kein Wunder, wenn man uns sagt, daß wir zwar gestehen können, daß uns der Schnee weiß scheint, daß wir aber nicht versichert seyn können, ob er seinem Wesen nach und wirklich so ist. Wenn aber dieser Anfang wankt: so geht alle Wissenschaft von der Welt nothwendig zu Grunde. Ja, was? Unsere Sinnen hindern einander selbst. Ein Gemälde scheint dem Auge erhaben, nach dem Gefühle aber eben.[637] Wollen wir sagen, daß der Muskus, der unsern Geruch vergnügt, aber unserm Geschmacke zuwider ist, angenehm ist oder nicht? Es giebt Kräuter und Salben, die einem Theile unsers Körpers dienlich, dem andern schädlich sind. Der Honig schmeckt angenehm, sieht aber widrig aus. Bey den Ringen,[638] welche wie Federn gekerbet sind, und die man *Federn ohne Ende* nennt, kann kein Auge ihre Breite erkennen, und sich des Betrugs erwehren, daß sie auf einer Seite immer breiter, auf der andern aber immer schärfer und schmäler werden, so gar wenn man sie um den Finger herumdreht: dem ungeachtet scheinen sie, wenn man sie anfühlt, durchgängig einerley Breite zu haben. Es gab vor Alters Leute, welche sich zur Beförderung ihrer Wollust solcher Spiegel bedienten, welche das vorgestellte Bild zu vergrößern geschickt waren,[639] damit ihnen die Glieder, welche sie vor sich hatten, durch die scheinbare Vergrößerung besser gefallen sollten. Welchem von den beyden Sinnen gaben diese also gewonnen: dem Gesichte, welches ihnen diese Glieder nach Wunsche groß und ansehnlich vorstellete; oder dem Gefühle, welches sie klein und gering darstellte? Geben unsere Sinnen den Gegenständen die verschiedenen Eigenschaften, und haben die Gegenstände selbst nur eine einzige? Als, das Brod, welches wir essen, ist nichts als Brod: allein, wenn wir es gemessen, werden Knochen, Blut, Fleisch, Haare und Nägel daraus.

637 *Sextus Empiricus.* Pyrrh. Hypot. L. I. c. 14. p. 10.
638 *Kai to meli tê glôttê hêdy phainetai epi tinôn, tois d' ophthalmois aêdes. Id.* ibid.
639 *Senec.* Nat. Quaest. L. I. c. 16.

Vt cibus in membra atque artus quum diditur omnes,
Disperit atque aliam naturam sufficit ex se.[640]

Aus dem Safte,[641] welchen eine Baumwurzel in sich zieht, werden Stamm, Blätter und Früchte. Die Luft ist ihrer Natur nach ein einziges: allein, vermittelst einer Trompete werden tausenderley verschiedene Töne daraus. Geben, sage ich, unsere Sinnen, diesen Gegenständen ebenfalls verschiedene Eigenschaften; oder haben sie dieselben wirklich? Und wie können wir, so lange dieses nicht ausgemacht ist, ihr wahres Wesen bestimmen? Ferner, weil die Krankheiten, der Aberwitz, oder der Schlaf, verursachen, daß uns die Dinge ganz anders erscheinen, als sie Gesunden, Verständigen, und Wachenden erscheinen: ist es nicht wahrscheinlich, daß unsere gehörige Verfassung, und unsere natürlichen Säfte, den Dingen gleichfalls eine gewisse Art geben, und dieselben nach ihren Umständen einrichten können, wie die in Unordnung gerathenen Säfte thun; und daß unsere Gesundheit eben so wohl fähig ist, ihnen ihre Gestalt zu geben, als die Krankheit? Warum hat der Mäßige nicht eben so wohl eine besondere Form der Gegenstände, die sich auf ihn bezieht, als der Unmäßige;[642] und warum prägt er ihnen nicht gleichergestalt seinen Charakter ein? Einem, der den Appetit verlohren hat, schmeckt der Wein nicht; dem Gesunden schmeckt er, der Durstige findet ihn angenehm. Da nun unser Zustand die Sachen nach sich einrichtet und verändert: so wissen wir nicht mehr, wie die Sachen wirklich beschaffen sind; weil alles, was wir durch die Sinne bekommen, verfälscht und verändert ist. Wenn der Zirkel, der Winkelhaken, und das Lineal nicht richtig sind: so sind alle Verhältnisse, die man damit abnimmt, alle Gebäude, die man darnach abmißt, nothwendig ebenfalls mangelhaft. Die Ungewißheit unserer Sinnen macht alles, was sie hervorbringen, ungewiß.

Denique vt in fabrica, si praua est regula prima,
Normaque si fallax rectis regionibus exit,

640 Gleichwie die Speisen, wenn sie in alle Gliedmassen vertheilt werden, sich verlieren, und eine ganz andere Natur annehmen. *Lucret.* L. III. v. 703. u. f.
641 *Sextus Empiricus.* Pyrrh. Hypot. L. I. c. 14. p. 12.
642 *Sextus Empiricus,* Pyrrh. Hypot. L. I. c. 14. p. 21.

> Et libella aliqua si ex parte claudicat hilum
> Omnia mendose fieri atque obstipa necessum est,
> Praua, cubantia, prona, supina, atque absona tecta,
> Jam ruere vt quaedam videantur velle, ruantque
> Prodita iudiciis fallacibus omnia primis.
> Hic igitur ratio tibi rerum praua necesse est
> Falsaque sit falsis quaecunque a sensibus orta est.[643]

Wer wird übrigens über diese Streitigkeit zu urtheilen fähig sein? Gleichwie wir bey Religionsstreitigkeiten sagen, der Richter müßte keiner Parthey zugethan seyn, noch keine Wahl getroffen haben, und keinem Theile geneigt seyn; welches unter den Christen nicht möglich ist: eben so geht es auch hier. Denn, ist er alt: so kann er von der Empfindung des Alters nicht urtheilen; weil er selbst eine von den streitenden Partheyen ist. Ist er jung: ebenfalls nicht. Ist er gesund: ebenfalls nicht. Ebenfalls nicht, wenn er krank, schlafend, oder wachend ist. Wir müßten einen haben, der alle diese Eigenschaften nicht besässe, damit er diese Sätze, als ob sie ihm gleichgültig wären, ohne Vorurtheil beurtheilen könnte. Allein, auf diese Art müßten wir einen Richter haben, der gar nicht wäre.

Wenn wir von den Erscheinungen der Gegenstände urtheilen wollten: so müßten wir ein gerichtlich Instrument haben. Dieses zu bestätigen, brauchen wir einen Beweis dazu. Den Beweis zu bestätigen, brauchen wir wieder ein Instrument. Damit sind wir herum. Weil die Sinnen unsern Streit nicht entscheiden können, da sie selbst voll Ungewißheit sind: so muß es die Vernunft thun. Allein, keine Vernunft kann sich ohne eine andere Vernunft fest setzen. Also gehen wir ohne Ende zurück. Unsere Einbildungskraft macht sich nicht an die außer uns befindlichen Dinge, sondern wirkt durch die Vermittelung der Sinnen: und die Sinnen fassen keinen ausser uns befindlichen Gegenstand; sondern bloß die in

---

643 Wenn der Baumeister gleich anfangs wider die Regeln seiner Kunst verstößt, wenn der Winkelhaken nicht gehörig liegt, und die Setzwage sich im geringsten auf eine Seite neiget: so muß alles fehlerhaft, krumm, verkehrt, hängend, zu hoch, zu niedrig, und ohne Proportion seyn; so, daß einige Theile schon einfallen zu wollen scheinen, und wirklich einfallen, weil man es gleich anfangs versehen hat. Auf eben diese Art muß auch die Vernunft, welche alle ihre Erkenntniß von den Sinnen hat, irren, wenn die Sinnen selbst falsch sind. *Lucret.* L. IV v. 516. u. f.

ihnen selbst vorgehenden Veränderungen. Also gründet sich die Einbildung und die Erscheinung nicht auf den Gegenstand, sondern auf die Veränderung, welche in dem sinnlichen Werkzeuge vorgeht, und auf desselben Leiden. Diese Veränderung aber, und der Gegenstand selbst, sind verschiedene Dinge. Wer also nach den Erscheinungen urtheilet, urtheilet nach etwas andern, als dem Gegenstande selbst. Wollte man sagen, die Veränderungen, welche in den sinnlichen Werkzeugen vorgehen, stellten der Seele die Eigenschaften der außer ihr befindlichen Gegenstände durch eine gewisse Aehnlichkeit vor: wie kann sich die Seele und der Verstand von dieser Aehnlichkeit versichern, da sie für sich selbst nichts mit den außer ihnen befindlichen Gegenständen zu schaffen haben? Dieses kann eben so wenig geschehen, als einer, der den Sokrates nicht kennt, wenn er dessen Ebenbild sieht, sagen kann, daß es demselben ähnlich sey. Will einer ja nach den Erscheinungen urtheilen, so kann es nicht nach allen geschehen; denn sie heben einander durch ihre Verschiedenheiten und Widersprüche selbst auf, wie wir aus der Erfahrung wissen. Sollen einige auserlesene Erscheinungen die andern bestimmen? Auf diese Art wird man die eine auserlesene durch die andere auserlesene bestätigen müssen, und die andere wieder durch die dritte; und so wird man niemals fertig werden. Schlüßlich, weder wir, noch die Gegenstände, haben eine beständige Wirklichkeit. Wir, und unsere Urtheilskraft, und alle vergängliche Dinge, fliessen und rollen ohne Unterlaß fort. Also kann von einem auf das andere nichts gewisses geschlossen werden, weil so wohl der Urtheilende, als das Beurtheilte, beständigen Veränderungen und Bewegungen ausgesetzt sind.

Wir haben keine Gemeinschaft mit dem wirklichen Seyn, weil die ganze menschliche Natur stäts zwischen der Geburt und dem Tode mitten inne steht, und nichts als eine dunkle Erscheinung und einen Schatten, nichts als eine schwache und Ungewisse Meynung, von sich giebt. Spannt einer vielleicht einmal seine Gedanken, um ihr Wesen zu fassen: so ist es eben so gut, als wenn er das Wasser in der Hand halten wollte. Je mehr er dasjenige, was seiner Natur nach durch alles läuft, drücket, und je fester er es hält: desto eher wird er dasjenige, was er feste fassen und halten wollte, verlieren. Weil demnach alle Dinge von einer Veränderung zur andern gehen: so findet sich die Vernunft betrogen, wenn sie darinnen eine wirkliche Subsistenz sucht; weil sie nichts subsistirendes und bleibendes fassen kann, da alles entweder erst wird, und noch nicht völlig ist, oder zu sterben anfängt, ehe es gebohren ist.

Plato sagte, die Körper wären niemals wirklich, sondern entstünden nur: und er meynt, Homer habe den Ocean zum Vater der Götter, und die Thetys zu derselben Mutter gemacht, um uns zu zeigen, daß alle Dinge in einem beständigen Flusse, und stäts währenden Abwechselungen und Veränderungen unterworfen sind.[644] Diese Meynung war, wie er sagt, allen Weltweisen vor seiner Zeit gemein; bis auf den einzigen Parmenides, welcher den Dingen die Bewegung absprach, aus deren Stärke er sehr viel macht. Pythagor behauptete, daß alle Materie beständig verflösse und verliefe. Die Stoiker sagten, es gäbe keine gegenwärtige Zeit; und diejenige, welche wir die gegenwärtige nennen, wäre nur eine Verbindung und Sammlung der zukünftigen und vergangenen. Heraklit meynte,[645] ein Mensch wäre niemals zweymal in einerley Fluß gekommen. Epicharm sagte, derjenige, welcher seit einiger Zeit bey einem Geld geborget hätte, wäre ihm gegenwärtig nichts schuldig; und derjenige, welcher die Nacht auf den andern Morgen zum Mittagsessen gebethen worden wäre, käme den andern Tag ungebethen: weil sie es nicht mehr sind, da sie sich verändert haben. »Eine vergängliche Substanz,[646] kann sich nicht zweymal in einerley Zustande befinden, weil sie durch die schnelle und leichte Veränderung bald zerstreuet, bald wieder zusammen gebracht wird, bald kömmt, bald wieder verschwindet: so, daß das, was zu entstehen anfängt, niemals zur vollkommenen Wirklichkeit gelangt. Und dieses um so viel mehr, weil dieses Entstehen niemals vollendet wird, und niemals aufhöret, als wenn es zu Ende wäre, sondern von dem Saamen an immer einer Veränderung und Abwechselung nach der andern unterworfen ist. So entstehet aus dem menschlichen Saamen in dem Leibe der Mutter erst eine ungestalte Frucht, hernach ein ordentlich gebildetes Kind, hernach, wenn es aus dem Leibe der Mutter ist, ein Säugling, darauf ein Knabe,

---

644 *Hôs hê genesis tôn allôn pantôn, Ôkeanos te kai Têthys, rheumata tynchanei, kai ouden hestêke.* In *Theaeteto.* p. 130. E.

645 *Seneca,* Epist. 58. Hoc est quod ait *Heraclitus: In idem flumen bis non descendimus.* et *Plutarch.* in Tract. De El apud Delphos.

646 Von den Worten an, *Eine vergängliche Substanz,* u.s.w. bis auf die Worte mit eingeschlossen, *ohne daß man sagen kann, er ist gewesen, oder er wird seyn, ohne Anfang und Ende,* ist alles, außer der Stelle des *Lucrez* Mutat enim mundi &c. aus *Plutarchs* in der vorhergehenden Anmerkung angeführtem Tractate von Wort zu Worte nach *Amyots* Uebersetzung abgeschrieben.

hernach ein Jüngling, hierauf ein Mann, hernach ein bejahrter Mann, endlich ein Greis. Demnach verderbet und vernichtet das folgende Alter und die folgende Zeugung allzeit die vorigen.«

> Mutat enim mundi naturam totius aetas,
> Ex alioque alius status excipere omnia debet.
> Nec manet vlla sui similis res: omnia migrant,
> Omnia commutat natura et vertere cogit.[647]

Allein wir sind so thöricht, daß wir nur eine Art des Todes fürchten, da wir bereits so vielmal gestorben sind und sterben. Denn, durch den Tod des Feuers wird nicht allein, wie Heraklit sagte, die Luft erzeugt, und durch den Tod der Luft das Wasser: sondern wir können dieses noch deutlicher an uns selbst wahrnehmen. Die schönste Blüte unserer Jahre vergeht und stirbt, wenn das Alter kömmt; die Jugend endiget sich bey der Blüte des männlichen Alters; die Kindheit bey der Jugend; und das erste Alter stirbt, wenn die Kindheit anfängt. Der gestrige Tag stirbt dem heutigen, und der heutige dem morgenden. Nichts bleibt, und nichts ist allzeit Eines. Denn, wenn wir allzeit eben dieselben und Eines blieben, wie käme es, daß wir bald an einer Sache Vergnügen finden, bald an einer andern? Wie käme es, daß wir entgegen gesetzte Dinge lieben oder hassen, loben oder tadeln? Wie käme es, daß wir verschiedene Neigungen haben, und nicht bey einerley Sinne und Gedanken bleiben? Es ist nicht wahrscheinlich, daß wir andere Leidenschaften annehmen würden, wenn keine Veränderung mit uns vorgienge. Allein, was verändert wird, bleibt nicht einerley Ding. Bleibt es aber nicht einerley Ding, so ist es auch nicht, sondern wird durch die Veränderungen immer anders und anders. Folglich trügen und lügen die natürlichen Sinnen, wenn sie das, was erscheint, für etwas halten das ist, weil sie nicht wissen, was eigentlich ist. Allein, was ist dann nun wahrhaftig? Das, was ewig heißt, was nie entstanden ist, und auch nie ein Ende haben wird; was durch die Zeit keine Veränderung leidet. Die Zeit ist etwas bewegliches, das wir uns zugleich mit der allzeit fliessenden und bewegten Materie vorstellen, das nie beständig und fest ist, und

---

647 Die Zeit verändert die Natur der ganzen Welt: ein Zustand folgt immer auf den andern, und kein Ding bleibt sich selbst ähnlich. Alles verschwindet. Die Natur zwinget alles, sich zu verändern. *Lucret.* L. V. v. 826. u. f.

von dem die Worte, *vorher, hernach, sie ist gewesen, sie wird seyn* eigen gelten. Diese zeigen gleich bey dem ersten Blicke klärlich, daß sie nicht wirklich ist: denn, es würde eine große Thorheit und sichtlich falsch seyn, wenn man von einer Sache, welche noch nicht wirklich da ist, oder schon aufgehöret hat zu seyn, sagen wollte, sie sey. Was aber die Worte *gegenwärtig, jetzt, den Augenblick*, belangt, auf welche wir, dem Ansehen nach, den Begriff der Zeit hauptsächlich gründen: so vernichtet die Vernunft dieses alles, so gleich wenn sie es entdeckt. Denn sie zerschneidet es ohne Verzug, und theilet es in das Zukünftige und Vergangene, als ob sie es nothwendig in zwey abgetheilt sehen wollte. Der Natur, welche durch die Zeit gemessen wird, geht es eben so, wie der Zeit, die sie misset: denn auch diese hat nichts bleibendes, nichts was wirklich ist; sondern, alle Dinge in derselben sind entweder gebohren, oder werden gebohren, oder sterben. Demnach würde es sündlich seyn, von Gott, welcher einzig und allein ist, zu sagen, *er war* oder *er wird seyn*: denn diese Ausdrücke bedeuten Neigungen, Uebergänge, und Veränderungen eines Dinges, welches nicht fortdauern und die Wirklichkeit nicht behalten kann. Demnach muß man schliessen, daß Gott allein ist: und zwar nach keinem Zeitmaaße; sondern nach einer unveränderlichen und unbeweglichen Ewigkeit, welche durch keine Zeit ausgemessen werden kann, und keinem Abfalle unterworfen ist, vor welcher nichts gewesen ist, und nach welcher nichts seyn wird, und in welcher nichts neuer als das andere ist. Vielmehr ist er ein Wesen das wirklich ist, welches durch ein einziges Jetzt das Immerdar erfüllt. Ausser ihm allein ist nichts wirklich. Man kann nicht sagen, *er ist gewesen*, oder, *er wird seyn*. Er ist ohne Anfang und Ende.

Diesem so gottesfürchtigen Schlusse eines Heydens, will ich nur noch die Worte eines Zeugen von gleicher Art beyfügen, und damit diese lange und verdrießliche Abhandlung, in welcher es mir niemals an Stoffe fehlen würde, endigen. *Was für ein nichtswürdiges und verächtliches Ding*, spricht er,[648] *ist der Mensch, wenn er sich nicht über die Menschheit erhebt!* Der Einfall ist gut, und der Wunsch nützlich; aber er ist eben so ungereimt. Es ist unmöglich und ungeheuer, mehr in die Hand zu nehmen, als man damit fassen kann, mehr in den Arm zu nehmen, als man damit umspannen kann, und zu hoffen, daß man weiter schreiten

---

648 *Seneca* Natural. Quaest. L. I. in Praefatione: O quam contemta res est homo, nisi supra humana se erexerit!

kann, als die Länge der Schenkel erlaubt. Und eben so unmöglich ist es, daß der Mensch über sich und über die Menschheit steigen soll. Denn, er kann nicht anders als mit seinen Augen sehen, und nichts erhalten, als was er fassen kann. Alsdann kann er sich erheben, wenn ihm Gott außerordentlich die Hand reicht. Alsdann kann er sich erheben, wenn er sich seiner eigenen Mittel entschlägt und begiebt, und sich durch bloß himmlische Mittel in die Höhe heben läßt. Nur unser christlicher Glaube, und nicht seine stoische Tugend, kann sich auf diese göttliche und wunderbare Verwandlung Rechnung machen.

Biographie

1533 *28. Februar:* Auf Schloß Montaigne im Perigord wird Michel de Montaigne geboren. Er erhält eine humanistische Schulbildung und studiert anschließend Rechtwissenschaften in Toulouse und Bordeaux.
In Périgueux wird er Steuerrat.
1557 Montaigne wird Parlamentsrat, einige Jahre später Bürgermeister in Bordeaux.
1569 Er bringt eine Übersetzung der »Theologia naturalis« des Raymund von Sabunde heraus.
1570 Montaigne tritt von seinem Amt zurück und lebt von nun an auf seinem Schloß.
1572 Er beginnt die Arbeit an den »Essais«.
1580 Erstmals erscheinen die »Essais«, die 1588 und 1595 erweitert werden. Montaigne ist damit der Begründer des neuzeitlichen Skeptizismus. Seine Distanz zu vorgegebenen übergreifenden Orientierungen stellt das menschliche Individuum in seiner Widersprüchlichkeit ganz in den Mittelpunkt.
Er unternimmt eine Bäderreise nach Italien, die im »Journal de voyage en Italie, par la Suisse et l'Allemagne« beschrieben ist.
1581 Für vier weitere Jahre wird Montaigne Bürgermeister von Bordeaux.
1592 *13. September:* Michel de Montaigne stirbt auf Schloß Montaigne.

Lektürehinweise

H. Friedrich, Montaigne, Bern 1949 u.ö.
P. Burke, Montaigne zur Einführung (a. d. Engl.), Hamburg 1985.
U. Schultz, Michel de Montaigne, Reinbek bei Hamburg 1989.